中國學術思想 研究輯刊

十二編
林慶彰 主編

第 47 冊

高攀龍理學思想之研究（下）

陳美吟 著

花木蘭文化出版社

國家圖書館出版品預行編目資料

高攀龍理學思想之研究（下）／陳美吟 著 — 初版 — 新北市：
花木蘭文化出版社，2011〔民100〕
目 4+202 面；19×26 公分
（中國學術思想研究輯刊 十二編；第 47 冊）
ISBN：978-986-254-687-1（精裝）
1.（明）高攀龍　2.學術思想　3.理學
030.8　　　　　　　　　　　　　　　　　100016212

ISBN-978-986-254-687-1

中國學術思想研究輯刊
十二編　第四七冊　　　　　　ISBN：978-986-254-687-1

高攀龍理學思想之研究（下）

作　　　者	陳美吟
主　　編	林慶彰
總 編 輯	杜潔祥
出　　版	花木蘭文化出版社
發 行 所	花木蘭文化出版社
發 行 人	高小娟
聯絡地址	新北市永和區中正路五九五號七樓
	電話：02-2923-1455／傳真：02-2923-1452
網　　址	http://www.huamulan.tw 信箱 sut81518@gmail.com
印　　刷	普羅文化出版廣告事業
封面設計	劉開工作室
初　　版	2011 年 9 月
定　　價	十二編 55 冊（精裝）新台幣 90,000 元

高攀龍理學思想之研究（下）

陳美吟　著

第五章　渾身是心

第一節　至虛至靈在人為心

一、心之靈以氣之直上際下

　　從古聖人未曾說氣，至孟子始說浩然之氣，始說夜氣，是最喫緊，
　　何也？天地間渾然一氣而已，張子所謂虛空即氣是也。此是至虛至
　　靈有條有理的，以其至虛至靈在人即為心，以其有條有理在人即為
　　性。〔註1〕

高攀龍認為從孟子才開始談「氣」，而孟子「浩然之氣」是最「喫緊」的，因
為天地間渾然「一氣」而已。所以高攀龍認為天地間主體為「氣」，亦為張載
所謂「虛空即氣」。由此可知孟子「浩然之氣」與張載「虛空即氣」皆是儒家
以「氣」為本體之代表。「氣」與「心」之關係為何？「氣」之特色為「至虛
至靈有條有理」，而「心」承其「至虛至靈」之特色。如吳廷翰云：

　　人生而有心，是氣之靈覺，其靈覺而有條理處是性。〔註2〕

由此可知高攀龍藉此點出孟子「浩然之氣」與張載「虛空即氣」之「氣」為
「心」之主體。故「心」之本原來自「氣」。高攀龍云：

〔註1〕　高攀龍：〈講義・牛山之木章〉，《高子遺書・語》，（台北，臺灣商務印書館文
　　　　淵閣四庫全書，民國72年），卷四，頁405。
〔註2〕　吳廷翰：《吳廷翰集・吉齋漫錄》，（北京，中華書局，1982年2月），卷上，
　　　　頁22。

> 箴曰：天地之先，惟斯一氣，萬有大生，人爲至貴，人生於寅，是
> 謂厥初有如嬰兒至靜而虛，其心之靈，以氣之直上際下，蟠與天無
> 極。故惟寅直乃性眞體。其性來復其心則洗，是曰：惟清纖塵無滓，
> 人配天地，配者在此。勿謂一日異於一元昧爽之際，氣反其原，敬
> 以直之，不加毫毛，旦晝勿梏，謂之曰操。日新又新，存存成性，
> 性性不已，以至於命。〔註3〕

高攀龍再一次強調「天地之先，惟斯一氣」之觀念，此一氣「萬有大生」，故
「一氣」即生化天地萬物之主體，由此可知「氣」乃天地萬物最終之本原。
高攀龍認爲「人生於寅」，此意指高攀龍認爲「一氣」生化人之初之狀態即稱
作「寅」。

而「寅」之意爲何？高攀龍云：

> 寅在一元則人物開闢，在一年則三陽交泰，在一日則平旦清明，萬
> 感未接，一念未起，湛然、寂然，此眞敬也。敬則直矣，直則清矣。
> 一有作意，即非寅、非直、非清，故曰：爲寅直，爲清惟者，爲此
> 眞體，更無纖塵。惟此眞色更無纖染，此人心所合天德也。有訣焉，
> 伊尹稱湯昧爽，丕顯昧爽者，寅也；孟子亦曰平旦之氣，平旦者，
> 昧爽也。眞心莫顯於此。於此悟入，則作聖之基；於此混過，則負
> 天之牖。聖人言寅直微矣哉。〔註4〕

前有言「一氣」爲天地萬物最終之本原，故「一元」即指「乾元」生生創物
之最初狀態。高攀龍言「寅」是「一元」之「人物開闢」之最初狀態；若以
「一年」中論之，「寅」則是「三陽交泰」之時。如以「一日」視之，「寅」
是一日中最「平旦清明」之時，其即「萬感未接，一念未起，湛然、寂然」
之「眞敬」之狀態。因高攀龍有云：「性不可言，聖人以仁義言之；心不可言，
聖人以敬言之。」〔註5〕因此「寅」即是指「心」之最「湛然、寂然」之「敬」
的狀態。高攀龍又言「孟子亦曰平旦之氣，平旦者，昧爽也。眞心莫顯於此。」
高攀龍認爲「平旦之氣」即伊尹稱湯之「昧爽」之意，而「丕顯昧爽者」即

〔註3〕 高攀龍：〈寅直說〉，《高子遺書・經解類》，（台北，臺灣商務印書館文淵閣四
　　　　庫全書，民國72年），卷三，頁367。

〔註4〕 高攀龍：〈寅直說〉，《高子遺書・經解類》，（台北，臺灣商務印書館文淵閣四
　　　　庫全書，民國72年），卷三，頁367。

〔註5〕 高攀龍：《高子遺書・語》，（台北，臺灣商務印書館文淵閣四庫全書，民國72
　　　　年），卷一，頁333。

是「寅」，故「寅」即指莫顯乎「平旦清明」、「昧爽」之際之「眞心」。故高攀龍言「人生於寅，是謂厥初有如嬰兒至靜而虛，其心之靈，以氣之直上際下，蟠與天無極。」其意指「寅」即如嬰兒「至靜至虛」之「心」其「靈」之狀態。然而因爲「寅」之「心」由「一氣」所創生，故可以「氣」來「直上際下」溝通天地，達到「蟠與天無極」之境地。而高攀龍又言「人爲至貴」，人即是萬物中最爲尊貴，爲何人得以如此？如高攀龍所云：

> 只一點靈明，是人禽異處，若得他清清明明，循理而動，便是君子存之，若得他昏昏逐逐，隨物流轉，便是庶民去之，人禽二途，非此即彼，更無中間不人不禽，可站立處。人但見不講學問，不識本心，不過是箇庶民，不知已是箇禽獸，於此瞿然，發箇猛省的是何物？便是君子所存的這些子。……余謂聖人之道，一心而已，心一靈而已，人人取諸己，而足也，因爲題此請正。〔註6〕

高攀龍明白指出「人爲至貴」之因與「人禽異處」只在於「一點靈明」之「本心」。孟子亦云：

> 雖存乎人者，豈無仁義之心哉？其所以放其良心者，亦由斧斤之於木也，旦旦而伐之，可以爲美乎？其日也所息，平旦之氣，其好惡與人心相近也者幾希；則其旦晝之所爲，有梏亡之矣。梏之反覆，則其夜氣不足以存，夜氣不足以存，則其爲禽獸不遠矣。人見其禽獸也，而已爲未嘗有才焉者，是豈人之情也哉。〔註7〕

孟子亦明白指出「人禽之辨」幾希，人禽幾希之異只在「平旦之氣」之「仁義良心」上，此即高攀龍所言「一點靈明」之「本心」。因此高攀龍言「聖人之道，一心而已，心一靈而已，人人取諸己，而足也。」高攀龍有云：「一靈者，萬古之物也。一靈者，天地所以生生也。」〔註8〕高攀龍認爲「本心」之「一靈者」即是天地所以生生之「萬古之物」。而「萬古之物」生生之「一靈者」爲何物呢？

　　高攀龍又言：「人之靈即天地之靈，原是一箇，卻是箇活鬼神。倏然言、倏然默、倏然喜、倏然怒，莫之爲而爲，非鬼神而何。胸中無事則眞氣充溢

〔註6〕　高攀龍：〈書張汝靈扇〉，《高子遺書‧題跋雜書類》，（台北，臺灣商務印書館文淵閣四庫全書，民國72年），卷十二三，頁717。

〔註7〕　朱熹：《四書集注‧孟子‧告子上》，（台北，世界書局，民國86年3月），卷六，頁369。

〔註8〕　高攀龍：〈浦震宇先生七十序〉，《高子遺書‧序》，（台北，臺灣商務印書館文淵閣四庫全書，民國72年），卷九下，頁589。

於中，而諸邪不能入。」〔註9〕高攀龍明白指出「人之靈」即「天地之靈」之生物不測之「活鬼神」。高攀龍言「活鬼神」之因，是爲了與人死後之「鬼神」有所區別。高攀龍云：

> 費隱二字奇哉，形形色色，以言乎天地之間則備矣。故聖人只於彝倫日用盡道其間，絕無聲無臭之可，即人以爲卑近無奇，而不知皆至誠之微妙。顯之微者，人不知也，故舉鬼神。微之顯者、形之費者，顯也。微者，隱也。微之顯所謂費之隱。〔註10〕

朱注《中庸》章句云：「費，用之廣也。隱，體之微也。」〔註11〕而高拱亦云：

> 蓋天地之化，萬古流行而無一息之停，乃道體之本然也。但其機隱微難識，惟是水流不息，最爲易見。〔註12〕

高拱以爲天地之化無一息停止，而其「體」隱微，其「用」可見，如水之川流不息。高攀龍認爲天地間形色色之萬物皆由生物不測天地之靈之「活鬼神」所創，前高攀龍有言：「聖人之道，一心而已，心一靈而已，人人取諸己，而足也。」故聖人知曉己身之「一靈者」即隱微之「天地之靈」之「生生」的萬古之物，因此在彝倫日用中盡道其間，則「一靈者」之用顯。但因「人之靈」生生不測在彝倫日用中乃「無聲無臭」，故常人不識，高攀龍舉人所畏懼之「鬼神」，藉此來告知人們，並說明「人之靈」即「天地之靈」，其生生表現是何等神妙之物而不可預知。

二、氣之精靈爲心

> 心者，人之神明。即天神、地祇、人鬼充塞無間者也。……夫人不知自心之爲鬼神，而恒畏鬼神，畏鬼神而不敢爲不善，是畏刀鋸鼎鑊，而不敢蹈之，死而生之也。〔註13〕

高攀龍明白指出「心」即人之「神明」如天地之靈之「鬼神」生物無測，故

〔註9〕 高攀龍：《高子遺書・會語》，（台北，臺灣商務印書館文淵閣四庫全書，民國72年），卷五，頁416。

〔註10〕 高攀龍：《高子遺書・語》，（台北，臺灣商務印書館文淵閣四庫全書，民國72年），卷一，頁339。

〔註11〕 朱熹：《四書集注・中庸》，（台北，世界書局，民國86年3月），頁32。

〔註12〕 高拱：《高拱論著四種》，（北京，中華書局，1993年7月），頁357。

〔註13〕 高攀龍：〈書玄帝訓言後〉，《高子遺書・題跋雜書類》，（台北，臺灣商務印書館文淵閣四庫全書，民國72年），卷十二，頁711。

「天神、地祇、人鬼充塞無間者也」。但是「人不知自心之爲鬼神，而恒畏鬼神」，因此高攀龍才說出「人之靈」之「心」即是「天地之靈」之「活鬼神」，告知人們，人之「心」是可以生生不測表現之「活鬼神」，故高攀龍曰：「心者，人之神明。」高攀龍有云：

> 易，心體也，無思無爲。人以妄思、妄爲失之故。思也者，思其無思者也。爲也者，爲其無爲者也。思則得之之謂思其無思；行所無事之謂爲其無爲。〔註14〕

由前可知「人之靈」即「天地之靈」之生物不測之作用，而「天地之靈」之所以生物不測，其主體在於「一氣」生生之「易」。「人之靈」之「心」又由天地萬物之本源之「一氣」所生，因此「人之靈」之主體即「易」，所以高攀龍曰「心體」即「易」。而「易」之創生萬物乃「無思無爲」，不爲何而作爲。因此「人之靈」之「心」即具有此無思無爲，生生不測之特性。高攀龍云：

> 吾嘗謂天地間惟生機相摩相盪，爲不可致思，故鳥之伏卵、木之接枝，或同氣而運於各質，或異質而聯其一氣，所謂摩盪之神，聖哲所不得而知也。〔註15〕

由此可知如「易」之無思無爲之心體，即指「一氣」創生萬物之「摩盪之神」，亦爲「天地之靈」之「活鬼神」。所以心體即「一氣」生生之「易」所不可致思之「摩盪之神」。如孫應鰲云：

> 天地之德，元屬之矣。天地之所以爲天地渾然，唯此元氣也。故曰乾元，曰坤元。元氣之成象爲日、月，元氣之運行爲四時，元氣之變化爲鬼神，元氣之虛靈者之在人者爲心。〔註16〕

孫應鰲明白說出「元氣」之「易」其生生變化之「鬼神」，即爲氣之虛靈者，而此虛靈之鬼神在人者爲心。如高攀龍所云：

> 學者將凡情聖解盡情捨去，放他自然明覺出來，日用間聽其分別是非，應去如此而已。此自然明覺何物也？索之無朕，究之無象，執之無迹、無思也。而自來其來也，又不能無思無爲也，而自至其至

〔註14〕高攀龍：《高子遺書·語》，（台北，臺灣商務印書館文淵閣四庫全書，民國72年），卷一，頁341。
〔註15〕高攀龍：〈薛少泉翁先生七十序〉，《高子遺書·序》，（台北，臺灣商務印書館文淵閣四庫全書，民國72年），卷九下，頁590。
〔註16〕孫應鰲：《淮海易談》，《陽明學研究叢書·孫應鰲文集》，（貴州，教育出版社，1990年），頁19。

> 也，又無不可爲神矣哉。請觀日用常行內，誰號天下太極，眞以此
> 讀聖賢書，不爲尋行數墨矣。〔註17〕

高攀龍明白指出心將「凡情聖解盡情捨去」之寂然、湛然「明覺」之「心」，此即「易」之索之無朕，究之無象，執之無迹，無思無爲之「神」。而高攀龍藉由解釋心與氣何以別之？說明「心」之所從來？其曰：「心之充塞爲氣，氣之精靈爲心。譬如日廣照者是氣，凝聚者是心，明便是性。」〔註18〕高攀龍指出「氣」是充塞天地者，「心」是「氣之精靈」，而人之心體即是「一氣」之易生物不測之「摩盪之神」，而易體之「摩盪之神」即「氣之精靈」凝聚在人者之「心」。高攀龍云：

> 易者，象也。乾者，天行之象也。君子自強不息，則乾之象也。以
> 者非法其如此，而如此之謂也。六十四卦，一易而已；生道者，一
> 易而已。天得之爲天，地得之爲地，人得之爲人，皆此也。以此自
> 強不息則謂之乾，以此厚德載物則謂之坤。非此而更有何者，而可
> 以自強不息，厚德載物乎。故易者，象三才之爲一像也。〔註19〕

高攀龍云：「此體不可形狀，孟子名之曰浩然之氣，即易體也。」〔註20〕高攀龍認爲人之心體即是「浩然之氣」藉由生生自強不息之「易體」之生道之過程，將氣之「精靈」凝聚在人身者，爲其「心」，故人之心體即具「易」之無思無爲、靈明不測之生生「神」用。

三、心體便是易

> 希顏問易。先生曰：易即人心。今人有以易書爲易，有以卦爻爲易，
> 有以天地法象爲易，皆易也。然與自家身心不相干，所以書自書，
> 卦自卦，天地自天地也。要知此心體便是易，此心變易從道者，便
> 是易之用。〔註21〕

〔註17〕 高攀龍：〈書秦開陽扇〉，《高子遺書·題跋雜書類》，（台北，臺灣商務印書館
　　　　文淵閣四庫全書，民國72年），卷十二，頁417。
〔註18〕 高攀龍：《高子遺書·會語》，（台北，臺灣商務印書館文淵閣四庫全書，民國
　　　　72年），卷五，頁414。
〔註19〕 高攀龍：〈大象〉，《高子遺書·經解類》，（台北，臺灣商務印書館文淵閣四庫
　　　　全書，民國72年），卷三，頁370。
〔註20〕 高攀龍：《高子遺書·語》，（台北，臺灣商務印書館文淵閣四庫全書，民國72
　　　　年），卷一，頁341。
〔註21〕 高攀龍：《高子遺書·會語》，（台北，臺灣商務印書館文淵閣四庫全書，民國

高攀龍前所言爲「心」之本原與定義，而「心」即「易」生物不測之「神」，在現實氣化世界中，有何表現與作用？高攀龍先強調「易即人心」，因爲「易」與形氣之人其「心」之主體的本質皆爲「一氣」，所以「易」與形氣之人「心」在「一氣」層面而言，可以相通。因此天地萬物之本原之「一氣」乃是一實有之創生主體，「易」之生物不測即氣化流行之表現。而人之「心」即形氣之人直承「一氣」之「易」參贊天地化育之作用。高攀龍藉此說明其學問特色是不離形氣世界，不空談氣化世界以外之形上層面。因此高攀龍認爲當時人將「易書」、「卦爻」、「天地法象」當作「易」，這是「書自書，卦自卦，天地自天地」，此「易」與形氣人身、心是不相交涉，若如此即不符合前所言「易即人心」之大肯定。因此高攀龍言「心體便是易」。而高攀龍又言「此心變易從道者，便是易之用」，此意爲何？《高子遺書》云：

> 彥文曰：近日吳覲華先生講繫辭，謂聖人作易，總只要人能變化，一部易只說得「變化」二字。先生曰：然。彥文問夫子大象，先生曰：此是夫子之易，夫子特地教人用易之方。〔註22〕

高攀龍認爲聖人作「易」乃是要說明「人能變化」，而人能變化之因，在於人有「人之神明」之「心」。因爲前有言「人之靈」即「天地之靈」，故人之「心」即「易」之「摩盪之神」，故具有生生不測之神用。因爲氣化世界森羅萬象，人所面對之客體無限，因此人須應對不同狀況，所以人具有「氣之靈」不測「神明」之「心」，才能解決「人能變化」此重要之人生課題。高攀龍又言「夫子特地教人用易之方」，由此可知高攀龍認爲夫子之「用易之方」在於前所言「此心變易從道者，便是易之用」。何謂易之「體」與「用」？高攀龍云：

> 然則吾輩將何以求中？非直窮其源不可，《中庸》說喜怒哀樂未發謂之中，此眞窮源矣，然猶未也。此中何從而來？維皇上帝降衷於下民，民受天地之中以生，一降衷一受中，此中之所從來也。然何以謂之中？要知天地間一太和之氣而已，易曰：天地氤氳，此所謂太和也。人之生也得此以爲生，既生也得此以爲心，渾然在中，通徹三極，情勢未動，純是此體，故喜怒哀樂未發謂之中，發而中節，不失此體，故謂之和，一切學問不過保和此而已。已有這體，方有

72年），卷五，頁417。

〔註22〕高攀龍：《高子遺書・會語》，（台北，臺灣商務印書館文淵閣四庫全書，民國72年），卷五，頁418。

　　這用，故能動靜。云：爲無過不及之差，聖人精一之心，乃其體也。

　　學問迷源只做得師商之學，吾輩何敢輕視師商，然辯學則須開眼，

　　孟子曰：皆古聖人也，吾未能有行，乃所願則學孔子。〔註23〕

高攀龍言「人之生也得此以爲生，既生也得此以爲心，渾然在中，通徹三極，情勢未動，純是此體」，因此其說明人之「心」即喜、怒、哀、樂未發之「中」之狀態，但因爲「中」之本原來自「太和之氣」，而「太和之氣」即是「天地氤氳」之「易體」，所以人之「心」之「中」之狀態即易之「體」。高攀龍云：「此體不可形狀，孟子名之曰浩然之氣，即易體也。」〔註24〕此即呼應前所言「浩然之氣」乃「至虛至靈在人爲心」，此「氣之精靈」之「心」乃透過「易體」生生作用而來。高攀龍又曰「喜怒哀樂未發謂之中，發而中節，不失此體，故謂之和」，由此可知人之「心」發而中節，不失此「體」之「和」，則爲易之「用」，此亦即前所言「此心變易從道者，便是易之用」之意。有「易」之「心」之「體」與「用」就可以「動靜」不失其「和」，此即高攀龍所言「爲無過不及之差，聖人精一之心，乃其體也。」聖人具有此「中」之「精一之心」之「體」，故將人變化之「動靜」表現「無過不及之差」，此亦爲「發而中節」之「和」。而高攀龍曰「一切學問不過保和此而已」，其以爲常人所以願學孔子等聖人，是爲了保和此「心」之「中」之「體」，在表現「動靜」之「用」時，可以無過與不及，呈現出「和」之「用」。前有言「心之『變易』從道者，便是易之用」，而何謂「心」之「變易」？高攀龍又云：

　　變易者，存乎時；不變易者，存乎道，道之所在，易乃不易也。⋯⋯

　　道者，人之神也；迹者，神之著也。⋯⋯神，一也，一著而無不著。

　〔註25〕

高攀龍明白指出心之「不易」乃存乎「道」，高攀龍指出「道」即人之「神」，而「神，一也」，故「一」之「神」即前所言聖人「精一之心」。其又言「迹者，神之著也。」所以「迹」即人之「神明」其「變易從道」之「易之用」的表現。再者，「心」之「變易」者，存乎「時」，而何謂「時」？高攀龍又云：

〔註23〕高攀龍：〈子貢問師與商也孰賢章〉，《高子遺書・講義》，（台北，臺灣商務印書館文淵閣四庫全書，民國72年），卷四，頁392。

〔註24〕高攀龍：《高子遺書・語》，（台北，臺灣商務印書館文淵閣四庫全書，民國72年），卷一，頁341。

〔註25〕高攀龍：〈東林志序〉，《高子遺書・序》，（台北，臺灣商務印書館文淵閣四庫全書，民國72年），卷九上，頁558。

動靜者，時也，聖人以動靜不失其時爲艮，不偏言靜也。濂溪周子
獨言定之以中正、仁義，而主靜立人極，此所謂靜以不易者言，是
故於君爲仁，於臣爲忠，于父爲慈，於子爲孝，於夫爲義，于婦爲
順，於兄爲友，於弟爲敬，於友爲信，不易也。是故在貌爲恭，在
言爲從，在視爲明，在聽爲聰，在思爲睿，不易也。是故人此爲仁，
宜此爲義，履此爲禮，知此爲智，實此爲信，不易也。聖人之任萬
物之縱橫變化，不可揣量其一，於是而不易，如五嶽之各居其方，
四瀆之必赴於海，莫能撓之是之謂「中」，是之謂「正」，是之謂「靜」。
故曰易有太極。〔註26〕

高攀龍認爲「時」即是前所言「心體」之「動靜」變化。「艮」是指心有所止
之意，而非「靜止」之意。高攀龍言「聖人以動靜不失其時爲艮，不偏言靜
也。」此即前所言「爲無過不及之差，聖人精一之心，乃其體也。」之意。
因爲聖人具有「精一之心」之「體」，故有「動靜不失其時」之「用」，而「精
一之心」之「體」即是所謂「中」，「動靜不失其時」之「用」即表現動靜無
過不及之差之「和」。高攀龍說明「時」與「體」之觀念，其云：「體者，無
時而不在，體即時也。云時者，無時而不體，時即體也。戒謹恐懼，即時即
體也，爲物不二者也。」〔註27〕高攀龍認爲「時」與「體」之關係乃「體即
時」、「時即體」，高攀龍以「易」之「不易之易」、「變易之易」與「心」之「中」、
「和」關係表示之，所以高攀龍「時」與「體」之觀念，如近代學者牟宗三
先生所謂「即存有即活動」〔註28〕之意。

若就「易」之「不易」與「變易」而言，「不易」即寂然不動之「體」，此
言「太極」；「變易」即感而遂通之「用」，此乃言陰陽不測之「神」。就「心」
之「不易」而言，心之「不易」者爲「道」，而高攀龍言「道」即「須臾不可離」
之「性」。如高攀龍言：「道者率性之謂，天下豈有須臾離性之人，百姓特日用
而不知耳。」〔註29〕心之「變易」者乃是與「天地之靈」相同之「活鬼神」，此

〔註26〕高攀龍：〈靜菴華翁七十序〉，《高子遺書・序》，（台北，臺灣商務印書館文淵
閣四庫全書，民國72年），卷九下，頁588。
〔註27〕高攀龍：《高子遺書・語》，（台北，臺灣商務印書館文淵閣四庫全書，民國72
年），卷一，頁339。
〔註28〕牟宗三：《心體與性體》，（台北，正中書局，民國85年2月），第一冊，頁61。
〔註29〕高攀龍：《高子遺書・箚記》，（台北，臺灣商務印書館文淵閣四庫全書，民國
72年），卷二，頁347。

即人能「變化」、「動靜」表現之因。而高攀龍言「戒謹恐懼,即時即體也,為物不二者也。」所謂「戒謹恐懼」即是就「心」之「變易」與「不易」而言,即其所謂「喜、怒、哀;樂未發謂之中,發而中節,不失此體,故謂之和,一切學問不過保和此而已」之意。所謂「為物不二者」是就「易」之「變易」與「不易」而言,所以高攀龍云:「天地之化,息息而易,故萬古不易。謂有不易之易,變易之易是二之也。」〔註30〕高攀龍認為「天地之化」易之生生作用,若析而言之,則有「不易之易」與「變易之易」之分別。前有言「易即人心」,因此人之「心」亦有「變易」與「不易」之變化。但「易」之「變易」與「不易」皆為「萬古不易」之為物不貳,故高攀龍認為不應該將「易」分別視之為「易」有「不易之易」與「變易之易」之分,故「易」一分為「二」。高攀龍此主張即符合其前所言「體即時」、「時即體」之意。雖然,高攀龍認為「易即人心」,但是其指稱者乃是現實形氣世界的人之心,亦因是「形氣之心」,故會受到現實世界種種狀況影響,而產生「非易之心」的情況。高攀龍云:

> 天下有非易之心,而無非心之易,是故貴於學,學也者,知非易則非心,非心則非易也。易則吉,非易則凶,悔吝其知易,知其能簡、能易,簡而天下之理得矣,於是作易簡說。夫五經註於後儒,易註於夫子,說易者,明夫子之言,而明易矣。〔註31〕

高攀龍前有言「易,心體也,無思無為」與「易即人心」之意。但是此處高攀龍又明白指出「天下有非易之心,而無非心之易」,此乃表示高攀龍重視現實形氣世界之人「心」之狀態。現實形氣世界人須面對我身內在所具有陰陽比例不同之氣質才性與外在氣化各種樣態之事物,因此「人之神明」之「心」有「敝」之時,如高攀龍云:

> 人敝則漸滅矣。何以使人之不敝也?曰:在學,學非他也,還其人之謂也,如目本明還其明,耳本聰還其聰,心本仁還其仁,四體本泰還其泰。君臣、父子、兄弟、夫婦、朋友,本親、義、序、別、信,而還其親、義、序、別、信,本來如是是謂性,知其如是而還其如是之謂學,不學而人敝,人敝而神離,如呼吸之離於體。夫以

〔註30〕高攀龍:《高子遺書‧語》,(台北,臺灣商務印書館文淵閣四庫全書,民國72年),卷一,頁340。

〔註31〕高攀龍:〈大易易簡說序〉,《高子遺書‧序》,(台北,臺灣商務印書館文淵閣四庫全書,民國72年),卷九上,頁539。

千秋之神，滅於一日，哀哉。後之君子觀於志，必有不忍於一脈之

滅而不續者，斯脈也，即以一念續之。〔註32〕

高攀龍認爲「人敝」即「心」之「神」離「體」，「心」之「神」離體即如「呼
吸」離體，人即不存焉。故「千秋之神」之「萬古之物」即滅於一日，故「人
之神明」之「心」不再「息息」而易，爲物不貳地生生創德。如何解決「人
敝」之困境？

　　高攀龍明白指點方法在「貴於學」。由前兩段話知道「學」之目的在於先
「知非易則非心，非心則非易也」，知此而後，「還其人之謂也」。故統合言之，
「學」之意即高攀龍所言「知其如是而還其如是之謂學」。而「學」之方法爲
何？高攀龍云：

　　應峰翁年始耆，諸知交謀所以壽翁者，問之攀龍，攀龍曰：翁凤講
　　長生之道，請言長生，夫長生者，天地之道也。天地之道變易者，
　　其不易者也。不易者，其變易者也。古之至人以變易成其不易，以
　　其不易貞其變易，故與天地同其無疆非呼吸吐納之謂也。夫人自少
　　壯而老，身體膚髮日遷日謝，變易矣。夫人之心思，營爲萬起萬滅，
　　變易矣。而性不易也。何謂性？於五德曰仁、義、禮、智、信，於
　　五事曰恭、從、明、聰、睿，於五常曰親、義、序、別、信，千古
　　而上，千古而下，不易也。吾以萬起萬滅者注之於是而不二焉，是
　　爲以變易成其不易，久之而熟，道義成性。向之萬起萬滅者轉，而
　　爲萬變萬化之妙，是爲以不易貞其變易。夫人之夢也，其遊魂能視、
　　能聽、能言、能動，無質無體，與有質有體者，不異焉。然遊魂爲
　　變，變而不可知者，以其昧而不靈，至成性，遊魂始靈，故大人通
　　晝夜而知與天地合德，日月合明，天地日月變易，而吾不易也。故
　　長生者，非形軀，亦非仙家所凝氣之精英，是皆屬於變易，而非不
　　易也。應峰翁篤於人倫，勤於問學，年七十而脩不替，是將道義成
　　性者也，是眞能長生也，客曰：善。謹以爲翁壽。〔註33〕

高攀龍以「長生之道」來說明人「心」之「變易」、「不易」與「天地之道」

〔註32〕 高攀龍：〈序〉，《高子遺書東林志序》，（台北，臺灣商務印書館文淵閣四庫全
　　　　 書，民國72年），卷九上，頁558。
〔註33〕 高攀龍：〈應峰王翁七十序〉，《高子遺書・序》，（台北，臺灣商務印書館文淵
　　　　 閣四庫全書，民國72年），卷九下，頁591。

其「易」之「變易」、「不易」之關係。再藉由人如何可得真「長生」，來解釋前所言「學」之工夫為何？

高攀龍認為「長生」即「天地之道」，而「天地之道」即「易」之生物不貳之過程。因為前有言「天地之化」乃「息息而易」，高攀龍認為不論是「變易」或「不易」其重點皆在「易」之為物不貳的「化」上，因此高攀龍言「謂有不易之易，變易之易是二之也」。高攀龍言「天地之道變易者，其不易者也。不易者，其變易者也」。高攀龍又明白指出所謂「長生」並非「與天地同其無疆非呼吸吐納之謂也」，而是前所言符合「天地之道」之「長生」，亦是透過「學」之工夫恢復「易即人心」之「本然狀態」。而「學」之工夫即「以變易成其不易，以其不易貞其變易」。前有言人之「心」是可以「變易」，而此處明白指出「性不易也」，再者前有言「本來如是是謂性」，所以「學」之工夫就在「心」、「性」修養上，使人得同於「天地之道」之真「長生」。

在現實氣化世界，人之身體會隨著時間變化日遷日謝而衰老，此乃人身體之變易。此外，人之「心思」會「營為萬起萬滅」，此即是人「心」之變易，但由高攀龍之「長生」觀念來看，會影響人是否長生之關鍵，即在「營為萬起萬滅」之「心思」之變易上，而非形體隨時間流逝之日遷日謝。人之「心思」「營為萬起萬滅」之變易，就如同人作夢之「遊魂」，遊魂「能視、能聽、能言、能動」，其雖「無質無體」但與「有質有體」人之神明乍看之下無所異。但「遊魂為變」，「遊魂」會隨變易，幻起幻滅，昏昧不靈，不識同於「天地之靈」之「萬古之物」，故「遊魂」非真長生者。

當人心思「營為萬起萬滅」之「遊魂」時，需透過「心」之「神明」自覺，可以使「變化」之「心」，以「本來如是」之「不易」之「性」，而「貞定」在「不易」之「性」上，使其心「靜」而保和在喜、怒、哀、樂未發之「中」之狀態，此即「以不易貞其變易」。當心「動」而變易之時，則「變易從道」，此言「心」能順其「性」表現，達到喜怒哀樂發而中節之「和」之狀態，亦是以「變易成其不易」，統合二者即可達到「道義成性」之真「長生」境界，恢復「易即人心」之「神明」之狀態，合此兩種修養工夫，即高攀龍所言「學」之工夫。所以高攀龍曰「吾以萬起萬滅者注之於是而不二焉，是為以變易成其不易，久之而熟，道義成性。向之萬起萬滅者轉，而為萬變萬化之妙，是為以不易貞其變易。」高攀龍云：

> 故六十四卦，六十四箇「以」字，繫辭內又總記兩箇「以」字，看

來讀易只是以此齋戒，以此洗心耳。又曰：一部易只是説一箇「中」
字。又曰：不曾看過六十四卦，看不得繫辭若不知得繫辭，卻也看
不得卦，繫辭是易原，若有入處便可聞道。〔註34〕

高攀龍認為《易》中言「以」即「以」易齋戒，「以」易洗心之意。所謂「以」
「易」洗心，即前所言將人變易之「萬起萬滅者」心思，透過「以」易之「不
易」來洗之修養工夫，即高攀龍前所言「以不易貞其變易」之意，則可使「遊
魂為變」、「萬起萬滅」之「心思」，會回復到「精一之心」之「中」之「體」，
達到「心」變易從「道」之用。所以高攀龍有言「一部易只是說一箇中字」
與「繫辭是易原，若有入處便可聞道」。高攀龍又云：

所以六十四卦，聖人說六十四箇「以」字，如君子自強不息者，以
乾也；厚德載物者，以坤也。非乾而何能自強不息，非坤而何能厚
德載物乎。餘卦又以時言之，君子所以如此者，以此時也。時者，
易也。總是以此也。〔註35〕

高攀龍說明聖人說六十四個「以」即「君子所以如此」，亦是易之「時」義大以
哉。高攀龍有云：「終日乾乾與時偕行，只一時字，便見繼之者善。」〔註36〕
因為易之「時」義，即指「易」之「動靜」，亦即為易之生生不息之意。「易」
之「時」即心之「變易」，而「君子所以如此」，意指君子能「變化」之「心」
乃「變易從道」，而「終日乾乾與時偕行」，所以高攀龍曰「便見繼之者善」，此
即言「以變易成其不易」久之而熟「道義成性」之意。高攀龍云：

有言「以易洗心」是二物，何如？先生曰：此言固好，然須知易方
是心，心未必是易。到得憧憧往來之心，變成寂然不動之心，渾是
易矣，豈不是以易洗心。〔註37〕

高攀龍認為「憧憧往來之心」即前所言人之「萬起萬滅」之心思，此乃「心
未必是易」之意。而「寂然不動之心」即前所謂「不易」之「中」，聖人「精
一之心」，故高攀龍曰：「六十四卦大象皆曰：以聖人渾身是易也。以此洗心，

〔註34〕高攀龍：《高子遺書‧會語》，（台北，臺灣商務印書館文淵閣四庫全書，民國
　　　　72年），卷五，頁418。
〔註35〕高攀龍：《高子遺書‧會語》，（台北，臺灣商務印書館文淵閣四庫全書，民國
　　　　72年），卷五，頁417。
〔註36〕高攀龍：《高子遺書‧會語》，（台北，臺灣商務印書館文淵閣四庫全書，民國
　　　　72年），卷一，頁340。
〔註37〕高攀龍：《高子遺書‧會語》，（台北，臺灣商務印書館文淵閣四庫全書，民國
　　　　72年），卷五，頁417。

以此齋戒，原來非此不爲洗心，不爲齋戒。」〔註38〕而高攀龍又曰「到得憧
憧往來之心，變成寂然不動之心，渾是易矣，豈不是以易洗心。」何謂「寂
然不動之心」？高攀龍云：

> 太極者，理之極至處也。其在人心，湛然無欲，即其體也。先儒云：
> 心即太極，此語湏善會無欲之心乃眞心，眞心斯太極矣。心莫難於
> 無欲，故人莫難於立極，若但見其無形、無方、無際而已，是見也。
> 故曰：有所見便是妄。奉山汪公能悟易者也，其必有以識之。〔註39〕

高攀龍明白指出「寂然不動之心」乃「心即太極」之意。「易」之「太極」爲
「理之至極處」，亦是「易」之「不易」者。對人而言，即言人之「性」。而
當人心「寂然不動」之時，即「湛然無欲，即其體」，亦爲心之「不易」之「性」，
所以「無欲之心」乃「眞心」，故高攀龍曰「眞心斯太極矣」。如此「非易之
心」又回復「易，心體也」其「無思無爲」之狀態。

第二節　六合皆心

一、皮毛骨髓及六合內外皆天

前有言「心」即「易體」即「鬼神」，主要在談論心之本原之超越義與無
限性，然而「心」乃「氣之精靈」在人者，因此「心」之主體由氣之本體而
來，而形氣之「身」亦由氣之本體所生化而成，故「心」與形氣之「身」，是
同質同層皆爲「氣」。然而「心」是「氣之精靈」者，所以爲「人之神明」，
而形氣之「身」則是「氣之靈」之「心」所居之本位，雖不具「靈」之作用，
卻爲表現心之「神」用不可或缺者。如吳廷翰云：

> 蓋天之生人，已有此性也。性成而形，雖形亦性。然不過一氣而
> 已。其氣凝而有體質者，則爲人之形，凝而有條理者，則爲人之
> 性。〔註40〕

〔註38〕 高攀龍：《高子遺書・語》，（台北，臺灣商務印書館文淵閣四庫全書，民國72
年），卷一，頁340。

〔註39〕 高攀龍：〈書悟易篇〉，《高子遺書・題跋雜書類》，（台北，臺灣商務印書館文
淵閣四庫全書，民國72年），卷十二，頁712。

〔註40〕 吳廷翰：《吳廷翰集・吉齋漫錄》，（北京，中華書局，1982年2月），卷上，
頁39。

吳廷翰言人得氣而生，氣內貫爲人之性，人之初生即具有此「氣質之性」，而人一身之內爲氣之精靈的靈明知覺之心，外爲氣之充塞爲人之形體之身。故「心」之道德主體義應在具體形氣之「身」言之。因此高攀龍認爲「心」不同於朱學之「形氣之心」，只是一生生認知作用，不具道德主體義。更非王學心之「良知」只存在形上層面與形氣層面不相交涉。故高攀龍除了言心之本原有運用張載「虛空即氣」之「太虛元氣」外，其皆以具體生化之「太和之氣」來言「心」。再者，高攀龍更爲了強調「萬物各具主體義」之氣本體生生「神」用，在人身爲其「心」主體，高攀龍用具體氣化之「天」來談論「天地之心」即人身之「惻隱之心」，所以人之「身」具「天」自感自應爲物不貳之「仁己」之心。高攀龍云：

> 然則氣與心何以別之？天地間充塞無間者，惟氣而已，在天則爲氣，在人則爲心。氣之精靈爲心，心之充塞爲氣，非有二也。〔註41〕

高攀龍藉由說明「心」與「氣」之別，而提出「天」即天地間充塞無間之無形卻又具體之「氣」。因此「天」即具氣本體生化萬物之作用。而「心」即「氣之精靈」，即前所言「心」即「活鬼神」具有靈明不測之神用。高攀龍云：

> 人莫要知天，知天則知感應之必然。今人所謂天，以爲蒼蒼在上者云爾。不知九天而上，九地而下，自吾之皮毛骨髓，以及六合內外皆天也。……曰自感自應何以謂之天？何以謂天，必知之也。曰自感自應所以爲天也，所以爲其物不貳也。若曰有感之者，又有應之者，是貳之矣。爲不貳，所以不爽也。〔註42〕

高攀龍言「人莫要知天」，由此可知高攀龍認爲「知天」是人生重要課題。因爲「天」乃形氣之「身」、「心」由氣化所生之本原。高攀龍進一步說明「天」之意義爲何？高攀龍以爲當時之人都誤認「天」只是「蒼蒼在上者云爾」，如吾人所謂「蒼天」者，其實「天」乃具體形氣世界之總稱。因此高攀龍進一步解釋「九天而上，九地而下」、「吾之皮毛骨髓」與「六合內外」皆是「天」。不論天與地、人之身或六合內外都由「天」所含括。高攀龍又言「自感自應所以爲天也，所以爲其物不貳也。」故「天」不再爲傳統人們所認知之「蒼天」，由此可

〔註41〕高攀龍：〈講義‧雖存乎仁者節〉，《高子遺書‧語》，（台北，臺灣商務印書館文淵閣四庫全書，民國72年），卷四，頁405。

〔註42〕高攀龍：〈知天說〉，《高子遺書‧經解類》，（台北，臺灣商務印書館文淵閣四庫全書，民國72年），卷三，頁362。

知高攀龍「天」之概念，很能凸顯其思想學說之特色，因其重視形氣世界，而不談與人無所交涉之形上虛空境界，雖然重視形氣層面之具體性，但是氣化世界無形之氣的「天」仍具有「自感自應」之「爲其物不貳」無限創生義爲其主體，此乃不違背傳統儒家思想中對「天」的看法。高攀龍云：

> 吾作譜而滋懼也，夫譜以譜其可知者已爾，由可知者推而上之何如也，祖也；由不可知之祖推而上之何如也，天也。然則吾之一呼吸而在，吾之親在也；吾之親一呼吸而在，吾之祖在也；吾祖之一呼吸而在，不可知之祖在也；不可知之祖一呼吸而在，天地始交之呼吸在也，鳴呼嚴哉。吾之身即親也，即祖也，即天也。是故君子之孝沒身焉而已，無不孝也，無不敬也，出於敬入於刑矣，鳴呼嚴哉。夫天與吾一呼吸也，其感、其應一呼吸也，以爲不信則祥之，於何以出於冰，宗之竹何以笋於冬，江之流何以湧於詩之舍，諸如此者，動於此，應於彼，如舍矢之及於鵠鳥善者如是，何怪不善者必以誅而不聽耶。〔註43〕

高攀龍藉由「家譜」來論人之所從來。因爲「譜」乃爲記載家族之世代而作，高攀龍藉由「家譜」追尋「祖先」生之本原從何而來？高攀龍言「由可知者推而上之何如也，祖也；由不可知之祖推而上之何如也，天也。」由此得知從家譜來看，「祖」是可知，而「祖」之上家譜已無記載，所以不可知，而此無記載而不可知者，即「祖先」之本原。高攀龍又云：

> 無可譜者，以子之一言譜，自茲而往位能譜之，令吾子孫傳之永永也。余曰：是其韓氏有名之祖也，子亦知無名之祖乎？夫自七世等而上之，究至於無窮，必有所從始者，則氣化所生也。緣氣化所生者，而上則天地也，是之謂乾父、坤母，不可得而姓，不可得而名者也，不可謂無其傳，所傳者，吾今一日呼吸之息是也。此一呼吸之息，從天地始交來，億萬世無異也。此一息在億萬無名之祖，在言乎遠，則不禦言乎爾，則靜而正，循是可以知命，可以知性，可以知學。子之所謂以有涯學無涯者，其在斯乎？豈謂譜子之七世，譜子之萬世可矣。〔註44〕

〔註43〕 高攀龍：〈家譜・譜序〉，《高子遺書・碑》，（台北，臺灣商務印書館文淵閣四庫全書，民國72年），卷十，頁635。

〔註44〕 高攀龍：〈韓氏七世祖傳〉，《高子遺書・碑》，（台北，臺灣商務印書館文淵閣

高攀龍認爲不可知之「無名之祖」即氣化所生之「天地」之「乾父」、「坤母」，此乃「不可得而姓，不可得而名者」，而「不可得而姓，不可得而名者」之「無名之祖」所傳與人者只是「一日呼吸之息」，而此一氣呼吸即來自氣化之「天地始交」。故高攀龍有云：「朱子傳註六經，折衷群言是天生斯人，以爲萬世即天之生。聖賢可以知天命矣。」〔註45〕高攀龍言天之生人，故萬世萬代皆由天所生。所以氣化之「天」即「家族」萬世萬代創生之本原。故高攀龍又云：「人身內外皆天也，一呼一吸與天相灌輸，其死也特脫闔闢之樞紐而已，天未嘗動也。」〔註46〕高攀龍認爲「天」乃爲物不貳地創生萬物，而「人」則以「呼吸」之息息表示其存在，如高攀龍云：「鼻息呼吸乃闔闢之機也，非眞元之氣。眞元之氣生生不息。」〔註47〕「鼻息呼吸」是「人」與「天」相溝通之所在，如其所言「一呼一吸與天相灌輸」。但因「鼻息呼吸乃闔闢之機也」，所以人只要「一息」不存，便會死亡，死亡即「脫闔闢之樞紐」。因此高攀龍用「呼吸」來聯繫「家族」間各世代子子孫孫之傳承，故高攀龍言「然則吾之一呼吸而在，吾之親在也；吾之親一呼吸而在，吾之祖在也；吾祖之一呼吸而在，不可知之祖在也」。因此家族之一呼一吸即代表家族之生生不息，所以高攀龍言「億萬世無異」。由此亦說明「天」之自感自應爲物不貳生化萬物，所以高攀龍言「不可知之祖一呼吸而在，天地始交之呼吸在也。」

　　高攀龍言「吾之身即親也，即祖也，即天也」，此句話即代表「夫天與吾一呼吸也，其感、其應一呼吸也」之意。只要吾身還有「呼吸」生生不息，代表此「家族」尚未「脫闔闢之樞紐」，故我之家族就一直與天之「闔闢之樞紐」相溝通而不間斷。高攀龍云：

　　　其爲物不貳，只是一箇道理。惟其一所以生物不測，爲不測故神，
　　　所謂易也。故程夫子則曰：其體則謂之易，其理則謂之道，其用則
　　　謂之神，其命於人則謂之性，率性則謂之道，修道則謂之教。孟子
　　　於其中又發揮出浩然之氣來，可謂盡矣。中庸又說一箇鬼神，以形

　　　四庫全書，民國72年），卷十，頁605。
〔註45〕高攀龍：《高子遺書‧語》，（台北，臺灣商務印書館文淵閣四庫全書，民國72年），卷一，頁344。
〔註46〕高攀龍：《高子遺書‧語》，（台北，臺灣商務印書館文淵閣四庫全書，民國72年），卷一，頁336。
〔註47〕高攀龍：《高子遺書‧會語》，（台北，臺灣商務印書館文淵閣四庫全書，民國72年），卷五，頁417。

> 容斯理之妙。所以說如在其上，如在其左右，只曰：誠之不可揜。
> 何等活活潑潑底，會得時大好過日子，所以說：昊天曰明，及爾出
> 王；昊天曰旦，及爾游衍。由是思之，天何嘗離人，人何嘗離天。
> 故曰：道也者，不可須臾離也，可離非道也。人居天中，如魚居水
> 中，魚無水不活，人無天不生。人亦死在天中，蓋自家生氣皆得天
> 著，至於養成浩然，死亦生矣。〔註48〕

因為「天」具有「為物不貳」、「自感自應」之作用，因此高攀龍用《易傳》
所言之「神」、《孟子》之「浩然之氣」與《中庸》之「鬼神」來比擬之。因
此高攀龍言「蓋自家生氣皆得天著」，乃說明人得以創生是皆由「天」而來。
然而形氣世界為有限、相對之世界，因此有生即有死，人死其「呼吸」不存，
即脫天之「闔闢之樞紐」，與「天」之「創生」關係則不存。但高攀龍卻強調
「人亦死在天中」而「至於養成浩然，死亦生矣」，人死雖脫離天之「闔闢之
樞紐」，但是「天」卻從未離開人，高攀龍之論點由其與他人之對話中見其端
倪。《高子遺書》云：

> 有友論天、人。先生曰：天、人原是一箇，人所為處即天。譬之命
> 該做官者，必須讀書、做文字。讀書、做文是人，然肯讀書、做文
> 又是天。彥文曰：命之所有，先天也；人之肯為，後天也，無先天
> 不起後天，無後天不成先天。先生曰：然。〔註49〕

高攀龍認為「天」、「人」是一，「天」、「人」相同之處，乃因「天」、「人」皆
為氣本體所創生。但「天」、「人」所異之處，則是「人所為處即天」，「天」
涵蓋人之一切活動範圍，甚至人呼吸停止，形氣之身亡滅，只是脫離天之「闔
闢之樞紐」之創生作用而已，但形氣之身消散亦在「天」中，所以人無論生
或死都無法跳脫「天」之範疇。此外「命」是「天」先天即賦予人者，但人
有此「命」，須藉由人「後天」之「肯為」，才可以成其先天之「命」，因為「後
天」之「肯為」，把天之「命」完全展現，此即孟子所謂「浩然之氣」，故高
攀龍云：「浩然之氣即天。」〔註50〕因此高攀龍言「至於養成浩然，死亦生矣！」

〔註48〕 高攀龍：《高子遺書・會語》，（台北，臺灣商務印書館文淵閣四庫全書，民國
　　　　72年），卷五，頁416。

〔註49〕 高攀龍：《高子遺書・會語》，（台北，臺灣商務印書館文淵閣四庫全書，民國
　　　　72年），卷五，頁417。

〔註50〕 高攀龍：《高子遺書・語》，（台北，臺灣商務印書館文淵閣四庫全書，民國72
　　　　年），卷一，頁335。

二、身心自相依倚

> 程子曰：天人本無二，人只緣有此形體，與天便隔一層，除卻形體
> 渾是天也。形體如何除得？但克去有我之私，便是除也。愚謂眞知
> 天，自是形體隔不得。觀天地則知身心，天包地外，而天之氣透於
> 地中，地在天中，而地之氣皆天之氣。心，天也。身，地也。天依
> 地，地依天，天地自相依倚。心依身，身依心，身心自相依倚，剛
> 柔相摩，如此纏著意便不是。〔註51〕

高攀龍認爲程明道所言「天人本無二，人只緣有此形體，與天便隔一層，除卻
形體渾是天也」此句話並不妥貼，因高攀龍以爲「形體」是除不得。人「形體」
之「身」乃由「天」之呼吸而來，所以高攀龍言「天自是形體隔不得」。然而高
攀龍重新解釋程明道所謂「除卻形體渾是天」之意義，應爲「克去有我之私」。
所以《高子遺書》云：「程夢暘小引曰：先生之學主於復性。不以敬爲敬，而認
敬即性；不以身爲身，而認身即天。蓋其得於窮理者深乎。」〔註52〕高攀龍所
謂「克去有我之私」即「復性」之工夫。再者高攀龍乃「不以身爲身」，而是「認
身即天」，所以高攀龍言「形體」之「身」是除不得。

此外高攀龍再進一步說明「天」、「地」與人之「心」、「身」之關係。高
攀龍言「觀天地則知身心」，由此可知人之「身心」與「天地」之關係是非常
密切。高攀龍利用「天」與「地」之關係來說明「心」與「身」之關聯。其
言「心」即「天」；「身」即「地」。吾人先由「身」即「地」之觀點來論「身」、
「天」之關係，高攀龍言「天包地外，而天之氣透於地中，地在天中，而地
之氣皆天之氣」，由此段話可知，「天包地外」即前所言「人之所爲處即天」
之意，而「而天之氣透於地中，地在天中」即前所言「自家生氣皆得天著」
與「人亦死在天中」之意，而「地之氣皆天之氣」代表人之「身」與「天」
之本質是「氣」。再由「心」即「天」來論「身」、「心」之間的關係，因前有
言「氣之精靈爲心，心之充塞爲氣，非有二也。」因此高攀龍以爲「心之充
塞」者爲「天」，故其言「天包地外，而天之氣透於地中，地在天中」。

〔註51〕高攀龍：《高子遺書·語》，（台北，臺灣商務印書館文淵閣四庫全書，民國72
年），卷一，頁334。

〔註52〕高攀龍：《高子遺書·會語》，（台北，臺灣商務印書館文淵閣四庫全書，民國
72年），卷五，頁410。

　　由上可知高攀龍之意指「心」即「天」之在人「身」者，爲人之主體。
而「地之氣皆天之氣」意指「身」與「心」之本質皆承天之「氣」本體而來。
而「天地相依倚」因「氣」之本質相同可成爲一體，則身與心也因氣之本質
相同而互相依倚成爲一體。所以高攀龍認爲「形體」是「除」不得的，因爲
「身」與「心」是一體，無此與「天」同「一呼吸」之形氣之「身」，即無此
與「天」同爲「一氣」之「氣之精靈」之「心」。高攀龍繼而討論「心」在「身」
中，成爲「身」之主體，此乃「心」表現最恰當之狀態。因此在「身」中之
「心」，其本質乃同於「天」，故亦可言此在身中之心爲「心即天」也。而「心
即天」乃氣本論「心、性、氣是一」此一派之學術特色，因爲心具有生生作
用，此作用由「太虛元氣」之易而來，內聚在人身爲形氣之主體，雖然爲形
氣之身所拘局。但形氣之身可以藉由此具有「太虛之氣」道德主體義之形氣
心，展現爲具體之道德言行，總和各個人之道德言行，即是無限卻具體之氣
化流行之道德世界。如方文彬解釋呂坤「心就是天」之意，其云：

> 呂坤所謂「心就是天」指的是形氣中由元氣之神凝結在形氣身上變
> 成有限的形氣之心而言，此時心雖在形氣中而成有限心，亦即生生
> 與認知等作用皆受氣性的限制，不得無限發用，但此受限的生生與
> 認知作用，本質上卻同於作爲主體的元氣，綜言之，形氣心在形氣
> 層是有限，但本質卻又通於元氣。可知是有別王守仁心是具有無限
> 性與普遍性天地萬物最高主宰的。〔註53〕

而《高子遺書》有記載高攀龍與他人論「渾身是心」之「心即天」之狀態，
如《高子遺書》云：

> 季思子往至余水居，彥熙亦時時來靜坐，一日問心，余曰：子以何
> 者爲心？曰：方寸是也。余曰：未也，特其位耳。曰：思慮者是也。
> 曰：未也，特其用耳。曰：舍是尚有心乎？余曰：子以眼前虛空者，
> 何物也？曰：虛空則無物矣。曰：何者爲天？曰：穹然上覆。余曰：
> 皆非也。無之而非天，無之而非心，人心湛然無欲，一腔子六合一
> 物也。〔註54〕

〔註53〕方文彬：《呂坤「氣即是理」思想研究》，（中國文化大學中國文學研究所碩士
　　　　論文，民國92年6月），頁216。

〔註54〕高攀龍：〈文學泰彥熙公墓誌銘〉，《高子遺書·墓誌銘》，（台北，臺灣商務印
　　　　書館文淵閣四庫全書，民國72年），卷十一，頁656。

高攀龍一日與季思子談論何謂「心」，季思子認為「心」即「方寸」，但高攀龍認為「方寸」是「特其位」，「方寸」乃心所在之處。而季思子又曰「心」即「思慮」，高攀龍則言「思慮」乃心之用，並非心之本然。高攀龍以為「心所在之處」是何物？高攀龍云：

　　心要在腔子裡，是在中之義，不放於外，便是在中，非有所著也。
〔註55〕

高攀龍認為心之所在之處即是「腔子」，而「腔子」又為何物？高攀龍云：

　　看大學或問見朱子說入道之要，莫如敬。故專用力於肅敬收斂持心方寸之間，但覺氣鬱身拘，大不自在，及放下又散漫如故，無可奈何，久之忽思程子謂心要在腔子裡，不知腔子何所指？果在方寸間否耶。覓註釋不得，忽於小學中見其解，曰：腔子猶言身子耳。大喜，以為心不專在方寸之間，渾身是心也。頓自輕鬆快活。〔註56〕

高攀龍為了「肅敬收斂」達到「敬」之工夫，忽思程明道曰「心要在腔子裡」，循其解，得知「腔子」即言「身子」之意。因此高攀龍以為「心」不專在「方寸」之間，而應為「渾身是心」。而「渾身是心」即是高攀龍所言「方寸即宇宙」之「心即天」也。高攀龍云：

　　伏承下教咨，所以方寸者，方寸即宇宙也，世人漫視為方寸耳。非窮究到名言不立之地，為名言而已；非存養於思慮未發之先，為思慮而已。名言、思慮為憧憧之方寸而已。弟之愚昧，正在憧憧中生活，言之可怍，有一小書可證斯理，感以奉覽。〔註57〕

前有言「方寸」是「心之位」，而高攀龍言「心」要在「身子」中，由此可知「方寸」非世人所認定的「心」之意義，所以高攀龍言「所以方寸者，方寸即宇宙也，世人漫視為方寸」。由此可知「身子」即「方寸」之「宇宙」，此亦即言「渾身是心」之意。如前高攀龍所言「無之而非天，無之而非心，人心湛然無欲，一腔子六合一物也。」，當「心」在「身」即「在中」之意。此時「心」之「湛然無欲」乃為心最恰當表現之時，所以言「心」即「天」。故

〔註55〕高攀龍：《高子遺書・會語》，（台北，臺灣商務印書館文淵閣四庫全書，民國72年），卷五，頁335。
〔註56〕高攀龍：〈困學記〉，《高子遺書・經解類》，（台北，臺灣商務印書館文淵閣四庫全書，民國72年），卷三，頁356。
〔註57〕高攀龍：〈答劉念臺一〉，《高子遺書・書》，（台北，臺灣商務印書館文淵閣四庫全書，民國72年），卷八上，頁478。

「腔子」之「身」與「六合」之「天」亦爲一物。心有欲乃「思慮」,「思慮」
只是「憧憧之方寸而已」,無法達到「腔子」有限之「身」與無窮「六合」之
「天」成一物之境。如由前「觀天地則知身心」所言「身心自相依倚,剛柔
相摩,如此纔著意便不是」。所以「憧憧之方寸」之「思慮」即心之「著意」。
心之「著意」便不是「身心自相依倚」之「渾身是心」之「心即天」的狀態。
故高攀龍言「無之而非天,無之而非心」。高攀龍云:

> 不以天明心,心不可得而明也。不以心明天,天不可得而明也。

〔註58〕

由「天」可以明「心」,因爲「天」即「氣」而「心」即「氣之精靈」,在「一
氣」同質同層上可以言「明」。而當「天」之「氣」將其最「精靈」者凝聚爲人
之「心」,此「心」在人身中爲其主體。人欲明「天」,則須透過自己身中之「心」,
維持「湛然無欲」而不墜,才可以達到「渾身是心」之「一腔子六合一物」之
狀態,因此時人之「心」即與「天」同,亦即「心明天」之意。因此「心」與
「天」之關係是須「互明」,非單向「一氣」人灌輸之關係。因在「身」之「心」
藉由「呼吸」表現「天」之德,而形氣之「身」雖有「消散」之時,但「人亦
死在天中」,所以不因「呼吸」止息,「心」與「天」就脫離干係。高攀龍云:

> 朱子曰:滿腔子是惻隱之心,是就人身上指出此理,充塞處最爲親
> 切。朱子發明程子之言最爲親切矣。蓋天地之心充塞於人身者,爲
> 惻隱之心。人心充塞天地者,即天地之心。人身一小腔子,天地即
> 大腔子也。〔註59〕

高攀龍借用朱子之言「滿腔子是惻隱之心,是就人身上指出此理,充塞處最
爲親切。」來說明其所言「渾身是心」之觀念。何謂「滿腔子是惻隱之心」?
先論何謂「惻隱之心」?

高攀龍曰「天地之心充塞於人身者」即是「惻隱之心」,所以「惻隱之心」
即形氣之人「心」。而何謂「天地之心」?高攀龍曰「人心充塞天地者,即天
地之心。」高攀龍說明「惻隱之心」與「天地之心」之方式,就如同其解釋
「浩然之氣」與「太和之氣」之關係。高攀龍云:

〔註58〕 高攀龍:《高子遺書·語》,(台北,臺灣商務印書館文淵閣四庫全書,民國72
年),卷一,頁336。

〔註59〕 高攀龍:《高子遺書·語》,(台北,臺灣商務印書館文淵閣四庫全書,民國72
年),卷一,頁335。

洋洋乎盈眸而是者，何物也？易也。子輿以「浩然」名氣，先生以
「太和」名易，浩然者，太和之充於四體；太和者，浩然之塞乎天
地。匪是不爲知道，不爲見易，故曰：周公才美，智不足稱。〔註60〕

孟子以「浩然」稱謂「氣」，而「浩然之氣」即是張載所謂「太和」之「易」，
因爲「浩然之氣」與「太和」皆具有「易」之創生作用，皆爲萬物本原之「氣
本體」，其實是同一物，而高攀龍解釋以「太和」釋「易」，而言「道德」之氣
時，則以「浩然之氣」名之。如高攀龍云：「仁義良心便是浩然之氣。」〔註61〕
藉由對比上兩段話可知「浩然者」是「惻隱之心」，亦即是人之「仁義良心」；「太
和者」是「天地之心」，因爲「天」即「太和之氣」具有「爲物不貳」創生作用，
亦爲萬物之總稱。

　　高攀龍言「天地之心充塞人身」即「太和之充於四體」，此段話之意指「天」
透過「闔闢之樞紐」灌輸人「一氣」呼吸之時，亦將其「易」之「神」凝聚
在人身爲其「惻隱之心」。高攀龍繼之而曰「人心充塞天地者，即天地之心」
此段乃言「心之充塞者爲氣」之意，亦即是「太和者，浩然之塞乎天地」。因
「惻隱之心」之「浩然者」充塞天地之間，即爲「太和」之道德氣化流行世
界。所以高攀龍言「人身一小腔子，天地即大腔子也」，而「心」在「腔子」
是人心最恰當之狀態，即朱子所謂「滿腔子是惻隱之心」；而「天地之心」之
「易體」生生創造萬物，即是「天」氣化流行狀態。因此「天地」是「天地
之心」所處之「位」，即高攀龍所謂「方寸即宇宙」之意義。高攀龍所謂「渾
身是心」，則「惻隱之心」之「浩然之氣」充塞人身，達到與「天地之心」的
「太和」之「天」相通，而無死無生無相對有限之境界。再者，「浩然者」充
塞人身之意，即「渾身是心」。然而人人「渾身是心」又可達到「方寸即宇宙」
之境界。如高攀龍云：

一念纏綿斬然遂絕，忽如百觔擔子頓爾落地；又如雷電一閃，透體
通明，遂與大化融合無際，更無天人內外之隔，至此六合皆心。腔
子是其區宇，方寸亦其本位，神而明之，總無方所可言也。平日深
鄙學者張皇說悟，此時只看做平常自知，從此方下好工夫耳。〔註62〕

〔註60〕高攀龍：〈聖賢論贊・橫渠先生〉，《高子遺書・經解類》，（台北，臺灣商務印
　　　　書館文淵閣四庫全書，民國72年），卷三，頁378。

〔註61〕高攀龍：〈牛山之木章〉，《高子遺書・講義》，（台北，臺灣商務印書館文淵閣
　　　　四庫全書，民國72年），卷四，頁405。

〔註62〕高攀龍：〈困學記〉，《高子遺書・經解類》，（台北，臺灣商務印書館文淵閣四

高攀龍認爲當「一念纏綿斬然遂絕」，去其「憧憧之方寸」之心之「著意」狀態的「名言、思慮」，即恢復「渾身是心」之狀態，而由個體之「渾身是心」與眾人皆「渾身是心」，即可以達到「雷電一閃，透體通明，遂與大化融合無際，更無天人內外之隔」之「六合皆心」之境界。因此高攀龍又言「腔子是其區宇，方寸亦其本位，神而明之，總無方所可言也。」高攀龍之「區宇」所指稱者是範圍之意，即前所言「腔子」之身是人心之範圍。而「方寸」即指身心。而「方寸亦其本位」乃指出「心」在「身」中，即「心」最佳狀態。當人之「心」可以「神而明之」則可達「無方所」之境界。此即表示在身中之「心」，已不專指「我」身中之心，而是與「天地」之「心」之「神」相貫通，因此可以自由無限，達到「方寸即宇宙」之「六合皆心」境地。高攀龍進一步解釋如何將個人「渾身是心」提昇至「六合皆心」之「方寸即宇宙」之境地？

> 余曰：天地大矣，惟人與之同者，其才同也。故曰：三才。才者何也？生也。生者何也？心也。故人之得其本心者，同於天地；失其本心者，同於禽獸，雖有賢哲語之同於天地必駭，雖有凡愚語之同於禽獸也必憤。是烏知不同天地則同禽獸，其間不能以髮也。〔註63〕

高攀龍明白地說出「天地大矣，惟人與之同者，其才同也。」所以因爲「才」人得以與天地同流。而「才」爲何？「才」即是「生」，即人之生而有之。而何謂「生」？「生」即「心」，因人之生而後有此「心」。如高攀龍云：

> 何以謂心本仁？仁者，生生之謂，天只是一箇生，故仁即天也，天在人身爲心，故本心爲仁，其不仁者，心蔽於私，非其本然。〔註64〕

高攀龍曰「仁者，生生之謂」，所以「仁」之德即由生生而來，所以生德曰「仁」。而「天只是一箇生」，因此「仁」之生即「天」之生也。天在人身即人之「心」，因此人之「心」亦即「生」之「仁」，因此高攀龍曰「心本仁」。戴震亦有云：

> 氣化流行，生生不息，仁也。……在天爲氣化之生生，在人爲其生生之心，是乃仁之爲德也。〔註65〕

而前有言「才」即「生」、即「心」，所以「才」即「天」在「人身」之「心」，

庫全書，民國72年），卷三，頁356。

〔註63〕高攀龍：〈汧陽縣三賢祠記〉，《高子遺書·碑》，（台北，臺灣商務印書館文淵閣四庫全書，民國72年），卷十，頁626。

〔註64〕高攀龍：《高子遺書·語》，（台北，臺灣商務印書館文淵閣四庫全書，民國72年），卷一，頁336。

〔註65〕戴震：《戴震集·孟子字義疏正》，（台北，里仁書局，民國69年），頁48。

故「才」即「仁」心。因此「才」得以與天地同此生生之「仁」德。由此可知「才」即指「仁」心，即形氣人之「本心」。高攀龍云：

> 只一點靈明，是人禽異處，若得他清清明明，循理而動，便是君子存之，若得他昏昏逐逐，隨物流轉，便是庶民去之，人禽二途，非此即彼，更無中間不人不禽，可站立處。人但見不講學問，不識本心，不過是箇庶民，不知己是箇禽獸，……聖人之道，一心而已，心一靈而已，人人取諸己，而足也，因爲題此請正。〔註66〕

高攀龍曰「失其本心者，同於禽獸」，其意同於此段話之主旨。高攀龍認爲「人禽異處」只在「一點靈明」上辨明。而此「一點靈明」即人之「本心」，如同前所言「才」之「仁心」。而高攀龍言「人禽二途，非此即彼，更無中間不人不禽，可站立處」此句話與「烏知不同天地則同禽獸，其間不能以髮也」之意義相同，高攀龍認爲「本心」之「仁」具有價值判斷之絕對義，因此「人禽之辨」只在「心」仁不仁而已。高攀龍又曰「聖人之道，一心而已，心一靈而已，人人取諸己，而足也」，此「本心」之「仁」取諸「己」即可得之，而何謂「己」？高攀龍有云：

> 吾輩須各各認得這箇己，這箇己以靈於萬物，並於天地，不可輕看了他，他原來是一私不染，萬物具備，天然完全。〔註67〕

「己」是人皆有之，並且是「靈於萬物，並於天地」。「靈於萬物」即前所謂「只一點靈明，是人禽異處」之意；「並於天地」乃「故人之得其本心者，同於天地」之意，由此可知「己」即「才」也，而「才」即天在人身「本心」之「仁」也。因此高攀龍言天在人身之「己」是「原來是一私不染，萬物具備，天然完全」，同於前所言「心本仁」之意。

三、取諸己者力所及

> 吾邑陳子志行聞之欣然曰：夫學豈託之空言，將見之行事，此其爲行事之實乎？而問於攀龍曰：吾知如是之謂爲善也。子爲吾言善所從來？余曰：噫大哉子之問也。夫善，仁而已。夫仁，人而已。夫

〔註66〕高攀龍：〈書張汝靈扇〉，《高子遺書・題跋雜書類》，（台北，臺灣商務印書館文淵閣四庫全書，民國72年），卷十二，頁717。

〔註67〕高攀龍：〈君子修己以敬章〉，《高子遺書・講義》，（台北，臺灣商務印書館文淵閣四庫全書，民國72年），卷四，頁396。

人合天下言之也。合天下之言人猶之乎合四體言身。吾於身有尺寸之膚，刀斧刲割，而木然不知者乎。吾於天下有一人顛連困苦，見之而木然不動於中者乎。故善者，仁而已矣；仁者，愛人而已矣。志行曰：君子欲萬物各得其所，而不能使萬物各得其所，博施濟眾，堯舜猶病如力之不及，何曰：務博者，求諸人；仁者，取諸己。取諸己者，力所及也。吾取諸力之所及，天下人各取諸力之所及，何人、何我、何大，何小、何窮、何達，施不亦博乎，濟不亦眾乎。〔註68〕

既知「己」為仁之本心，故高攀龍再進一步說明何謂前所言之「人人取諸己，而足」？高攀龍先由論「善」即是人「己」之「仁」，再由為「善」即為「仁」，為「仁」由「愛人」始，而「愛人」是人「取諸己」，故高攀龍定義「取諸己」即人「力所及」。而人「力所及」之意義乃言人由「己」之「仁」心藉由形氣之身實踐為具體愛人之行為，此即「取諸己」之意。若天下之眾人皆人人「取諸己」，即「務博者，求諸人」之意，因為當「求諸人」皆以其「力所及」來實踐具體道德之仁行，則之博務之事不論「人」「我」、「大」「小」、「窮」「達」與否，人人各依其「己」實踐為仁行，即可達到博施濟眾之功效。《高子遺書》續云：

志行曰：聞善者，必福，有不然者，何也？曰：凡吾為德於人，非期人之報也；又非施於人所不報，而期天之報也。求福為善，故為善無福。志行曰：人知善之必福，猶弗為善必欲其無為而為，執途之人責以聖賢之道乎？曰：噫是不知不為善之不可爾，於吾之身刀斧刲割，而木然者，必死人也。於天下顛連困苦，而木然者，其死一也。然則吾之為善，如渴而飲，饑而食，飲食亦望報耶？志行曰：善者固無福。與曰：道二，仁不仁而已。仁，生道也；不仁，死道也。天下之禍，萬有不同，皆死道也；天下之福，萬有不同，皆生道也。仁則生善，則福猶形影。有為之心，非仁、無為之善，即福也。志行曰：善，吾今乃知大身是謂同善。〔註69〕

〔註68〕 高攀龍：〈同善會序〉，《高子遺書·序》，（台北，臺灣商務印書館文淵閣四庫全書，民國72年），卷九上，頁560。

〔註69〕 高攀龍：〈同善會序〉，《高子遺書·序》，（台北，臺灣商務印書館文淵閣四庫全書，民國72年），卷九上，頁560。

因爲人常將「爲善」視爲「福報」，但有爲善，卻不必然福者，此因爲何？高攀龍言「凡吾爲德於人，非期人之報也；又非施於人所不報，而期天之報也。」所以「爲善」不應在求福報者才是眞爲善，若能如此才是有福之人。若爲善而有期望「天之報」或「人之報」之「求福者」，並非眞「爲善」，故其雖「爲善」卻無「福」報償。如果「爲善」之動機乃「無爲而爲」不專求「福」報，才是眞爲善，而一般「執途之人」又爲何會爲善呢？高攀龍認爲常人「爲善」動機，就如同「渴而飲，饑而食」之生理需求一樣平常，沒有人會爲「渴而飲，饑而食」要求福報。再者人之「爲善」即如「吾之身刀斧刲割」與「天下顚連困苦」時，吾人必定有所反應而不會木然無動於心。因爲對這些切身之事都木然之人，就如同「死人」。因此高攀龍認爲人只要一息尚存，就會「求諸己」來「爲善」踐德。高攀龍認爲生死之「道」判準在「仁」，而人之遭禍與否在「善」，故人需無心「爲善」、無爲踐「仁」才能得福而眞長生。所以高攀龍云：「人生富貴在天，道德在己，現前一舉一動，皆自道、自成，知大君子見之審矣。」〔註70〕因此人人「取諸己」之「力所及」，無心無爲地爲善踐仁，再合眾人行善之身則爲「大身」，行善之「大身」即可稱作「同善」。而同善之「大身」即是天下之人行善之總和，可以回歸氣化流行之本原的「太和之氣」。高攀龍云：

> 讀此章爲之悚然深懼。夫謂之君子是天地間有數的人，其與小人判若白黑矣。而猶有不仁者，何也？聖人説未有小人而仁，小人定是不仁，不仁就是小人，然則君子不仁，其去小人寧有幾何，豈得不懼。聖人於當世之士，自顏子而外，未嘗輕下一仁字，子文之忠而仁，曰：未知。崔子之清而仁，曰：未知。由求赤之才而仁，曰：不知。原思之守而仁，曰：不知。即以仲弓德行而仁，曰：不知。由此觀之，君子安得以影響冒認這仁，然聖人曰：爲仁由己，而由人乎哉。是不待求人的。曰：有能一日用其力於仁，未見力不足者。是人人可做的；曰：我欲仁斯仁至。是刻刻做的。由此觀之，小人何至遽自絕於仁。蓋既是小人，定不肯去求此，所以爲小人。若夫君子各因其性之所近，守其節之一偏，往往自以爲是，不知不覺混過了一生，眞是可惜。〔註71〕

〔註70〕高攀龍：〈荅劉石閭中丞〉，《高子遺書・書》，（台北，臺灣商務印書館文淵閣四庫全書，民國72年），卷八下，頁505。

〔註71〕高攀龍：〈君子而不仁者有矣夫章〉，《高子遺書・講義》，（台北，臺灣商務印

因為高攀龍認為「人人取諸己，而足也」。因此提出「為仁由己，而由人乎哉」
之論題。高攀龍藉由判別何謂「君子」、「小人」？提出「仁」為道德絕對判
準之觀點。因此「君子」與「小人」所以分野在仁不仁而已，若君子不仁與
小人之異在幾希。何謂仁與不仁？高攀龍認為「仁」即是前所言「求諸己」
之「力所及」之實踐仁行之義。因此高攀龍認為行「仁」是不待求諸人，而
只要人一為仁，無力不足者，因此「有能一日用其力於仁，未見力不足者」
乃說明「仁」之實踐對人而言是「人人可做」。而「我欲仁斯仁至」之意義則
是「刻刻」為仁。

　　因此高攀龍認為只要是「人」就應為仁，即「己」之「仁」具有「體」
之普遍性；「刻刻」為仁，「己」之「仁」具有「時」之永恆性。「仁」之「體」
義，表示「仁」是人人身之主體；「仁」之「時」義，代表「仁」之體無實不
在人身中為其主體，因此人刻刻行仁。高攀龍認為不仁之「小人」並非「身」
中無「仁己」，而是其自絕於仁，但君子往往自以為「性之所近」已具「仁己」，
而不知不覺未為仁，因而蒙混過一生。因此自以為具「仁己」之君子，不知
「求諸己」之力所及，而不自覺於仁，輕忽為仁德之契機，因而混過一生，
如此一來，自以為是之假君子比自棄自絕於仁之小人，還要值得省思。而繼
「為仁由己」君子輕忽「己」字，因此高攀龍提出「以友輔仁」來強調「仁
己」之重要與「仁己」之普遍性。高攀龍云：

　　夫子曰：為仁由己。曾子曰：以友輔仁何也？仁，人也。仁也者，
　　與人為體者也；人也者，與仁為用者也。胥天下之人而於仁之中也。
　　猶之胥天下之木，而於春之中也，春不可見，而見之於木；仁不可
　　見，而見之於人。仁之於人無一膜之隔；人之於仁若萬里之阻何也？
　　各己其己也。是故胥天下之謂仁，執一人之謂己，推己而人之則仁，
　　執人而己之則不仁，故為仁者，莫妙於人己之間，吾之所不得而知
　　也。相觀相摩，相習相薰，忽不覺其執者化，推者通，而仁矣。故
　　曰：輔仁，輔仁者，友也。以者孰以之為仁由己也。馬銘鞠諸君，
　　知於文中求友，友中求仁，為作輔仁說。〔註72〕

高攀龍言「仁也者，與人為體者也；人也者，與仁為用者也。」其認為「仁」

書館文淵閣四庫全書，民國72年），卷四，頁394。
〔註72〕高攀龍：〈輔仁說〉，《高子遺書·經解類》，（台北，臺灣商務印書館文淵閣四
　　　庫全書，民國72年），卷三，頁371。

是「人」之主體，如前所言「心本仁」，由此可知形氣之「人」身之主體即天在「人」之「仁」心。而形氣之「人」身則是「仁」之本心之發用，由此可知「己」之本心藉由形氣之「人」身實踐道德行為，故「心」之「仁」與形氣之「人」身是以「天在人」之方式，合為一體，無法分別視之，所以高攀龍曰「仁，人也」。「仁」即是形氣之「人」身的主體，「人」身則是「仁」心所以展現之關鍵，兩者缺其一不可，因缺其一則不能完成「天在人」所「命」道德實踐之事業。高攀龍藉由「春」與「木」之關係作具體解釋。其認為「春」是無形而不可見者，可見者是「木」，因為「木」之生生不息，乃因「春」之生生主體蘊含其中為「木」之主體，就如同「仁」在「人」身為其主體，故形氣之「人」一呼一吸皆與「天」之「仁」德相灌輸，無一息不展現「仁」德之行。因此「仁」由「天」命在人為「仁」之本心，而生生之「仁」在藉由行氣之「人」身實踐展現為「仁」之「用」。高攀龍進一不步再提出曾子所謂「以友輔仁」之意義與用義為何？為何需要「以友輔仁」，因為「仁之於人無一膜之隔；人之於仁若萬里之阻」。就「仁」之天德對人而言，在「天」創生「人」之時，人「身」即以此生德之「仁」為其本心，故高攀龍曰「仁之於人無一膜之隔」，形氣之人「身」即與「仁」之本心為一體。然而形氣之人在現實氣化世界所表現之一舉一動、待人接物是否都合於天之「仁」德？高攀龍認為現實世界之狀態並非人之息息言行皆為「仁」心之展現，所以其曰「人之於仁若萬里之阻」。此義如同前所言「天人本無二」，但需「克去有我之私」，同於此段所言不要「各已其己也」。何謂「各已其己」？

　　高攀龍曰「執一人之謂己」，強迫別人由其「己」表現的仁德與我由「己」所表現之仁德完全一樣,但這是「不仁」之表現，因為我之仁是透過我氣質之身中之「己」所表現出來之道德仁行，而你之仁是你透過你氣質之身中之「己」所表現出來道德之仁行，但因為人之氣質清濁受到陰陽偏勝之氣種有定的影響，所以每一個人表現之仁德之行都不盡相同。故我之仁與你之仁所相同之處，是因為我之仁與你之仁都是由自己身中之「仁己」之心所表現出之道德行為，所以「仁」之道德性相同，因為由人到我皆是表現善行。而人我不同之處，在於人之氣質之身與我之氣質之身不同，因此人我表現藉由「人」表現「仁己」之用時，其道德行為呈現之方法與內容也不盡相同。

　　所以「執人而己」，強迫他人所表現之仁行要與我所表現出之仁行一定要相同，這樣一來反而「不仁」。執著一「己」之見，不知「己」之仁與他人之

「己」皆同為天之生德之「仁」，當有這種狀況發生，我因有「己」之見而「執人為己」則不「仁」。因此孔子所謂「為仁由己」需藉由「以友輔仁」擴大「為仁」之意義，因「仁」並不專在我之「己」，而是具有普遍性，所以人、我之「己」中具天之「仁」德為其主體。高攀龍認為人之「為仁」須藉由「以友輔仁」來說強調仁「己」之普遍性，避免人們誤認「仁」指專在我之「己」中，而不在他人之「己」中。所以人「為仁」要不執著一「己」，即能在與友「相觀相摩」、「相習相薰」通達於「仁」，而有「忽不覺其執者化，推者通」之「吾之所不得而知也」，所謂「妙於人己之間」之「輔仁」真義。因此高攀龍先藉孔子之言「為仁由己」說明「仁」與人之「己」之關係。再利用曾子「以友輔仁」來解釋「仁」之「己」不專在「我」此形氣之身而已，「己」之仁心是具有普遍性。因此高攀龍認為不應「各在當人之身認仁己」。

四、忠信只是人的真心

> 各在當人之身認仁己，極親切而味未盡也。須知天地間這許多人，總是一團生理，各之則不仁，一之則仁，故曰：仁者，人也。大著眼看這人字，八荒只是一箇字，所以為仁，其最肫肫處，則親親為大耳。試看九經，親也，賢也，大臣群臣，庶民百工，遠人諸侯，總是這箇人；試看五達道，君臣、父子、昆弟、夫婦、朋友，總是這箇人，若不開得這眼，各人其人便是不仁，如何行五達道？如何行九經？行處只此一處，故曰：所以行之者，一也。〔註73〕

高攀龍藉由「為仁由己」與「以友輔仁」告訴人們，在人人身中即以天所命之「仁己」，因此高攀龍再提出不應只是「各在當人之身認仁己」，若人人只認此身中之「仁己」，並依此「仁己」而行，而不知合天下之仁行，才是「浩然者」所充塞之氣化流行之「太和」世界，則此「仁己」則猶未足以盡仁。因高攀龍有云：「仁是生生之理，充塞天地人身，通體都是，何曾有去來，有內外。」〔註74〕因此高攀龍在此則言「須知天地間這許多人，總是一團生理，各之則不仁，一之則仁」。「仁」之生理是由「氣」中「易」之生理而來，而

〔註73〕 高攀龍：〈仁者人也〉，《高子遺書‧講義》，（台北，臺灣商務印書館文淵閣四庫全書，民國72年），卷四，頁399。

〔註74〕 高攀龍：〈仁遠乎哉章〉，《高子遺書‧講義》，（台北，臺灣商務印書館文淵閣四庫全書，民國72年），卷四，頁388。

形氣之人皆由「一氣」所生，故人人皆有此「仁」之生理。然而前有言若人有一己之見，而「各己其己」，則「不仁」，故高攀龍言「各之則不仁」，但當人「推己而人之則仁」，所以高攀龍曰「一之則仁」，此即人人各依其形氣之身之「仁己」，即可「妙於人我之間」，達到「推己及人」之情境。因此高攀龍再一次強調「仁」即「人」，其意義是「人」身之「己」心即是「天」之生德之「仁」心，所以個人之身皆有「仁己」之心。高攀龍用「仁己」來表示人皆具「仁」之生理所充塞之人身，而此人身則以生生之「仁」為其心，其心之「己」又為人身之主體。因此「仁」即「人」是高攀龍最重視的論題，不同於王學與朱學將「仁」視為形上主體，「人」身只是乘載「仁」之行德工具，形氣之人並無價值主體性，形上「仁」與形氣之身並非一體，只有短暫相合之關係，隨形氣之人身消散，「仁」之實踐亦止息。高攀龍認為形氣之人是人人皆具有「仁」在「己」心，故曰心即「仁己」，人依此「仁己」之心而行，即一呼一吸皆體現生生「仁」德，縱使形氣之人身之鼻息呼吸有止息之日，但生德之「仁」卻不因個體之死亡而亡滅，因為「須知天地間這許多人，總是一團生理」，所以他人仍依此「仁己」行德不輟，因此「仁」之生理仍無時無刻不被展現。而高攀龍進而言之，「九經」、「五達道」之「仁」德皆是「人」，因為「仁德」需藉由「人」身實踐，才算「仁」，如同「稱堯舜性善實證」之意義。因此「各之則不仁」其意乃在於人以「一己」之力並無法展現「仁」德，因為形氣之身終有毀壞之時，若只「各在當人之身認仁己」，個人只依其「仁己」之心實踐道德言行，而不知他人之身亦具此「仁己」，則個人形氣之身呼吸止息之日，道德之功業則有終輟之時。但若「推己及人」達到「一之而仁」之境界，雖然形氣之「己」身有亡滅之時，但生物不貳、生生不息之「天」仍會不斷創生道德形氣之人。

　　高攀龍言「將天字看人字，何等明白；將人字看仁字，何等明白。」所以天所創生形氣之人會再依天所命之「仁己」生生創德，因此「仁」之生理須在眾人身上才得以完全展現成一「太和世界」，不會因為個人形氣之身之毀壞而有終止之日。高攀龍云：

> 如此看來，不知人，真不可事親；不知天，真不可知人。只看這天還真有兩箇否。然則許多人的心有兩箇否。將天字看人字，何等明白；將人字看仁字，何等明白。天一也，無窮之天，即昭昭之天。然井中之觀，非井外之觀，學未豁然者，即在當身體貼，猶屬昭昭

之天。故余為此說以盡人字之味，舉似葉參之，參之曰：仁者，人
也。在眾人身上說，固見大同；在一人身上說亦無不盡。蓋一人即
千萬人，千萬人即一人也。夫子語意渾涵，原無所不該，非必合許
多人看，方見是仁。其實一人體仁，便能通天下之志，而道德九經
一以貫之矣。所謂知人者知此，知天者亦知此，非有二也。泥兄之
意恐不善理會者，謂各在當人之身者，猶未足盡仁。必大著眼，孔
知天地間這許多人，總是一團天理方完得，這仁字則失之遠矣，參
之此說又不可不知。〔註75〕

因此高攀龍進一步說明「天一也，無窮之天，即昭昭之天。」「無窮之天」即
「為物不貳」創造萬物之「天」；「昭昭之天」即「天」所創「浩然」之「人」
身「當身體貼」實踐全然體現「仁」德之「太和」境界。然而「無窮之天」
即「昭昭之天」，因兩者乃一體、用關係，就如同「身」與「仁己」之關係，
若無「氣之靈」之「仁己」為其身之主體，形氣之身並無行德之動力，若「氣
之靈」之「仁己」無形氣之身具體實踐，「仁」德終究淪為空談。「無窮之天」
所以為物不貳，乃是為「昭昭之天」提供不止息之生命力，「當身體貼」之「昭
昭之天」則為「無窮之天」完成道德之使命，兩者互為體用關係。

　　如同前所言「仁」之於「人」如同「春」之於木，「春」不可見，可見者乃
「木」，因為有「木」之具體形氣，「春」意才能讓人聞見。雖然高攀龍認為「各
在當人之身認仁己，極親切而味未盡也」，但是高攀龍卻不認同「必合許多人看，
方見是仁」，因為「仁己」在人人身中，只要眾人知「仁己」為身中主體，並依
此「當身體貼」實踐仁德之言行，即「通天下之志」，所以「一人體仁，便能通
天下之志，而道德九經一以貫之矣」.因此高攀龍言「知人者知此，知天者亦知
此，非有二也」，此即前所言「無窮之天」即「昭昭之天」，因「仁己」與「身」
亦只是一，而非二也。再者因「為物不貳」之「無窮之天」與「當身體貼」之
「昭昭之天」是一，而由天所命之「心」應該只有一個，因此人之在人身之「人
心」與「仁己」之「道心」應是「一心」。高攀龍云：

及觀若聖與仁章，然後知聖人所學聖與仁而已，一部論語其自為的
不過聖與仁，誨人的不過聖與仁，人但見其日用常行，隨人問答，
不知其皆聖與仁也。故聖人須自說破，然則聖與仁與忠信是一、是

〔註75〕高攀龍：〈仁者人也〉，《高子遺書‧講義》，（台北，臺灣商務印書館文淵閣四
庫全書，民國72年），卷四，頁399。

　　二？曰：此正見學之可好矣。忠信只是人的眞心，此一點眞心，蓋
　　天蓋地，亙古亙今，只看人學問何如。若學之不已，此一點眞心，
　　越廣大越肫切，這便是仁。學之不已，此一點眞心，愈微妙，欲通
　　明，這便是聖。此中境界無窮階級，滋味無窮，非實修、實證者不
　　知。聖人所以憤而樂，樂而不知老之至也。聖人於乾卦言之矣。曰
　　忠信所以進德修詞，立誠所以居業，進德修業直上達天德，不過這
　　箇忠信。〔註76〕

高攀龍有言：「易言天地即是言聖人，言聖人即是言人心。道無天、人，凡、聖
也。」〔註77〕因此聖人乃「渾身是心」之代表，亦即是具體道德行爲圓滿之人。
高攀龍言「一部論語其自爲的不過聖與仁，誨人的不過聖與仁，但見其日用常
行，隨人問答，不知其皆聖與仁也。故聖人須自說破，然則聖與仁與忠信是一、
是二？」由此可知高攀龍認爲聖人是在「日用常行」表現「仁己」之心之道德
義，而聖人即「忠信」道德行爲，所以「忠信」道德仁行亦即是聖人之「日用
常行」。然而「聖」、「仁」乃指內在道德之「仁己」本心；「忠信」即外在之道
德言行，即人之形氣之身的表現。再由「聖與仁與忠信是一、是二？」可知「聖」、
「仁」即「忠信」，所以內在與外在則合一，此乃進一步表示人皆有內在「仁己」
之本心，故人人皆有成聖之條件，但其關鍵在於身之內在主體之「仁己」，其有
無順暢透過形氣之身表現成具體之道德言行之「忠信」行爲。因此高攀龍曰「忠
信只是人的眞心，此一點眞心，蓋天蓋地，亙古亙今，只看人學問如何。」高
攀龍認爲人之「忠信」之道德行爲，即人之「一點眞心」。所以此「眞心」指形
氣之「仁己」之本心。而「蓋天蓋地」即普遍性。「亙古亙今」即永恆性。因此
「忠信」之道德行爲乃是讓形氣之「仁己」之心成「渾身是心」之狀態，此即
達到「蓋天蓋地，亙古亙今」既普遍又永恆境界之方法。有限形氣之人如何藉
由「忠信」之仁行，達到「方寸即宇宙」之境地？雖然「忠信」乃是在某時空
之下有限行爲，但是「忠信」是形氣之心具體之道德表現，而忠信行爲中之道
德意識卻與永恆普遍無限之道德主體相通。

　　再者，有限之忠信行爲，其道德本質與無限之道德主體之「天」之本質

〔註76〕 高攀龍：〈好學說〉，《高子遺書・經解類》，（台北，臺灣商務印書館文淵閣四
　　　　庫全書，民國72年），卷三，頁361。
〔註77〕 高攀龍：《高子遺書・語》，（台北，臺灣商務印書館文淵閣四庫全書，民國72
　　　　年），卷一，頁340。

是相通的，就如同形氣之人與「天」之本質皆爲「氣」，所以可以是一。因此前有言「渾身是心」此乃言道德主體就在形氣之身之本心中，此處所言「道德主體」即在人人所表現之忠信道德行爲中，此即前所言「天地一大腔子」其「天地之心」即此「一大腔子」之主體，就如同此處所言，此乃擴大「渾身是心」之意，則爲「渾身是心」之個體達到與「六合皆心」之境界。因此高攀龍言「忠信所以進德修詞，立誠所以居業，進德修業直上達天德，不過這箇忠信。」高攀龍明白說出「忠信」行爲可以「進德修業，直上達天德」。因此高攀龍又曰「若學之不已，此一點眞心，越廣大越肫切，這便是仁。」「肫」指「誠篤」，即誠懇篤實之意。「切」即眞切之意。而「廣大」乃言仁具有普遍義、永恆義與無限義。因此所謂「越廣大越肫切，這便是仁。」此即言忠信行爲愈實踐則仁之展現則越廣大、越誠懇篤實、也越眞切。

第三節　呈天之體顯天之用

　　前有言人之「心」是由氣化之「天」所創生，成爲形氣之身之道德主體。「天」之特色乃爲物不貳生生萬物，人在其中則爲萬物之靈，但人與萬物之差異幾希，而此一點機關即在「心」上差，因而藉由此心所具之道德內涵，說明人得以靈於萬物並能參贊天地化育之因。張載云：

　　　　由太虛有天之名，由氣化有道之名，合虛與氣有性之名，合性與知
　　　　覺有心之名。〔註78〕

由此可知「心」之內涵與「性」、「知覺」兩者有密切關係。心之內涵與作用乃由前所言無思無爲「易」之「神」而來，而心之「知覺」並非一般經驗層次所言「感官知覺」，而是「虛靈知覺」，如羅整菴云：

　　　　蓋虛靈知覺，心之妙。〔註79〕

「虛靈知覺」與「性」之關係即言心具有表現性之形著義、認知性之義理而有思慮、判斷是非之作用與明察外物之神用。如高攀龍云：

　　　　人之所以爲人者，性而已矣。性之所以爲性者，天而已矣。人在天
　　　　中爲至虛，天在人身爲至靈，虛靈者，於人無朕於天無際，性之所

〔註78〕張載：〈太和篇第一〉，《張載集・正蒙》，（台北，漢京文化事業有限公司，民國72年9月），頁9。

〔註79〕羅欽順：《困知記》，（明嘉靖十六年吳郡陸粲刊本，台北，國家圖書館善本書室），卷上，頁2上。

以妙於天人之間而爲心，呈天之體，顯天之用，而非徒以棼然。思
慮者，供其塊然官骸者，晝夜接搆之妄而已也。自夫人認塊然者爲
身，棼然者爲心，至舉吾之與生俱生者，卒與死俱死，而不自知，
其不自知，由不學也。〔註80〕

因爲高攀龍乃「以善爲性」，故「氣質之性」以「仁」之「生生之理」爲其本質，
故高攀龍認爲人之所以爲人者，性而已矣。然而此「氣質之性」中「善」之主
體之「天地之性」乃由氣化本體之「天」而來，故其言「性之所以爲性者，天
而已矣」。但維繫天與性之關係者即人之「心」，因高攀龍認爲「形氣之心」可
以溝通天地，所以「虛靈知覺」之心，可以於人無朕於天無際。因此高攀龍認
爲心之作用即是「呈天之體，顯天之用，而非徒以棼然」。因此「心」乃以表現
天之體之「性」爲其主要之作用，而非表現爲「棼然」之「思慮」，此即合乎張
載所言「知覺」非一般而言之認知、思慮之作用，而是表現「性」之虛靈知覺。

一、聰明恭重者性

高攀龍認爲心本仁之狀態即是天聰、天明之狀態，然而「耳」與「目」
乃形氣之身知覺運動之生生認知作用，爲何高攀龍言「心」之仁之道德意識
與感官知覺運動之認知作用有所關聯？因爲前有言「天在人身者」爲「心」，
而「心」又爲形氣之身之主體，因此人之「心」具有主宰形氣之身之作用，
因此「天在人身」之「形氣心」即可以主宰形氣之身之其感官知覺所表現之
生生認知作用。如高攀龍云：

心是耳目之主，主人明不受役於色矣，主人聰不受役於聲矣。若尚
向聲色驅除，是主與奴競。〔註81〕

人之「心」具有形著義，主在表現根於心之「性」之內涵，而且「性」中內
涵本具視、聽、持、行之「聰、明、恭、重」，因此高攀龍認爲耳之聰、目之
明之感官最恰當之狀態，就如同心本仁之道德狀態。但心若不仁，則形氣感
官知覺運動之表現就不依照「性」中道德內涵表現。故耳、目、手、足所表
現出之視、聽、持、行時，即非「性」中所具之「聰、明、恭、重」之道德

〔註80〕高攀龍：〈就正錄自序〉，《高子遺書・序》，（台北，臺灣商務印書館文淵閣四
庫全書，民國72年），卷九上，頁541。
〔註81〕高攀龍：〈南京光祿寺少卿涇陽顧先生行狀〉，《高子遺書・墓誌銘》，（台北，
臺灣商務印書館文淵閣四庫全書，民國72年），卷十一，頁670。

狀態。所以若心爲不仁時，其所主宰之形氣之身的感官知覺運動，即表現不出耳聰、目明之狀態。高攀龍云：

> 何以謂心本仁？仁者，生生之謂，天只是一箇生，故仁即天也，天在人身爲心，故本心爲仁，其不仁者，心蔽於私，非其本然。〔註82〕

> 心之仁，如目之明、耳之聰。目本明、耳本聰、心本仁，本體也。

> 明者還其明，聰者還其聰，仁者還其仁，工夫也。〔註83〕

高攀龍先說明「心」之本源是「天在人身」者，所謂「天」即是「生」，而「生」之意，即言「仁」生生之德。因此人之「心」本由「天」之「生」而來，故人之「心」亦本「天」之生生「仁」德而來，故言「心本仁」。但因「仁」具有生生作用義，所以人之身以「仁」爲本質之「心」亦具有生生作用義，此如同前所言人身中之「形氣之心」之「才」即「生」也。如羅整菴云：

> 能通之妙乃心之神，……神之在人則人心是也。〔註84〕

高攀龍進而言之，「心」之「仁」如耳之聰、目之明，耳之聰、目之明乃在說明「心」之「仁」具有生生「知覺運動」之認知作用，因此高攀龍之「心」具有知覺運動之生生「認知作用」。然而「心」此生生知覺運動之認知作用從何而來？因爲人有天所創生之形氣之身，而耳目感官爲身所有，身體藉由耳目感官接受外界資訊，與外物有所交而有感，故可藉耳目之聰明學習事物，此即是「身」之感官知覺運動之認知作用，但又因「天在人」之心爲身之主體，故「心」之「仁」即主宰形氣之身感官知覺運動之生生認知作用。所以形氣之「心」之「仁」與「身」之感官知覺運動之生生認知作用有所交涉。因此高攀龍言「心本仁」會與「耳本聰」、「目本明」之議題相提並論。但是高攀龍以「天聰、天明」來表示「耳本聰」、「目本明」就如「心本仁」，但由現實形氣世界之形氣之身其感官知覺運動之生生認知作用而論，人之手、足、耳、目之表現，並非只表現出「聰」、「明」之狀態，因爲形氣之身其感官知覺認知作用，若無「心」之「仁」爲其主宰，則會認知許多不合於道德之事物，因此高攀龍將「心之仁」如「耳本聰、目本明」是爲一體，來表示「心」

〔註82〕 高攀龍：《高子遺書‧語》，（台北，臺灣商務印書館文淵閣四庫全書，民國72年），卷一，頁336。

〔註83〕 高攀龍：《高子遺書‧語》，（台北，臺灣商務印書館文淵閣四庫全書，民國72年），卷一，頁335。

〔註84〕 羅欽順：《困知記》，（明嘉靖十六年吳郡陸粲刊本，台北，國家圖書館善本書室），卷下，頁7上。

之「仁」能主宰身之感官知覺運動之生生認知作用，並爲其身之主體，以保
證形氣之身其耳目感官知覺之認知作用可以認知合於道德之道德義理，以達
到耳本聰與目本明之天聰、天明，而此乃形氣之身感官認知表現最恰當之狀
態，如同「心」本然之狀態即爲「仁」。高攀龍云：

> 今夫人目則能視，耳則能聽，手則能持，足則能行，視、聽、持、行
> 者，耳、目、手、足也。所以視、聽、持、行者，何物也？凡世不知
> 學者，皆觀面而失之於是也。然而目之視貴其明，耳之聽貴其聰，手
> 之持貴其恭，足之行貴其重，所以聰、明、恭、重者，何物也？凡世
> 之知學者，又往往觀面而失之於是也。然而目之明非我能使之明，目
> 本自明；耳之聰非我能使之聰，耳本自聰；手足持行之恭重也，亦然
> 其本來者，又何物也？世之知正學者，又往往觀面而失之於是也。耳、
> 目、手、足者，形也；視、聽、持、行者，色也；聰、明、恭、重者，
> 性也。本來如是，復還其如是之謂工夫也。〔註85〕

高攀龍認爲人之身體因有耳、目、手、足故能視、聽、持、行。然而目之視
貴其明，耳之聽貴其聰，手之持貴其恭，足之行貴其重，但目之明非我使之
明，目本自明；耳之聰非我使之聰，耳本自聰；手足持行之恭重，所以聰、
明、恭、重之因爲何？高攀龍認爲時人不察其何所從來？高攀龍云：

> 所謂天聰之聰，天明之明，日用而不知也。然則何以使自知其知，
> 曰：人即至愚，未有不知姓者，然知其稱謂而已，實未有知姓者，
> 果知姓必思其姓之所自來，見夫具茲譜者，皆其祖之所分，與我一
> 氣也，而愛敬之真油然生矣，此所謂知姓也。此油然而生者，即性
> 也。然則知姓者，知性者也；知性者，知姓者也；譜也者，啓其知
> 也，甚矣，譜之不可已也。〔註86〕

高攀龍認爲天下之人都知求其「姓」之所由來，但卻不察其「性」之所從來。
因此高攀龍藉由作「譜」來查其「祖」之所從來，藉以告知人們，「祖」之上
不可知者乃「一氣」之造物主體，「一氣」除了創造家族之人，更藉由「一氣」
所命於人身之「性」表現出家族間「愛敬」之事親、奉親之行爲。故人不知

〔註85〕高攀龍：〈馮少墟先生集序〉，《高子遺書・序》，（台北，臺灣商務印書館文淵
閣四庫全書，民國72年），卷九上，頁552。

〔註86〕高攀龍：〈浦氏世系序〉，《高子遺書・序》，（台北，臺灣商務印書館文淵閣四
庫全書，民國72年），卷九上，頁567。

「性」之所從來，即如同「天聰之聰，天明之明，日用而不知也。」因此天聰之聰，天明之明所油然而生者乃「性」也。由此可知前所言「目本自明；耳之聰非我使之聰，耳本自聰；手足持行之恭重」乃形氣之身其主體之「心」的「才」生生表現之標準，而此標準之所從來者，則是氣化流行所命於人身之「天命之性」。如高拱云：

> 言天之生人，既與之氣以成形，就付與他慈愛之仁，裁制之義，節
> 文之禮，辨別之知，誠實之信，渾然全具而不待外求，這便是人所
> 稟受的德性，所以說「天命之謂性」。〔註87〕

因此高攀龍認為耳、目與四體所表現之作用可以「聰、明、恭、重」，乃因形氣之人其「心」生生作用是依據氣化之「天」所命於人之「性」的道德內涵而表現出來。朱子云：

> 蓋氣則能凝結造作，理卻無情意，無計度，無造作。只此氣凝聚處，
> 理便在其中。〔註88〕

朱子主「性即理」故認為形上之理為最高主宰本體即「理在氣先」；而形下之氣為「理在氣中」，氣能醞釀凝聚萬事萬物，而理便在其中。「理」無情意，無計度，無造作只是順其道德內涵表現。然而氣之凝結之形氣之物終極具有此「寂然不動」之「理」。而雖然朱子與高攀龍之學術主張之「本體」不同，但是形氣之物皆具有無情意，無計度，無造作純然全善之「理一」之理。因此高攀龍認為心之作用依此「理一」之「天地之性」可表現為合理之「聰、明、恭、重」。高攀龍又云：

> 何以使人之不斁也？曰：在學，學非他也，還其人之謂也，如目本
> 明還其明，耳本聰還其聰，心本仁還其仁，四體本恭還其恭。君臣、
> 父子、兄弟、夫婦、朋友，本親、義、序、別、信，而還其親、義、
> 序、別、信，本來如是是謂性，知其如是而還其如是之謂學，不學
> 而人斁，人斁而神離，如呼吸之離於體。夫以千秋之神，滅於一日，
> 哀哉。後之君子觀於志，必有不忍於一脈之滅而不續者，斯脈也，
> 即以一念續之。〔註89〕

〔註87〕 高拱：《高拱論著四種》，（北京，中華書局，1993年7月），頁259。

〔註88〕 朱熹著，黎靖德編：《朱子語類》，（台北，文津出版社，民國75年12月），卷一，頁3。

〔註89〕 高攀龍：〈東林志序〉，《高子遺書·序》，（台北，臺灣商務印書館文淵閣四庫全書，民國72年），卷九上，頁558。

如高拱云：「人皆有神焉，覺則目視耳聽，手持足行，神役於形，散諸物矣。」
〔註 90〕此段話即表示人皆有「神」此生生力量，此乃「太虛元氣」之「易」
之生生作用，故目視耳聽、手持足行不斷運行乃因此「易」之「神」在身中
之表現，所以「太虛元氣」之「神」乃散諸於各個形氣之中，使其具生生不
息之作用，而此「神」則役此形體，並爲其形體之主宰。因高攀龍論及「目
本明還其明，耳本聰還其聰，心本仁還其仁，四體本恭還其恭。」之個人形
氣之身，其表現之言行得體否？與「君臣、父子、兄弟、夫婦、朋友，本親、
義、序、別、信」，此人與他人之關係互動恰當與否？在人之「性」中皆具有
其條理。而「性」中即具有個人身體感官表現與個人和他人互動關係之條理，
再藉由人身主體之「心」展現「性」中之道德條理成爲身體所展現出的合宜
之倫常規範與一言一行。高攀龍云：

> 孟子道性善，是言人人所同然也；此言君子所性，言惟君子有之者
> 也。性之所以爲善者，以仁、義、禮、智；仁、義、禮、智者，求
> 則得之者也。惟君子能求而得之，四者之入於心，如木之於地，根
> 深柢固，故能發榮滋長，暢茂條達而生色也。天之生物，人人分與
> 全副家當，分得爲分，本分之內無纖毫欠缺，所以大行不加，窮居
> 不損。若天分之，我不承受此家當，我卻無分了，便至沿門持鉢，
> 仰息他人，雖小小得失，能加損之，況大行窮居乎。吾輩今將何以
> 求之，孟子言之矣，君子以仁存心，以禮存心，是操存涵養工夫，
> 凡有四端於我者，知皆擴而充之，是體驗擴充的工夫，如此時時習
> 去，方得根心生色。〔註91〕

孟子所謂「性善」即是「人心所同然」此君子所「性」者。如戴震云：

> 心之所同然始謂之理，謂之義；則未至於同然，存乎其人之意見，
> 非理也，非義也。凡一人以爲然，天下萬世皆曰「是不可易也」，此
> 之謂同然。〔註92〕

戴震以爲「心所同然」者，即一人以爲然，天下萬世皆曰「是不可易也」，此
乃「理」，此乃「義」。而高攀龍有言「理」即「性」，因此「心所同然」者即

〔註90〕高拱：《高拱論著四種》，（北京，中華書局，1993 年 7 月），頁 357。
〔註91〕高攀龍：〈君子所性仁、義、禮、智根於心〉，《高子遺書・講義》，（台北，臺
　　　　灣商務印書館文淵閣四庫全書，民國 72 年），卷四，頁 408。
〔註92〕戴震：〈理 4〉，《戴震集・孟子字義疏證》，（台北，里仁書局，民國 69 年），
　　　　頁 267。

吾人「氣質之性」中「理一」之「天地之性」。孟子云：

> 口之於味也，目之於色也，耳之於聲也，鼻之於臭也，四肢之於安
> 佚也，性也，有命焉，君子不爲性也。仁之於父子也，義之於君臣
> 也，禮之於賓主也，智之於賢者也，聖人之於天道也，命也，有性
> 焉，君子不謂命也。〔註93〕

君子所「性」者，是人心同然者，然而「人心所同然」者，並非「身」之感官所欲與四體之安逸，因爲「身」是有限者，會因呼吸停止而亡滅。而且人人所欲、所好者會因身之氣質清濁美惡不同而有異，因此君子不以此爲人心同然之「性」。羅整菴云：

> 夫心者，人之神明。性者人之生理，理之所在謂之心，心之所在謂
> 之性。〔註94〕

因此「人心同然者」即心之神明表現其「理之在心」的「人之生理」。而「仁、義、禮、智」與「天道」雖有命限所阻撓，但是君子卻致力於此，並以此爲人心表現「性」之內涵而達到人皆所同「心本仁」、「耳本聰」、「目本明」之「天在人」最初本然狀態。因此高攀龍曰：

> 大要舉事必於人心同然，苟其同然，即有不同、不足恤；苟非同然，
> 即有同者，不足恃也。而察於同然處，須是一念不從軀殼上起，乃
> 得之耳。〔註95〕

高攀龍認爲「人心同然」者，是不從形氣之身之「軀殼」上起，因爲「身」之感官知覺運動所好者，並無普遍性，亦缺無限性。因此高攀龍認爲孟子所言「性善」，即是人身之「氣質之性」中之道德本質，此即人有此身後，天所命在人身之「氣質之性」中純然全善之「理一」之「天地之性」。而高攀龍將此定義爲「以善爲性」，表示「天地之性」在有此身後即稱作「氣質之性」，因此「天地之性」與「氣質之性」是一非二，而「氣質之性」之本質即「理一」之「天地之性」，而非「分殊」之「形異」。故形氣之身其「氣質之性」有氣質清濁、美惡之別，但是不論氣質之清濁與否，「氣質之性」中則是以「天地之性」純善之內涵爲其

〔註93〕朱熹：〈盡心下〉，《四書集注・孟子》，（台北，世界書局，民國86年3月），頁367。

〔註94〕羅欽順：《困知記》，（明嘉靖十六年吳郡陸粲刊本，台北，國家圖書館善本書室），卷上，頁1上。

〔註95〕高攀龍：〈荅楊大洪父母一〉，《高子遺書・書》，（台北，臺灣商務印書館文淵閣四庫全書，民國72年），卷八下，頁505。

主體，因此人皆有「善性」，就如同孟子言「性善」。因此「人心所同然」者，表示心之生生表現動力，乃不起於「氣質之性」中「分殊」之「軀殼」的感官知覺運動，而是依據君子所「性」之「理一」之「天地之性」，故身之表現皆合於「人心所同然」之道德內涵之「理」，即為日常人倫之「仁之於父子也，義之於君臣也，禮之於賓主也，智之於賢者也」合宜之道德行為。而高攀龍再順孟子之言論「仁、義、禮、智根於心」。孟子云：

> 廣土眾民，君子所欲之，所樂不存焉。中天下而立，定四海之民；
> 君子樂之，所性不存焉。君子所性，雖大行不加焉，雖窮居不損焉，
> 分定故也。君子所性，仁、義、禮、智根於心；其生色也，睟然見
> 於面，盎於背，施於四體，四體不言而喻。〔註96〕

高攀龍言「天之生物，人人分與全副家當」，因此其認為在人有此形氣之「身」後，其「氣質之性」中即具有「仁、義、禮、智」為其本分，因此「本分之內無纖毫欠缺」。如戴震云：

> 孟子之所謂性，即口之於味、目之於色……四肢之於安佚之為性，
> 所謂人無有不善，即能知其限而不踰之為善，即血氣心知能底無失
> 為善；所謂仁義禮智，即以名其血氣心知所謂於天地之化者之能協
> 於天地之德也。〔註97〕

戴震雖言「血氣心知」但其中卻有由「天地之化」而來「仁義禮智」，因此「血氣心知」能協於天地之德。因此戴震之「血氣心知」其能不失為善，乃因「血氣心知」具有「天地之化」之道德內涵之「仁義禮智」為其主體。高攀龍認為君子可以形氣之「心」表現出「雖大行不加焉，雖窮居不損」是因為「分定」之故，而「分定」即如孟子所言「仁、義、禮、智根於心」。「仁、義、禮、智」是「以善為性」之內涵，因此「仁、義、禮、智根於心」表示「以善為性」之內涵根於心。而「心」為生生表現能力之「才」，因此「心」依據根於其中之「性」之「聰、明、恭、重」，表現成為身之耳、目、手、足合宜之視、聽、持、行。而高攀龍言「四者之入於心，如木之於地，根深柢固，故能發榮滋長，暢茂條達而生色也。」高攀龍認為「仁、義、禮、智」之性

〔註96〕朱熹：〈盡心上〉，《四書集注‧孟子》，（台北，世界書局，民國86年3月），
　　　　頁398。
〔註97〕戴震：〈性9〉，《戴震集‧孟子字義疏證》，（台北，里仁書局，民國69年），
　　　　頁306。

入於心，就如同木之種植於地之中，故可以發榮滋長而表現出暢茂條達之色。因此高攀龍認為人心如同樹木生長，會表現仁、義、禮、智之行為，乃因其身中之「心」之內涵中本具「仁、義、禮、智」。因此心會表現「仁、義、禮、智」暢茂條達之色，而不受形氣之身之窮、達情境影響。再者高攀龍認為人應「知皆擴而充之」。因為高攀龍前有言「耳、目、手、足者，形也；視、聽、持、行者，色也；聰、明、恭、重者，性也。」形氣之身之生生作用之「才」藉由「耳、目、手、足」之「形」體，具體展現「性」之內涵「仁、義、禮、智」與「聰、明、恭、重」，成為「仁之於父子也，義之於君臣也，禮之於賓主也，智之於賢者也」、「視聽持行」之「色」。由此可知高攀龍認為人藉由「知皆擴而充之」，使心表現出合理視、聽、持、行與人倫關係，此即是孟子「根心生色」、「睟面盎背」之意。高攀龍有云：

> 形色天性，即形即性，即性即形，此之謂君子；躬行君子，此之謂
> 所貴乎道者三，此之謂根心生色。聖學所以與佛學異者，只一性字；
> 性者，理也；理者，矩也；從心所欲不逾矩，方是躬行，方是踐形。
> 〔註98〕

高攀龍「形色」之「身」所表現之具體言行，皆由根於生生之心之「氣質之性」中純善之天然本性「仁、義、禮、智」之內涵而來，因此高攀龍言「形色天性」。當人所表現之具體視、聽、持、行與人倫關係皆合乎道德時，即「即形即性，即性即形」之境界。當生生之「才」之「心」所表現具體行為皆合於心中之道德性理時，即是「躬行」，即是「踐形」。因此高攀龍藉由「心之仁，如目之明、耳之聰。」來說明「心」之生生作用乃表現「性」中「聰、明、恭、重」之內涵，故由此可知「身」之主體之「心」可以主宰「軀殼」之感官知覺運動，使形氣之「身」耳、目、口、鼻，表現為「聰、明、恭、重」合宜之視、聽、持、行之色，此即高攀龍重新詮釋孟子「根心生色」、「睟面盎背」之意。所以高攀龍「心之仁」具有表現本性內涵之「仁、義、禮、智」外，更具有使形氣之「身」其耳、目、手、足，表現成具體視、聽、持、行之「聰、明、恭、重」，此與其前所言「渾身是心」之意義相呼應，其生生作用主在表現性之內涵，成為具體之道德行為。

因此高攀龍之「心」除了具有「身」之主體義外，更具有表現「性」之

〔註98〕高攀龍：〈答區羅陽太常〉，《高子遺書・書》，（台北，臺灣商務印書館文淵閣四庫全書，民國72年），卷八上，頁500。

內涵之形著義。如高攀龍云：「道者率性之謂，天下豈有須臾離性之人，百姓特日用而不知耳。」〔註99〕高攀龍認為百姓日常言行皆為「心」之率性而為。而高攀龍言心、性皆在「形氣之身」上談，因此「心」之內涵有別於傳統儒家說法，如孟子心之內涵是「仁、義、禮、智根於心」，其說明比較籠統。但高攀龍加入形氣層面具體形象之人感官知覺運動、言行標準與人倫關係之道德義理。因此高攀龍除了說明「仁、義、禮、智根於心」外，再加入耳、目、手、足之「聰、明、恭、重」與君臣、父子、兄弟、夫婦、朋友人倫關係之「親、義、序、別、信」等，高攀龍心之內涵更加豐富具體，亦更貼近「氣本論」重視形氣實然之特色。而高攀龍又云：

> 夫學，性而已矣，夫性，善而已矣，何以證性善也。今人欽欽焉目明、耳聰、手恭、足重，心空空而無適於斯，時也。徹內外，非天乎？天非性乎？性非善乎？以其為人之本色，無纖豪欠缺，無纖毫污染，而謂之善也。循是而動不違其則之謂道，故學莫難於見其本色，見本色斯見性矣。〔註100〕

由此可知高攀龍非常重視形氣之身具體「道德實踐」之行為，「性」之「善」內涵若未經由心之生生作用展現為形氣之身「本色」之具體道德行為，則不符合「以善為性」之意義。因為高攀龍所謂「以善為性」與「根心生色」之重點在「善」與「色」字上，高攀龍言「善」乃就「稱堯舜性善實證」而言，其所謂「色」則是形氣具體之「視、聽、持、行」之「躬行」與「踐行」。高攀龍言：

> 何必道性善，是人人本色也；何以必稱堯舜，是性善實證也。試看不學良知，不慮良能，塗之人有與堯舜針芒不合否，非七篇昭揭，則人人寶藏，千古沈埋。〔註101〕

因此作為形氣之身之主體之「心」，其具有表現「性」之生生作用，但高攀龍各重視的是「渾身是心」，即形氣之身經過「形色」所表現之具體道德言行「聰、明、恭、重」與人倫關係之「親、義、序、別、信」，因此高攀龍「心」之定位更具氣本論之學術特色與意義。

〔註99〕高攀龍：〈箚記〉，《高子遺書‧書》，（台北，臺灣商務印書館文淵閣四庫全書，民國72年），卷二，頁347。

〔註100〕高攀龍：〈曹真子先生仰節堂集序〉，《高子遺書‧序》，（台北，臺灣商務印書館文淵閣四庫全書，民國72年），卷九上，頁564。

〔註101〕高攀龍：〈聖賢論贊‧孟子〉，《高子遺書‧經解類》，（台北，臺灣商務印書館文淵閣四庫全書，民國72年），卷三，頁378。

二、本然之天明

　　前高攀龍言「心之仁」即「耳本聰、目本明」之天聰天明，「心」主要是表現「性」中內涵，藉由感官耳、目、手、足，表現成「聰、明、恭、重」之視、聽、持、行，與「親、義、序、別、信」合宜之人倫關係。然而高攀龍認為人因有此「身」而具有感官知覺運動，但是人之「心」為人身之主宰，故人之「心」亦具有知覺認知作用，但是人心之認知作用在認知「性」之內涵，經由心之官之「思」而發為是非好惡之判斷之「天明」。因此高攀龍認為「心之仁」之「天明」作用即前所言人人所不知「身」之本心即「活鬼神」，而為「己」所獨知者，因為「己」即「仁己」，亦為形氣之身所具主體義之「心」，因此高攀龍進一步說明人之「心」其作用具有「匪由思而得，匪由慮而知」之「是即知其為是，非即知其為非」之道德判斷作用。高攀龍前有言「心」即易之「無思無為」之「神」，因此「仁己」之天明之「是即知其為是，非即知其為非」作用，即人「心」之神明之表現。高攀龍云：

> 凡人可至於聖人者，只在慎獨。獨者，何也？本然之天明也。人所不知，而己所獨知也。是即知其為是，非即知其為非，匪由思而得，匪由慮而知，即此是天，即此是地，即此是鬼神，無我、無人、無今、無古，總是這箇。知得這箇可畏，即便是敬；不欺瞞這箇，即便是誠；一一依這本色，即便是明。這裡打對得過，便可建天地、質鬼神。俟聖人於百世，詩云：溫溫恭人，如集於木，惴惴小心，如臨於谷，慎之也。〔註102〕

高攀龍言「心」之獨知乃「是即知其為是，非即知其為非，匪由思而得，匪由慮而知」。而高攀龍言「獨」是「本然之天明」，而前有言「目之明」本來如是者即「性」。而天明之「性」又由「心」來表現，因「心」即「仁己」，故高攀龍言「人所不知，而己所獨知也。」高攀龍有云：

> 吾於道未有所見，但依吾獨知而行，是非好惡無所為而發者，天啟之矣。驗之頗近於此，略見本心。〔註103〕

「道」為無聲臭，故不可見。「道」雖不可見，但吾人之「心」仍「率性」而

〔註102〕高攀龍：〈書友人扇〉，《高子遺書・題跋雜書類》，（台北，臺灣商務印書館文淵閣四庫全書，民國72年），卷十二，頁718。

〔註103〕高攀龍：〈困學記〉，《高子遺書・經解類》，（台北，臺灣商務印書館文淵閣四庫全書，民國72年），卷三，頁356。

爲，並於日用中展現道德。而由本心之「獨知」所發爲判斷「是非好惡」，其本源則由「天」啓之。因「獨知」之「仁己」即「天在人身」之本心。因此高攀龍認爲「依吾獨知而行」即可以達到「無思無爲」判斷「是非好惡」之神用，亦即心之官其思之睿之境地。而此即符合高攀龍所言「是即知其爲是，非即知其爲非，匪由思而得，匪由慮而知」之「天明」之「己所獨知」。因此當人「仁己」之獨知達到「天明」之境界，即高攀龍言「即此是天，即此是地，即此是鬼神，無我、無人、無今、無古，總是這箇」。高攀龍云：

> 近見世局紛紜，此一是非，彼一是非，因而推其故，原來只在好惡兩字，不是這兩字上差，差在心上，不是心上差，差在仁不仁上。世間那一箇人是沒好惡的，但箇人等第不同，一等人便是一等人的好惡，二等人便是二等人的好惡，三等人便是三等的好惡，其等愈下，其人愈多，其好惡相同愈多，彼見其同，便以爲公好、公惡，便字謂能好能惡，不知聖人説：惟仁者，能好人能惡人。果若如此，世間何仁者之多也。若是猛然自省，我還是仁者否？仁至難言，只把此篇聖人言仁處，自家查對，如久處約而無濫，久處樂而無淫，志仁無惡，欲富貴而不處非道，惡貧賤而不去非道，終食不違仁，好仁而無以尚，惡不仁而不使加身，諸如此類，一一合否？若是未合，未可自謂仁者，自謂能好惡也。或曰：兩邊好惡，必有一邊是的，是的就是仁否？曰：也難説，又有一勘法，我這好惡還從吾君、吾民上起念否？還只在自家意見上異同，軀殼上通礙，交游上生熟起念否？此亦勘得大概，要之肯回頭查勘，惟恐自陷于不仁，只此念已向仁路上來，不患其不能好惡矣。若只魯莽減裂去，無論不是的一邊，即是的一邊，君子而不仁者有矣。〔註104〕

高攀龍認爲外界事物之「此一是非，彼一是非，因而推其故，原來只在好惡兩字」，因此人之「心」判斷事物之是非善惡之道德標準就在人本心之仁之「好惡」上，故高攀龍有云：「聖賢所欲止，是一仁，更無別物。」〔註105〕高攀龍認爲人之「心」其判斷是非之標準在「仁」。因此高攀龍言「好惡」之差在人

〔註104〕高攀龍：〈好惡説〉，《高子遺書・經解類》，（台北，臺灣商務印書館文淵閣四庫全書，民國72年），卷三，頁368。

〔註105〕高攀龍：《高子遺書・語》，（台北，臺灣商務印書館文淵閣四庫全書，民國72年），卷一，頁342。

之「心」之「仁」上，因此孔子言「惟仁者，能好人能惡人」。而高龍認爲「是非」「好惡」之標準在人心之「仁」，因此應時時反省自己是否「仁」矣。然而檢驗己身之心仁不仁之方，其標準乃在前所言具有普遍性之「人心所同然」純善之「理一」之「天地之性」，而不在「分殊」之「形異」之「軀殼」感官知覺運動上。當自我檢驗、判斷己身之言行是非善惡時，此即人心之「仁」的表現。高攀龍云：

> 心者，人之神明。即天神、地祇、人鬼充塞無間者也。人敢於欺君父，不能掩其一念之自照；敢於傲雷霆，不能消其一念之自歉，其自照、自歉者，神明之充塞無間也。人乃以某神主治某山，某神下降，某日欲於是祈福禳禍，亦愚矣。宇內稱神靈顯赫者，必曰：玄帝、玄帝，有訓言垂世，陸君印初見而尊之，鐫石公之人而徵余一語，余惟上帝好生見人陷不善，是自蹈刀鋸鼎鑊，絕其生理，汲汲欲拯而拔之，千聖萬言立言垂訓，其旨一也。夫人不知自心之爲鬼神，而恒畏鬼神，畏鬼神而不敢爲不善，是畏刀鋸鼎鑊，而不敢蹈之，死而生之也。此則廣而陸君之德廣矣。上帝豈有言耶，然其旨歸之勸善，不妨因妄示眞。〔註106〕

高攀龍認爲「無思無爲」之「是即知其爲是，非即知其爲非」之「天明」，即人之神明之展現。然而其所判斷是非之依據即「氣質之性」中「理一」之「天地之性」的內涵。而人心之神明如何達到「天神、地祇、人鬼充塞無間」之境地？高攀龍有云：

> 有一事當前必曰：如之何？如之何？思之、思之，自有至當處，慊於吾心，同於人心者，此便是至善。〔註107〕

高攀龍認爲人心之神明除了具有前所言「自照、自歉」判斷自己是否合於仁外，還能判斷外界萬事其「自有至當處，慊於吾心」與否。因此人之神明之「心」能自主、自律判斷眼前所發生之「事」，檢驗此事是否合於人「心」之「仁」。此外高攀龍說明世人所重視感應之吉凶禍福標準亦在「仁」之義理上。如高攀龍云：

〔註106〕高攀龍：〈書玄帝訓言後〉，《高子遺書・題跋雜書類》，（台北，臺灣商務印書館文淵閣四庫全書，民國72年），卷一二，頁711。

〔註107〕高攀龍：《高子遺書・箚記》，（台北，臺灣商務印書館文淵閣四庫全書，民國72年），卷二，頁345。

聖賢言義理，吉凶在其中矣。鬼神告吉凶，而義理在其中矣。鬼神
別無事吉凶，其善惡以爲事。聖人見善者之必吉，惡者之必凶，如
夏之必暑，如冬之必寒，而世人不知也，故汲汲然開之、引而之於
善，以就其焚、拯其溺，故曰：吉凶與民同患。而世人不信也，則
不若，且示以鬼神之言，此吳君伯玉茲編所以刻也。夫善人之性也，
豈待懼之以劫禍，懼之以感應，而後從事乎。則不從善，入於善之
難也，懼而入焉，入而安焉。夫然後知向之不爲善，且自投於水火，
而茲編者，引而出之也，仁人之利不既薄乎。嗟乎知鬼神之能爲吉
凶，而不知感應之爲鬼神，感應者何義理也，名之曰義理，人以爲
迂，名之曰鬼神，人以爲靈，吾故曰：且示之以鬼神。〔註108〕

高攀龍言聖賢所言之吉凶，其標準在於「義理」。因此聖人見善之人即稱其吉；
見爲惡之人即稱其凶，因此吉凶之道理乃自然而然之理則，就如同夏之必暑，
冬之必寒之自然現象。但世人不察，而將吉凶禍福感應之理歸諸於「鬼神」。
高攀龍認爲人人之「性」其本然皆爲善，因此人人皆爲有福之人，不待由「鬼
神」賜其吉凶之報償。若己身之不爲善就如同自投於火，自陷於禍患之中。
世人只知「鬼神」能主宰人之吉凶，殊不知其所謂「鬼神」感應之理，即是
人「心」之「仁」之義理，只要「心」一仁即祥即福，「心」一不仁即禍即殃。
高攀龍認爲「名之曰義理，人以爲迂，名之曰鬼神，人以爲靈」，所以高攀龍
將人之「心」命名爲「鬼神」，世人才會重視己身「心」之仁，依仁而行，則
人人皆福，事事皆吉。高攀龍云：

大人與天地合德，日月合明，四時合序，鬼神合吉凶，人心止於至
善便是如此。易言天地即是言聖人，言聖人即是言人心。道無天、
人，凡、聖也。〔註109〕

人之心本然狀態乃「至善」，所以「易言天地即是言聖人，言聖人即是言人心」。
因此高攀龍言「心」率其「性」之道德內涵而爲「道」乃無天人凡聖之別。
高攀龍認爲當人之「心」不論對人、己或事物皆止於至善之時，即「大人與
天地合德，日月合明，四時合序，鬼神合吉凶」之「天神、地祇、人鬼充塞

〔註108〕高攀龍：〈合刻救劫感應篇序〉，《高子遺書・序》，（台北，臺灣商務印書館文
　　　　淵閣四庫全書，民國72年），卷九上，頁561。
〔註109〕高攀龍：《高子遺書・語》，（台北，臺灣商務印書館文淵閣四庫全書，民國
　　　　72年），卷一，頁340。

「無間」之境地。張載云：

> 虛明照鑑，神之明也。無遠近幽深，利用出入，神之充塞無間。
> 〔註110〕

「神之明」即高攀龍之「人之神明」。而「神之充塞無間」即高攀龍所謂「天神、地祇、人鬼充塞無間」之意。如何達到「神之充塞無間」？高攀龍所謂「人之神明」能自照、自歉，此亦張載所言「虛明照鑑」；而張載之「虛明照鑑」乃為高攀龍前所言「天明」之意，表示心具有對萬事萬物道德判斷之能力。如湛甘泉所云：

> 心者，體天地萬物而不可遺者也，……包乎天地萬物之外，而貫乎
> 天地萬物之中者也，中外非二也，天地無內外，心亦無內外，極言
> 之耳矣。〔註111〕

湛甘泉說明「心」具有體察萬事萬物之理之能力，故就心之知覺認知義而言，其心認知之範圍包含天地萬物，而無所不體，無所不貫。因此萬事萬物皆由心之神明所認知並判斷其是否合於道德，此即高攀龍所言「人之神明」可以充塞天地之因，此亦為「心」之具有判斷事物義理之表現。由上所言可知「心」之內涵具有表現「性」之形著義、是非好惡之判斷義與體物不可遺明察外物之能力。

三、在人身爲天聰天明

> 孟子心之官則思，思則虛靈不昧之謂思，是心之睿於心爲用。著事
> 之思，又是思之用也。〔註112〕

高攀龍認爲心之官能在於「虛靈不昧」之「思」，而「思」是思慮之意，然而此「思慮」是「虛靈不昧」，因此「思」是指心之生生認知義理進而成爲其道德判斷之標準的作用。不是一般人所認爲的「著事之思」。我們再由《孟子》書中孟子與公都子的一段對答內容中，可進一層了解何謂「心之官則思」？

> 公都子問曰：鈞是人也，或爲大人，或爲小人，何也？孟子曰：從

〔註110〕張載：〈神化篇第四〉《張載集・正蒙》，（台北，漢京文化事業有限公司，民國72年9月），頁16。

〔註111〕湛甘泉：《甘泉全集・湛甘泉先生文集》，（清同治五年資政堂本，台北，臺灣大學圖書館善本書室），卷二〇，頁1。

〔註112〕高攀龍：《高子遺書・語》，（台北，臺灣商務印書館文淵閣四庫全書，民國72年），卷一，頁335。

其大體爲大人，從其小體爲小人。曰：鈞是人也，或從其大體，或
從其小體，何也？孟子曰：耳目之官不思，而蔽於物；物交物，則
引之而已矣。心之官則思，思則得之，不思則不得也。此天之所與
我者，先立乎其大者，則其小者不能奪奪也。此爲大人也。〔註113〕

朱注：「大體，心也；小體，耳目之類。」由此可知「心之官則思」之「思」，
並非心從耳目感官之思慮，而是心之官則「思」是認知、判斷事物之是非善惡
是否何於心之仁的內涵。故心具「思」之認知義理與判斷是非之作用，才不會
使其形氣之身被耳目感官之與物相交而有所蔽。故「思」之作用是從其「大體」
之「心」而起，非由「小體」之「耳目」等形氣之身而來。高攀龍云：

孟子七篇俱明性也，此章又指出赤子之心來示人，亦明切矣。天下
那一箇不從赤子來，那一箇無赤子之心，如何無知無能者也。此無
知無能者，乃良知良能也。此良知良能者，乃無不知無不能者也。
自赤子以後，外誘於物，生出許多知能來。人人認這是我的心日充
日長，卻把原來的眞心日湮日沒，得此則失彼，直相背而馳了。若
猛然警醒，我今自認的心千般萬樣，總從軀殼上起，軀殼六尺而已，
豈不是小；當初赤子之心便即天地之心豈不是大，不失兩字不要看
輕了。有多少工夫在，須是急急回頭，般般放手，到那一絲不掛時，
猛然自省，依然還是箇赤子之心，從此戰戰兢兢，惟恐失之，方能
不失，大人一生，只照管得這箇在，更別無一事。〔註114〕

先看何謂赤子之心之「良知、良能」？孟子云：

人之所不學而能者，其良能也。所不慮而知者，其良知也。孩提之
童，無不之愛其親者；即其長，無不知敬其兄也。親親，人也；敬
長，義也。無他，達天下之道也。〔註115〕

朱注：「良者，本然之善。程子曰：良知、良能皆無所由，乃出於天，不係於
人。」因此良知、良能所由者乃由「天」，非由人之「軀殼」感官之知、能者。
故人不經身之感官學習與思慮，人已知、已能。良知、良能即是「天在人」

〔註113〕朱熹：〈告子上〉，《四書集注・孟子》，（台北，世界書局，民國86年3月），
　　　　頁374。
〔註114〕高攀龍：〈大人者不失其赤子之心者也〉，《高子遺書・講義》，（台北，臺灣商
　　　　務印書館文淵閣四庫全書，民國72年），卷四，頁401。
〔註115〕朱熹：〈盡心上〉，《四書集注・孟子》，（台北，世界書局，民國86年3月），
　　　　頁396。

為主體之心所具有天生可以「知」與「能」之表現作用。為何高攀龍言「赤子之心」是良知良能？因為孟子言良知良能有提及「孩提之童」，再者高攀龍言「自赤子以後，外誘於物，生出許多知能來」，因此只有在孩提之赤子之心，才是純善之天地之心。

高攀龍義又言：「我今自認的心千般萬樣，總從軀殼上起，軀殼六尺而已，豈不是小；當初赤子之心便即天地之心豈不是大。」所以「良知良能」是由「赤子之心」之「大體」而起，非由「軀殼六尺」之感官「小體」而發，因此「良知良能」即是即是「心之官則思」之義。故高攀龍云：

> 人一身都是心，在目主視，在耳主聽，在心主思。心在則為心官，心不在則為耳目之官，非別有耳目之官也。夫子所謂九思是言心官當位，心官在目則目自明，在耳則耳自聰。〔註116〕

> 在人身為天聰、天明，為良知、良能。率其自然便是道，參不得絲毫人為。〔註117〕

心之「當位」之「心在腔子裡」而為身之主，則「人一身都是心」之「渾身是心」狀態。此時心之官則「思」即表現為目自明之「天明」、耳自聰之「天聰」之認知義理與是非判斷作用。高攀龍又言「天聰、天明」如同孟子所言「良知、良能」。王陽明云：

> 良知只是箇是非之心，是非只是箇好惡。只好惡，就盡了是非。只是非，就盡了萬事萬變。〔註118〕

因此高攀龍之「天聰、天明」即是心之「仁」，亦即為不學而能之「良能」與不慮而知之「良知」，此「心官」具有認知義理、思慮與判斷是非之作用。牟宗三先生云：

> 良能單是指性之能言。

> 「能」是緊指性體之實自身之自然而不容已地向善為善之能。〔註119〕

〔註116〕高攀龍：《高子遺書・會語》，（台北，臺灣商務印書館文淵閣四庫全書，民國72年），卷五，頁413。

〔註117〕高攀龍：《高子遺書・語》，（台北，臺灣商務印書館文淵閣四庫全書，民國72年），卷一，頁335。

〔註118〕陳榮捷：《王陽明傳習錄詳註集評》，（台北，臺灣學生書局，民國77年2月），頁341。

〔註119〕牟宗三：《心體與性體》，（台北，正中書局，民國84年12月），第三冊，頁417。

因此心之表現性之作用，即是孟子所謂「良能」，亦即「性」之活動義。所以高攀龍認爲人不學而能之「良能」即心表現性之形著作用，將性之道德內涵展現成具體之道德行爲。如高攀龍云：

> 秉彝之在人心，觸之而動，有火然泉達，而不容已者。〔註120〕

「秉彝」即是人之善性，即前所言「仁、義、禮、智」、「聰、明、恭、重」根於心者，性之能之「良能」即主動將性之內涵表現出來，就如同「火然泉達」是不容已，因此心之良能會不斷將性中內涵表現成具體道德行爲。高攀龍又云：

> 竹窗隨筆內一條辨良知曰云云：堯舜之道孝弟而已，孟子指出孩提
> 愛敬是最初、最眞處，以是爲妄，何所不妄。仁、義、禮、智、樂
> 其實只事親、從兄二者，二者皆妄，五者皆僞，人道盡滅矣。幾何
> 而不胥爲禽獸也，眞常寂照將焉用之。〔註121〕

高攀龍又說明「良知」之「仁、義、禮、智」只是「事親、從兄」之「良能」，因此心之「良知」與「良能」是一，高攀龍認爲心所表現之「知」與「行」是一。

然高攀龍又言「心之官則思」是「虛靈不昧之謂思，是心之睿於心爲用」。在《尙書‧洪範》中有云：

> 一曰貌，二曰言，三曰視，四曰聽，五曰思。貌曰恭，言曰從，視
> 曰明，聽曰聰，思曰睿。恭作肅，從作乂，明作哲，聰作謀，睿作
> 聖。〔註122〕

其注疏曰：「思必當通於微密也。……思通微，別事無不通乃成聖也。」故「心之官則思」之「思」在於「睿」，而「思」之「睿」即是注疏所言：「思通微，別事無不通」之義。故「心」具有「體物不遺」之明察外物之作用。如高攀龍所言：「神，一也，一著而無不著。」〔註123〕因此「心之官則思」除了具有認知義理與思維判斷之作用外，其「思」還須達到通微而別事無不通之「睿」的境界，才是「心之官則思」的眞義。而當人心之思可達於「睿」之境地即是聖人。

〔註120〕高攀龍：〈講義自序〉，《高子遺書‧序》，（台北，臺灣商務印書館文淵閣四庫全書，民國72年），卷九上，頁541。

〔註121〕高攀龍：〈異端辨〉，《高子遺書‧經解類》，（台北，臺灣商務印書館文淵閣四庫全書，民國72年），卷三，頁375。

〔註122〕《十三經注疏‧尙書》，（台北，藝文印書館，民國82年9月），頁170。

〔註123〕高攀龍：〈東林志序〉，《高子遺書‧序》，（台北，臺灣商務印書館文淵閣四庫全書，民國72年），卷九上，頁558。

第四節　人心道心非有兩心

一、黏於軀殼與發於義理

　　高攀龍之「道心」、「人心」之觀念是由「天地之性」與「氣質之性」之命題延伸而論。高攀龍云：

> 形而後有氣質之性者，人至受形以後，天地之性已為氣質之性矣，
> 非天地之性外復有氣質之性也。善反則氣質之性即為天地之性，非
> 氣質之性外復有天地之性也。故曰：二之則不是。〔註124〕

因此純善之「天地之性」，在氣化過程中此無形元氣凝結為有形之形氣之身時，「天地之性」亦凝結於形氣之身中，成為其「氣質之性」之本質。因此純善之「天地之性」即為「氣質之性」之主體，因此「天地之性」與「氣質之性」乃為一體，密不可分。當人知曉其「氣質之性」中乃以「天地之性」為其主體，若順其「氣質之性」中純善之主體表現為道德行為，此即如其所言「善反」之意，表示人知其「氣質之性」之主體乃直承「太虛元氣」至善之「天地之性」之內涵而來，因此其所表現之一言一行皆合於「天地之性」之道德內涵，故此時「氣質之性」完全以「天地之性」為其之本質。因此高攀龍談即「道心」、「人心」之關係時，亦曰：「心，一也，黏於軀殼者為人心，即為識；發於義理者為道心，即為覺，非果有兩心。」前有言高攀龍認為「仁，人心。」因此「人心」中即具有生生道德之仁，因此「人心」具有道德意識為其主體，因此高攀龍認為「人心」即「道心」，並非「人心」之外還另有一個「道心」。因前亦曰「心」為「身」之主體，而高攀龍所謂「人心」即心之生生作用於「身」之軀殼，而表現出知覺運動之「識」。而「道心」則是虛靈知覺之心，其主要在於表現「氣質之性」中純善道德義理，因此「道心」即黏於軀殼「人心」之主體，具有主宰「人心」之作用。因此高攀龍「心統性情」之意，即是「心」表現純善之「性」之為「道心」，此情之未發「寂然不動」之「道心」具有主宰「感而遂通」已發為情之「人心」之作用，可以節制之，使其不會過或不及而流於「欲」之境地。如羅整庵云：

> 惟是喜怒哀樂之發，未必皆中乎節，此善惡之所以分也。節也者，

〔註124〕高攀龍：《高子遺書・語》，（台北，臺灣商務印書館文淵閣四庫全書，民國72年），卷一，頁341。

理一之在分殊中也。中節即無失乎天命之本然，何善如之。〔註125〕

羅整庵以爲「人心」表現之「情」未必合乎「中節」，但可由發於「理一」之「天地之性」之「道心」爲「人心」之表現之主宰，故可「節」之。因此其言「節也者，理一之在分殊中也」。高攀龍云：

> 隨念分別者，意也，靈覺則是心，傳所云：心不在焉，視不見，聽不聞，是也。此與意識相似，而實不同。蓋心作主宰，意主分別也。心，一也，黏於軀殼者爲人心，即爲識；發於義理者爲道心，即爲覺，非果有兩心。然一轉則天地懸隔，謂之覺矣。〔註126〕

高攀龍說明何謂「道心」？何謂「人心」？高攀龍先說明「心，一也」，因此其開宗明義曰「道心」、「人心」乃一也。而「道心」、「人心」之差別於何處？所謂「人心」即心之生生作用「黏於軀殼者」，其表現「氣質之性」中「分殊」之「形異」之感官知覺運動之生理慾望，高攀龍稱之爲「識」。如吳廷翰云：

> 口之於味，目之於色，耳之於生，鼻之於臭，有是口鼻耳目之人，則有是食色臭味之心，人之大欲，故謂人心。〔註127〕

吳廷翰贊同「人心」爲感官知覺運動之生理慾望。高攀龍之「道心」即心之生生表現「氣質之性」中純善「理一」之「天地之性」。如朱子云：

> 知覺從義理上去，便是道心。〔註128〕

朱子以爲「道心」乃心之知覺表現「性」中「義理」者。此觀點與高攀龍相同。吳廷翰亦云：

> 仁之於父子，義之於君臣，禮之於賓主，知之於賢哲，有是仁義禮知之道，則有是父子、君臣、賓主、賢哲之心。道之大倫，故謂道心。〔註129〕

吳廷翰亦以爲「道心」即「心」之生生作用表現「性」中「仁義禮知之道」

〔註125〕羅欽順：《困知記》，（明嘉靖十六年吳郡陸粲刊本，台北，國家圖書館善本書室），卷上，頁8。

〔註126〕高攀龍：〈荅念臺三〉，《高子遺書・書》，（台北，臺灣商務印書館文淵閣四庫全書，民國72年），卷八，頁479。

〔註127〕吳廷翰：《吳廷翰集・吉齋漫錄》，（北京，中華書局，1982年2月），卷上，頁31。

〔註128〕朱熹：〈性理二〉，《朱子語類》，（台北，文津出版社，民國75年12月），卷五，頁256。

〔註129〕吳廷翰：《吳廷翰集・吉齋漫錄》，（北京，中華書局，1982年2月），卷上，頁32。

者。因為高攀龍認為「離卻生無處見性」，即有此形氣之身才有所謂「性」之名。王廷相又曰「謂之人心者，自其情欲之發言之也」〔註130〕此即高攀龍所謂「黏於軀殼者為人心，即為識」。而王廷相言「謂之道心者，自其道德之發言之也」〔註131〕即高攀龍所謂「發於義理者為道心，即為覺，非果有兩心」。因此高攀龍與王廷皆認為「道心」、「人心」皆來自於形而後有之「氣質之性」，而「道心」、「人心」具於「生而固有」之人心中。而高攀龍又言：「隨念分別者，意也，靈覺則是心。」因此「靈覺」之「心」即是「道心」即是「覺」；「隨念分別者」即是「人心」即是「識」。而高攀龍又云：

> 一念靈明照耀今古，然人心所覺，以為歷歷分明者，非真明也，是
> 有意焉，時起時滅者也。真明者也，其明命乎，古人故諟蓋實體如
> 是，非見也，有見則妄矣。〔註132〕

高攀龍所謂「一念靈明」即「道心」之虛靈明覺，其具有道德判斷能力。而「照耀古今」即「道心」具有無限普遍義。因此「一念靈明」之「道心」即可「照耀古今」達到充塞宇宙之境界。高攀龍所言「人心所覺，以為歷歷分明者，非真明也。」為何可以歷歷分明者，卻不是真明？而所謂「歷歷分明者」乃是將事情分辨地清楚，並非將事情之是非道德分辨清楚，故「意」即感官知覺運動之認知作用之「識」，而非「虛靈知覺」能判斷是非之「覺」。因此「意」乃是時起時滅，並非絕對標準。所以「意」只是「隨念分別」之念頭，非「一念之靈明」絕對價值判準。高攀龍又言「真明者也，其明命乎，古人故諟蓋實體如是，非見也，有見則妄矣」，其意指「真明」即明白天命者，故「真明」即「天命之心」，亦即是「天命實體」。而高攀龍認為此「天命實體」乃「非見也」，意即「天命實體」非見解範疇之感官知覺運動認知作用之「識」所能掌握的，而能由見解所能掌握者即「妄」，而非「真明」。

　　由上可知高攀龍認為「道心」即「一念靈明」照耀古今之「天命實體」，亦即為前所言「人之神明」之「虛靈知覺」；「人心」則為「歷歷分明」流於見解而有分別之「意」，此乃感官知覺運動之認知作用之「識」，而由「軀殼」

〔註130〕王廷相：〈雅述上篇〉，《王廷相哲學選集》，（台北，河洛圖書出版社，民國
　　　　63年12月），頁103。

〔註131〕王廷相：〈雅述上篇〉，《王廷相哲學選集》，（台北，河洛圖書出版社，民國
　　　　63年12月），頁103。

〔註132〕高攀龍：《高子遺書・語》，（台北，臺灣商務印書館文淵閣四庫全書，民國
　　　　72年），卷一，頁334。

之身所發之生生知覺運作用，並無道德意識。因此高攀龍又云：「人心纔覺，便在腔子裡，不可著意。」〔註133〕高攀龍認爲人心最佳狀態「心在腔子裡」乃是以「道心」之「覺」爲「身」之主體。因此「心在腔子裡」表示心之生生作用不會追逐身外之物，而成爲有所分別之「意」。如王船山云：

> 吾立身之始，有爲身之主者心也。當物之未感，身之未應，而執持吾志，使一守其正而不隨情感以迷，則所以修身之理，立之有素矣。
>
> 乃心，素定者也，而心與物感之時，念乎以興，則意是也。〔註134〕

王船山言「爲身之主者心也」，故亦以爲「心」爲「身」之主，乃「心」表現最恰當之時。再者，其亦以爲心與物感之時，而產生之「念」，須透過「心」來主宰之，才不會隨物分別爲情感所迷惑。高攀龍藉由說明「人禽之辨」所差者幾希，用來說明「道心」與「人心」之異。高攀龍云：

> 幾希者，差不多也。吾輩試研究果在何處？文公先生曰：知覺運動之蠢然，人與物同；仁、義、禮、智之粹然，人與物異。然仁、義、禮、智者，五行之德，禽獸不能外五行而生，何能外五行之德爲性，其所以偏而不全，塞而不通者何故？細看乃知孟子文字之微妙也。其下云：舜明於庶物，察於人倫，只有這一點明察是異於禽獸處。明察者何也？乃知覺運動中之天，則仁、義、禮、智中之靈竅，知覺運動固物之所同，這一點天則，卻不同；仁、義、禮、智非物之獨異，這一點靈竅，卻獨異。雖以舜之大聖異處只此些子耳。謂之幾希，眞幾希也。在看行之不著習矣。不察章庶民去之，只在不著不察，所謂幾希，愈明白矣。然這箇明察，人人具足，卻在何處去了。知誘物化以後，都便作私智小慧，在世情俗見中，全不向人倫庶物上來，所以不著不察，然一轉頭私智小慧，又都做眞明直察，這一轉亦惟人能之，禽獸不能也。吾輩提出這明察，如日中天，其由於仁義之途，如明眼人行於康莊，不若行仁義者，尚是盲人。待人昭告也。〔註135〕

〔註133〕高攀龍：《高子遺書・箚記》，（台北，臺灣商務印書館文淵閣四庫全書，民國72年），卷一，頁334。

〔註134〕王船山：《大學》，《船山全書・四書訓義》，（長沙，嶽麓書社，1988年至1996年），第七冊，卷一，頁48。

〔註135〕高攀龍：〈人之所以異於禽獸者章〉，《高子遺書・講義》，（台北，臺灣商務印書館文淵閣四庫全書，民國72年），卷四，頁401。

孟子言人與禽獸所差者幾希矣。高攀龍認爲人與禽獸皆同者，是「知覺運動之蠢然」。所謂「知覺運動之蠢然」即是前所言「黏於軀殼者」之「人心」之「識」。因爲「識」之「感官知覺運動」只是生生作用，並無道德意識，所以稱之爲「蠢然」，此生生之感官知覺運動容易流於欲。因爲高攀龍認爲「仁、義、禮、智非物之獨異，這一點靈竅，卻獨異」。如高攀龍有云：

> 仁、義、禮、智，人與物一也，形氣異，是以有偏、全、明、晦之異。〔註136〕

所以高攀龍認爲「氣質之性」中純善之「仁、義、禮、智」之道德義理是人與物皆同然者。所以人與物之差異幾希。因此高攀龍強調人與物之「幾希」差異就在於「明於庶物，察於人倫」之「明察者」不同。而此「明察者」即是「知覺運動中之天，則仁、義、禮、智中之靈竅」。亦即是前高攀龍所謂「一念靈明」照耀古今「道心」之「覺」。高攀龍又言「然這箇明察，人人具足」，因此發於人物皆所同然之理義之「道心」是人人之心皆具備之作用。然而因爲黏於「軀殼」之「人心」之「識」會因爲外界知識見解與外物之誘惑而隨物流轉，而成事情俗見中之「私智小慧」而不自知。如高攀龍所云：

> 吾輩學問只要復性，吾性蕩平正直，合下與天地同體。自有軀殼以來便有箇我，便將極廣大的拘局，做塊然一物；將極靈妙的障蔽，做蠢然一物。從我身上起出意來，只會要長要短，順之則喜，逆之則怒；只會見長見短，同之則喜，異之則怒，終日起來，但是作好作惡，偏黨反側去了。從我起意，從意成我中間遞生，固必只此四者滾過一生。自家眞性時時現前，如隔山了，不知爲何物也。〔註137〕

高攀龍說明人之性本來是「蕩平正直」與天地同體。但是因爲有形氣之「軀殼」以來，便有「我」，將此廣大者拘局於形氣之身中。因爲此「軀殼」將極靈妙之「覺」障蔽，而作「蠢然一物」之感官知覺運動。而此「蠢然」之「感官知覺運動」就會起分別之「意」，因有此「意」乃會表現出「順之則喜，逆之則怒」與「同之則喜，異之則怒」之個人好惡。此即是流於見解之事情俗見中之「私智小慧」。但人禽之辨亦在此顯，因爲人之虛靈知覺之「道心」會

〔註136〕高攀龍：〈荅涇陽論生之謂性〉，《高子遺書·書》，（台北，臺灣商務印書館文淵閣四庫全書，民國72年），卷八上，頁470。

〔註137〕高攀龍：〈絕四章〉，《高子遺書·講義》，（台北，臺灣商務印書館文淵閣四庫全書，民國72年），卷四，頁389。

自律、自主「明察」其「人心」之迷失，而「覺」矣。當「人心」一「覺」明察其「識」已迷失，即「道心」之靈竅顯矣。這一自律自省之「覺」，是禽獸所不能，而人所獨具者。因此高攀龍云：

> 龍平昔自認以此心惺然常明者，爲道心。惟知學者有之，蚩蚩之氓無有也。即其平旦、幾希因物感觸倏明、倏晦，如金在鑛，但可謂之鑛，不可謂之金；如水凝冰，但可謂之冰，不可謂之水。則道心於人心，即在鑛之金，道心迷而爲人心，即凝冰之水也。而先生乃曰：童樸之服役中節者，皆道心也。初甚疑之，已而體認，忽覺平日所謂憬然常明之心，還是把捉之意，而蚩蚩之氓有如鳶魚飛躍，出於任天之便者，反有合於不識、不知之帝，則特彼日用不知耳。然則無覺非也，有意亦非也，必以良心之自然者爲眞，稍涉安排即非本色矣。〔註138〕

高攀龍認爲前所言之「明察者」即是此心「惺然常明者」，亦即「道心」之「覺」之表現。而「惺然常明者」則有「把捉」之意，亦即節制「人心」不流於欲之作用。而「道心」所以「微」乃因其雖爲「不旦」清明且之人所獨有，但是「人心」之「識」常「因物感觸」，因此「道心」之「覺」乃「倏明、倏晦」，所以微而不顯。亦因如此「人心」則會危殆不安，易流於情欲中，而不自知。所以高攀龍認爲「道心」之於「人心」就「如金在鑛，但可謂之鑛，不可謂之金；如水凝冰，但可謂之冰，不可謂之水」。「金」與「鑛」其本質雖同皆是鑛，但是兩者之冶鍊境界不同。呂坤云：

> 蓋中者，道心，而撓亂之者人心也。不允執則人心奪之矣。辟如有物在手，怕人奪去，然後允執之耳。至於舜又明白說出，曰，人心惟危，道心惟微，惟精惟一，允執厥中。蓋人心豪強，道心微弱。人心眾多，道心孤立。道心者，中也。道心雜於人心，如披沙揀金。須得那眞正金，又須得他不多不少底分數。不著仔細察識之功，何以擇之。不著純一不雜之心，堅確不移之念。何以守之，允執此中之道心，其若如此。〔註139〕

〔註138〕高攀龍：〈與許敬菴先生〉，《高子遺書‧書》，（台北，臺灣商務印書館文淵閣四庫全書，民國72年），卷八上，頁465。

〔註139〕呂坤：〈論性〉，《呂新吾全書‧去僞齋文集》，（彙集明萬曆至清康熙刊本，台北，國家圖書館善本書室），卷六，頁25。

呂坤認為「人心」如「披沙揀金」揀得真金才是所謂「道心」。此與高攀龍所謂「金」之「道心」與「鑛」之「人心」比喻相近。其以為「人心」為擾亂「中」之「道心」，而人須時時把持此「道心」，如「有物在手，怕人奪去」，小心謹慎才得以維持。如高攀龍所云：

> 所謂一，不是只說一箇心，是說這箇心到至一處，譬之於金，當其在鑛時，只可謂之鑛，不可謂之金，故未一之心，只可謂之心，惟精之心，方可謂之一，一便四方上下往古來今，一齊穿透，何所不貫。〔註140〕

高攀龍認為雖然「金」與「鑛」之本質皆是「鑛」，但是當「金」只是未冶鍊之「鑛」之狀態下，「金」只能稱為「鑛」而不能稱作「金」。因此「人心」、「道心」雖非兩心，但是「道心」雖在人心中乍明乍晦，但只要「道心」不「覺」即不可稱作「道心」，因為高攀龍認為「未一之心」只能稱作「心」卻不能稱作「一」。所以高攀龍認為「金」之「道心」乃至一之「惟精之心」，亦即心發於義理者。而「鑛」之「人心」乃「未一之心」，即心發於「軀殼」者。而高攀龍言：「道心於人心，即在鑛之金，道心迷而為人心，即凝冰之水也。」因此「道心」是「鑛」中之「金」，只要人冶鍊之，「未一」之「鑛」即成「惟精」之「金」。反之則是將與「天地同體」之「水」凝拘作「塊然一物」之「冰」，侷限心之作用。因此「道心」應常「覺」，「人心」則不起「意」，故此「心」則為「鳶魚飛躍，出於任天之便者，反有合於不識、不知之帝，則特彼日用不知耳」。

二、心性不是兩箇

> 人心、道心非有兩心，一撥轉便天壤懸絕。聖人於此常示轉換法，如欲富貴、惡貧賤，人心也，而轉之為不處不去之仁。欲立、欲達，人心也，而轉之為立人、達人之仁。《論語》中兩說欲仁，仁如何欲？又如何至？是即刻可驗。夫人欲者，人之心也；仁者，心之道也。以心欲道卻成兩箇了，不知只是這個心，逐物而外馳，便是欲；反躬而內斂，便是仁。由馳而斂，卻如由外而至者，然故曰：我欲仁斯仁至矣。此是聖人教人點鐵成金，超凡入聖最捷法，念頭撥轉向

〔註140〕高攀龍：〈一貫章〉，《高子遺書・講義》，（台北，臺灣商務印書館文淵閣四庫全書，民國72年），卷四，頁382。

裡便是。或曰：人心內斂如何變爲仁？曰：仁是生生之理，充塞天
地人身，通體都是，何曾有去來，有內外。自人生而靜以後，誘物
爲欲，遂認欲爲心，迷不知反耳。若一念反求，此反求者，即仁也，
別尋箇仁即誤矣。曰：如此不幾認心爲性乎？何以言心不違仁？曰：
心性不是兩箇，但看人所達何如？程子謂人心反復入身來，自能尋
向上去，下學而上達者也。心是形而下者，仁是形而上者，達則即
心即仁，不達則心只是心。看人自得如何？心不違仁者，其心常仁，
如目常明，耳常聰，之謂人心常收斂即常仁矣，此一轉念是生死關
頭，千聖都從此做成。〔註141〕

高攀龍再次說明「人心」與「道心」非有兩心，只在人之「覺」與否，一撥
轉便天壤懸絕。高攀龍進一步說明「未一」之「人心」如何「覺」而爲「惟
精」之「道心」？高攀龍認爲「人心」即是發於「軀殼」之感官知覺運動，
因此「人心」乃「欲富貴、惡貧賤」、「欲立、欲達」，所以「人心」即是「逐
物而外馳」，求四體之安逸與外在之官爵名利。如湛甘泉云：

人只有一個心，曷嘗有義利兩個心來，但一念得正時，則爲仁義之
心；一念不得正時，則爲功利之心。利心生於物我之相形，在軀殼
上起念頭；仁義之心生於物我之同體，在本體上起念頭。〔註142〕

高攀龍認爲但是當「人心」一覺即是「反躬而內斂」，求其非外鑠之內在「仁、
義、禮、智」。如高攀龍云：

孟子拈出情字，證性之善；拈出才字，證性之無不善矣。然人之爲
不善，畢竟從何而來，爲即才也。非才之罪，是誰之罪與？曰：不
思之罪也。思非今人泛然思慮之思，是反觀也。吾輩試自反觀，此
中空空洞洞，不見一物，即性體也。告子便認作無善無不善，不知
此乃仁、義、禮、智也。何者當無感時，故見其無，及感物而動，
便有惻隱等四者出來。何善如之？隨順他天然本色應付去。何善如
之？故曰：乃若其情則可以爲善。可以爲善者，乃才也。若不思則
人是蠢然一物，信著耳、目、口、鼻四肢，逐物而去，仁、義、禮、

〔註141〕高攀龍：〈仁遠乎哉章〉，《高子遺書・講義》，（台北，臺灣商務印書館文淵閣
　　　　四庫全書，民國72年），卷四，頁388。

〔註142〕湛甘泉：《甘泉全集・湛甘泉先生文集》，（清同治五年資政堂本，台北，臺灣
　　　　大學圖書館善本書室），卷二十，頁30。

智之才皆爲耳、目、口、鼻四肢之用，才非性之才，則爲不善，豈

才之罪耶。然則如何爲盡其才？曰：只於四端知皆擴而充之。〔註143〕

高攀龍認爲人所以不善「非才之罪」而其所罪者爲何？高攀龍認爲應該是「不
思」之罪。何謂「思」？即是「心之官則思」之「思」，「思」即是道心之「覺」，
亦即是「反觀」之意。而「反觀」者即是「反躬內斂」求其「性體」之「仁、
義、禮、智」。若不知「思」則人之「心」成爲「蠢然一物」之感官知覺運動，
只會隨著耳、目、口、鼻四肢，逐物而去。因此若人一反躬自省，內斂自求
性體之「仁、義、禮、智」，並順其天然本色之「道心」應付去，即是「知皆
擴而充之」，將「四端」之本然之「道心」全然展現。因此高攀龍認爲「人心」
乃「人欲」而「道心」即「仁」之表現。因此只要「反躬內斂」即是「我欲
仁斯仁至」最便捷之法。因爲「仁」乃「生生之理」，即人之「性」。

　　然而由「人心」與「道心」衍生出「心」與「性」關係。高攀龍認爲心、
性非二，心之虛靈知覺之作用主要在表現性之內涵。因爲前有言「天聰、天
明」即「心之仁」之狀態，因此「性」中即具有耳、目、手、足之「聰、明、
恭、重」與「仁、義、禮、智」之內涵，因此「人心」只要一「覺」即知表
現「義理」，因此「人心」即「仁」。而高攀龍認爲「心是形而下者，仁是形
而上者，達則即心即仁，不達則心只是心。」高攀龍認爲「人心」是形氣之
心受限於形氣之軀故爲形下有限者，而「仁」之元氣氣化生生之理則是形上
無限，當形氣之「人心」表現不違「仁」，即是「上達」於形上之「仁」，與
形上氣化之理合一，此即是高攀龍所謂「壽」之意，如同忠義之士不曾亡滅
之因，因爲「人心」已經與天地萬物爲一，同此氣化之生生仁德。如其所云：

善即生生之易也，有善而後有性，學者不明善，故不知性也。夫善
洋洋乎，盈眸而是矣，不明此則耳目心志一無著落處，其所學者偏
而已矣。然其機竅在於心，入身來故能尋向上去，下學而上達也。
大集中闡發已無餘蘊，雖以弟鄙淺之說有所印，而此中人士遂知所
歸，今世有老年丈，斯道之大幸也。〔註144〕

高攀龍認爲「善」即是「性」之主體，因此人可以「下學而上達」，由有限達

〔註143〕高攀龍：〈乃若其情三節〉，《高子遺書・講義》，（台北，臺灣商務印書館文淵
　　　　閣四庫全書，民國72年），卷四，頁403。
〔註144〕高攀龍：〈荅少墟二〉，《高子遺書・書》，（台北，臺灣商務印書館文淵閣四庫
　　　　全書，民國72年），卷八上，頁477。

志無限之境地。而人能「下學而上達之機竅」在於「心」要入「身」來，即是「心要在腔子裡」不逐於外物。亦即是「反躬內斂」之意。但若人心不知「反躬內斂」而違仁，則人心只是有限之塊然蠢物，會隨呼吸停止而消散。而高攀龍又曰：「心不違仁者，其心常仁，如目常明，耳常聰之謂人心常收斂即常仁矣，此一轉念是生死關頭，千聖都從此做成。」前有言「心之仁」如「耳本聰」、「目本明」之天聰、天明。因此高攀龍認爲「人心」「反躬內斂」不違仁，即是「道心」，亦即是與「聖人」所同然者。即是作聖之根基。因此呂坤云：

> 或曰，道心是性，人心是氣質。物欲與性何干，曰：這氣質物欲，不知是天與底，不知是人做底。性字從生從心，道心是天生之心，人心亦天生之心，此二心者，與生俱生，與形俱形。道心不是先，人心不是後。道心不是內，人心不是外。譬之玉在石中，破石得玉，果有殼核，去殼去核，果始可食。人心石，而道心玉；人心殼核，而道心果實也。道心者，義理之性，人心者，氣質之性。人心道心不兩個。〔註145〕

呂坤亦以爲「人心」與「道心」並非爲二，如同高攀龍所謂「心性不是兩個」。因爲呂坤以爲「人心」爲「石」，「道心」爲「玉」，就如同果子，「人心」爲「果殼」而「道心」爲「果核」，即如心性之關係，因爲「心」爲氣，而「性」爲理，「理」、「氣」關係乃「理在氣中」，因此「道心」在「人心」之氣質中，如同呂坤所言「義理之性」之「道心」在「氣質之性」之「人心」中。而此與高攀龍所言「天地之性」之「理一」在「氣質之性」之「分殊」之「形異」中。故高攀龍言「心性不是兩箇」，因爲「人心」、「道心」是一，而非二。

三、聖人精一之心

　　高攀龍認爲「道心」是發於「義理」者，而「人心」即發於「軀殼」之「識」。而高攀龍認爲「允復於喜、怒、哀、樂未發之中」時，「人心皆道心」。因此由「喜、怒、哀、樂未發之中」論「人心」、「道心」則會牽涉到「心統性情」之論題。「心統性情」乃在說明心與性情之關係。從體用之關係來看「性」、「情」皆因心而後見。即心表現性而爲情。高攀龍云：

〔註145〕呂坤：〈論性〉，《呂新吾全書・去偽齋文集》，（彙集明萬曆至清康熙刊本，台北，國家圖書館善本書室），卷六，頁25。

> 儒者須守十六字宗傳，以中爲本。人心，人之心也，有此人即有此
> 心，自知誘物化以來，皆爲五官四體之欲，攻取萬端，危孰甚焉；
> 道心，心之道也，有此心即有此道，雖根於仁、義、禮、智之性，
> 而發於氣拘物蔽之餘，乍明乍晦，微孰甚焉。精者，精明不昏昧也；
> 一者，純一不散亂也。惟此心精明純一，則允復於喜、怒、哀、樂
> 未發之中，而人心皆道心矣。〔註146〕

《僞古文尙書・大禹謨》云：「人心惟危，道心惟微，惟精惟一，允執厥中。」
〔註147〕此即是高攀龍所謂「儒者須守十六字宗傳」。而高攀龍言「人心」即是
「人之心」有此人即有此心，即前所言「黏於軀殼者爲人心，即爲識」，因爲
人有此「身」之「軀殼」才有「人心」之「識」之感官知覺運動。因爲「人
心」之「識」同於動物之蠢然無道德意識之感官知覺運動，因此「人心」易
流於四體五官之情欲、知識見解與物欲之造作而危孰甚焉。而高攀龍又言「道
心」爲「心之道」，人有此心即有此道，而此道即是「根於仁、義、禮、智之
性」。此即前所言「發於義理者爲道心，即爲覺」。而高攀龍言「人有此心即
有此道」。乃因爲「心」與「性」之關係同於「氣」、「理」之關係，所謂「理」
即是氣之理。故「性」即是「心之理」。但因爲「道心」之發動會受到「人心」
之氣拘物蔽影響，因此「道心」之發時乍明乍晦，因此言「道心」微孰甚焉。
此即是高攀龍以其思想理論重新詮釋《尙書・大禹謨》之「人心惟危，道心
惟微」之意。高攀龍又言何謂「惟精惟一，允執厥中」？高攀龍認爲《尙書・
大禹謨》之「精」者是「精明不昏昧」之意，而「一者」是「純一不散亂」。
如吳廷翰云：

> 聖人之學，精一而已矣。精者，察識之眞，人心道心皆必有以審其
> 幾焉。一者，持守之嚴，人心道心皆必有以守其正焉。如是，則人
> 心之危者有以節制之而安，道心之微者有以擴充之而著，是爲有得
> 乎不偏不倚之本體，而自無過不及之差矣，豈非信能執其中乎？信
> 執其中，亦只是本然之性，因其發之於心，故聖賢於心上用工，亦
> 自心上立言，其實盡性之學也。〔註148〕

〔註146〕高攀龍：〈中說〉，《高子遺書・經解類》，（台北，臺灣商務印書館文淵閣四庫
　　　　全書，民國72年），卷三，頁363。
〔註147〕《十三經注疏・尙書》，（台北，藝文印書館，民國82年9月），頁55。
〔註148〕吳廷翰：《吳廷翰集・吉齋漫錄》，（北京，中華書局，1982年2月），卷上，
　　　　頁32。

吳廷翰說明何謂聖人「精一」之心。其以爲「精」即是察識之眞，如同高攀龍以爲聖人能察明人倫庶物日用氣化流行中之「天理」之「性」。「一」乃是持守之嚴以節制「人心」之妄動而有過猶不及之狀況產生。因此聖人「精一」其心，則爲盡性之學。而高攀龍認爲當此心「精明純一」即是「允復於喜、怒、哀、樂未發之中」之「允執厥中」之意。然「精明純一」之心即「喜、怒、哀、樂未發之中」，若復於此則人心皆道心矣。高攀龍云：

> 子張之學是闊大的，於細密處有不足焉；子夏之學是謹細的，於闊大處有不足焉，二賢正相反。子貢善方人，故舉以爲問非，是欲評定人品，正欲辨明學術。夫子一過之，一不及之，而曰：過猶不及。蓋言都不是也。於此極可窺聖人之學，聖人之學中而已矣。過者，求之高遠，蹉過去了；不及者，局於近小，見不及了。所以一般迷失，若欲求師之過，俯而就焉；就商之不及，企而及焉。兩下補湊以爲中，豈有是處。然則吾輩將何以求中？非直窮其源不可，《中庸》說喜、怒、哀、樂未發謂之中，此眞窮源矣，然猶未也。此中何從而來？維皇上帝降衷於下民，民受天地之中以生，一降衷一受中，此中之所從來也。然何以謂之中？要知天地間一太和之氣而已，《易》曰：天地氤氳，此所謂太和也。人之生也，得此以爲生，既生也，得此以爲心，渾然在中，通徹三極，情識未動，純是此體。故喜、怒、哀、樂未發謂之中；發而中節，不失此體，故謂之和。一切學問不過保合此而已。已有這體，方有這用，故能動靜，云：爲無過不及之差，聖人精一之心，乃其體也。學問迷源只做得師、商之學，吾輩何敢輕視師、商，然辨學則須開眼，孟子曰：皆古聖人也，吾未能有行，乃所願則學孔子。〔註149〕

高攀龍就由孔子說明「子張」、「子夏」之學問不同處，來說明「過猶不及」非「中」之概念，由此可知高攀龍「中」之意即是無過與不及，此即高攀龍所願則學孔子之處。

　　高攀龍再由「中」之觀點，進而追尋「中」之本源從何而來？高攀龍認爲「中」是由「太和之氣」爲物不貳生生之易來。而此「中」即是人形氣心之體。高攀龍有云：

〔註149〕高攀龍：〈子貢問師與商也孰賢章〉，《高子遺書・講義》，（台北，臺灣商務印書館文淵閣四庫全書，民國72年），卷四，頁392。

天地之先，惟斯一氣，萬有大生，人爲至貴，人生爲寅，是謂厥初有

如嬰兒至靜而虛，其心之靈，以氣之直上際下，蟠與天無極。〔註150〕

因此人之「心」之「中」是「通徹三極」。高攀龍又言「情勢未動，純是此體」，所以人之「心」之「中」即是《中庸》所謂「喜怒哀樂未發之中」。高攀龍認爲當人之「心」有此「中」爲其體，故其「發」而爲「情」時，皆可以依此體而發，固可以「發而中節」，此則是《中庸》所謂「和」之意。高攀龍以爲此「渾然在中」之心即是聖人「爲無過不及之差」之「精一之心」。如吳廷翰云：

心者，性之所生，而性在焉；虛靈知覺，皆性之所爲也。此正上帝

所降之衷，民所受於天地之中，自有本然一定之則，而不偏不倚，

無過不及，其以爲人心者此也，其以爲道心者亦此也。〔註151〕

當有此「精一之心」之「中」之「體」即有「無過無不及」之「和」之「用」。高攀龍將此觀點再與「道心」、「人心」之觀念合而觀之，高攀龍言而此「精一之心」之「中」即是人之「道心」。而依此「道心」而發則可表現出「無過與不及」之「和」之「情」。因此高攀龍認爲人之所以「學」之因，是在保合此「精一之心」之「體」，若能使「體」渾然在中，不爲情識而動，則不論心感而動或心寂而靜之狀態皆可以展現「中」與「和」之境，因此無子張與子夏之學過或不及之憾。

四、心之所統乎性情

朱子曰：當因其所發，而遂明之，此四端之說也，孟子之法也。

吾則曰：又當因其所未發，而遂明之，此大本之說也，中庸之法也。何以因其未發也？諸賢之登至善堂也，有不離離肅肅者乎，此離離肅肅之時，有喜乎、怒乎、哀樂乎，抑有思慮乎，無有也。所謂未發也，善之體也，一反觀而明矣。此反觀者何物也？心也，明德也。性寂而靜心能觀之；情發而動心能節之，此心之所統乎性情，而明德之所以體用乎。至善也，格致之法也。吾不能必登斯堂者，皆離離肅肅；而必離離肅肅者，無乎不善也。吾不能必

〔註150〕高攀龍：〈寅直說〉，《高子遺書·經解類》，（台北，臺灣商務印書館文淵閣四庫全書，民國 72 年），卷三，頁 367。

〔註151〕吳廷翰：《吳廷翰集·吉齋漫錄》，（北京，中華書局，1982 年 2 月），卷上，頁 31。

　　出斯堂者，皆純於善，而能必明善於斯堂者，不復入於不善也。
　　則斯堂之功，不既大乎？於所發明善，善最眞；於未發明善，善
　　最顯。明善者，不加毫末；夫不加毫末者，善也。乃以爲無善可
　　乎？明善先生鳴斯學於桐川，魯嶽公和之，桐之人相率而和之，
　　四海之內相率而和之，好爵之縻中，心之願以性善也，稱鶴鳴也，
　　固宜。〔註152〕

高攀龍談論何謂明「善」，其認爲朱子由已發，而遂明四端之心是孟子見性之
法；由「未發」遂明「性」，中庸之法的大本之說。因爲高攀龍認爲「善」之
體即是「喜、怒、哀、樂」、「思慮」未發之狀態。人一「反觀」則可明「善」
之體。而可以「反觀」此者，即是人之心，前有言心具有「覺」之作用，因
此心即是「明德」者。而此「明德之心」即是高攀龍所謂的「道心」。高攀龍
言：「性寂而靜心能觀之；情發而動心能節之，此心之所統乎性情，而明德之
所以體用乎。」高攀龍認爲「性寂」之「喜、怒、哀、樂」、「思慮」未發之
狀態，即是此明德之心靜之時，則可以見「善」之體。王廷相云：

　　道化未立，我固之民之多夫人心也。道心亦與生而固有，觀夫虎負
　　子，鳥之反哺，雞之呼食，豺之祭獸，可知矣。道化立，我固知民
　　多夫道心也。人心亦生而恒存，觀夫飲食男女，人所同欲，貧賤夭
　　病，人所固惡，可知矣。惻隱之心，怵惕之情知可怛；羞惡之心，
　　泚顙於事之可愧，孟子良心之端也，即舜之道心也。「口之於味，耳
　　之於聲，目之於色，四體之於安逸」，孟子天性之欲，即舜之人心也。
　　由是觀之，二者聖愚之所同賦也，不爲相近乎？〔註153〕

王廷相認爲「人心」是「口之於味，耳之於聲，目之於色，四體之於安逸」
之生理慾望而發者，而「道心」是由「仁、義、禮、智」之性而發者。此與
高攀龍之見頗多相合之處。因高攀龍所謂的「道心」是發於「義理」者，即
是由「仁、義、禮、智」之性而發之「覺」；「人心」是發於「軀殼」者，即
是人之知覺運動生理需求之「識」。王廷相又云：

　　心有本體言者，「心之官則思」與「心統性情」是也。有以運用言者，
　　「出入無時，莫知其鄉」與「收其放心」是也。知覺者，心之用；

〔註152〕高攀龍：〈桐川會續記序・當道改鶴鳴書院〉，《高子遺書・序》，（台北，臺灣
　　　　商務印書館文淵閣四庫全書，民國72年），卷九上，頁550。
〔註153〕王廷相：《王廷相集・雅述上篇》，（北京，中華書局，1989年9月），頁1324。

> 虛靈者，心之體。〔註154〕

王廷相認爲「虛靈」乃是心之體，故「道心」與「人心」都是心體之運用發見，只是人心是自其情欲而發言，道心是自其道德之發言，這與張載「心統性情」之思想是一脈相通。王廷相之「心統性情」說，即是將「心」看做「性」與「情」之聯繫作用。因爲「性」因心發而見，「情」因心之道德意識宰之而節。發於道德之「性」之「道心」對發於生理需求之「人心」有其主宰之作用。

高攀龍所謂「明德之心」即是王廷相所言「虛靈者，心之體。」而「情發」之「喜、怒、哀、樂」、「思慮」已發之狀態，即是明德之心動之時，則明德之「心」可以「節」情之發而爲「無過無不及」之「和」。而此情之發而爲「無過無不及」之「和」即是王廷相所謂「知覺者，心之用。」所以高攀龍言「明德之所以體用」，即是高攀龍「心統性情」之意。心可以統乎性情，關鍵在此能「反觀」明德之心，而此「反觀」明德之心即是前所言「已有這體，方有這用，故能動靜」之「精一之心」，亦即是高攀龍所謂的「道心」。因爲「喜、怒、哀、樂」、「思慮」未發之狀態下，「人心」之生理需求未與外界之物相感，因此生理需求是維持形形軀存生之動力，是中性狀態。而此時「道心」最顯，因此高攀龍說「於未發明善，善最顯」，所以「允復喜怒哀樂未發之中」，人心皆道心。但是當「喜、怒、哀、樂」、「思慮」已發之狀態下，「人心」則與外界有所感應，此時「道心」表現會受到影響而「乍明乍晦」，但是當「道心」一反躬內斂，而明德之時，則「人心」之所發過與不及之「情」，則會受到節制與導正，而爲「無過與不及」感而遂通之「和」。因此高攀龍又曰「則斯堂之功，不既大乎於所發明善，善最眞」，因由「人心」所發之狀態，達到明善之功是最眞切的，因爲在「已發」之情狀態下，若「乍明乍晦」之「道心」能「覺」而明德，則此「明德之心」是最眞實無妄，與人之生命最貼近者。高攀龍云：

> 朱子首篇內一條云，有天地後，此氣常運，有此身後，此心常發；
> 要於常運中見太極，常發中見本性；離常運者而求太極，離常發者
> 而求本性，恐未免釋老之荒唐也。吾兄云，此朱子初年未定之見，
> 陽明先生自以爲秘傳者也，當刪無疑。龍按朱子初年之見，蓋認性
> 爲未發，心爲以發。凡謂之心，則無未發之時，而未發之性存焉，
> 則終未嘗發也，故其工夫亦只在察識端倪，而卻於程子所謂涵養於

〔註154〕王廷相：《王廷相集·雅述上篇》，（北京，中華書局，1989年9月），頁1329。

未發之前者有疑。蓋全向流行發用處尋求也。後來卻見得渾然全體
之在我，存者，存此，養者，養此，非別有未發者，限於一時，拘
於一處，然其樞在我，非向如日在萬起萬滅，方徃方來之中立腳矣。
後又益見得性情之妙，管攝於心，而動靜之功，貫徹於敬，當其未
發仁、義、禮、智之性具焉，此心寂然不動之本體也。及其已發，
惻隱、羞惡、辭讓是非之情形焉，此心感而遂通之妙用也，而戒慎
恐懼之功，則周流貫徹於動靜之間，而尤必以涵養爲省察之本。此
所以未發則鏡明水止，而喜、怒、哀、樂之發則無不中節也。凡朱
子所見，大約歷三轉而始定，至此條之說，又別爲一義。其論太極
者，有曰：太極之義，正謂理之極致耳。有是理，即有是物，無先
後次序之可言，故曰：易有太極，陰陽乃在太極之中，而非在陰陽
之外，若以乾坤未剖，太極未分之時論之，則非也。蓋恐人於陰陽
外，別求太極耳。其所謂常發中見本性，亦孟子所謂乃若其情則可
謂善；明道所謂由其惻隱知其有仁。蓋性不可見，必於發處觀之也。
特此心常發，類於初年之語，然此主見本性，而言語相似，而意不
同，非比初年之見，以未發、已發分別心、性，不加涵養，而純察
識也。兄更審之，以爲何如？〔註155〕

高攀龍與顧涇凡論朱子之已發、未發，藉此說明自己所認爲朱子之「已發」「未
發」之觀點。高攀龍對朱子「中和舊說」與「中和新說」之掌握與朱子本身
所論者並無太大差異。朱子「中和新說」於《中庸》章句中云：

喜、怒、哀、樂，情也；其未發，則性也。無所謂偏倚，故謂之中；
發皆中節，情之正也，無所乖戾，故謂之和。大本者，天命之性，
天下之理皆由此出，道之體也。達道者，循性之謂。天下古今所共
由，道之用也。此言性情之德，以明道不可離之意。〔註156〕

高攀龍認爲朱子「中和新說」中所謂已發、未發是就「喜、怒、哀、樂」之
情而言。而朱子「中和新說」是由「心統性情」之心、性、情三分觀點來論
定已發、未發之說。朱子認爲心有「寂然不動」與「感而遂通」兩種狀態，
因此喜、怒、哀、樂之「情」有未發、已發之時。當喜、怒、哀、樂之「情」

〔註155〕高攀龍：〈與顧涇凡論已發未發〉，《高子遺書·書》，（台北，臺灣商務印書館
文淵閣四庫全書，民國72年），卷八上，頁473。

〔註156〕朱熹：《四書集注·中庸》，（台北，世界書局，民國86年3月），頁26。

未發，此時「仁、義、禮、智之性具焉」，心為「寂然不動」之本體；當喜、怒、哀、樂之「情」之已發，則心將「仁、義、禮、智之性」表現成惻隱、羞惡、辭讓、是非之情，則是此心「感而遂通」之妙用也。蔡仁厚先生云：

> 「未發」之「中」直接是指「心」說，而亦同時復顯一異質的超越之體，此便是「性」。於是，「中」字可以兩指，一曰心，二曰性（但「中」不等同於任一面，故不直說中即心，中即性。）〔註157〕

朱子之「心統性情」即是以性為體以情為用，而心主乎性而行乎情。故心可以周流貫徹動靜、寂感之間，而有戒慎恐懼之功表現出涵養察識之作用。

　　但朱子之「心」乃一形氣之心，其「性」則與「心」異質異層之形上主體，故此「性」不在此形氣之「心」中。而朱子形氣之「心」中不具有理義之「性」，所以節情之標準不在「心」中，故朱子之「心」須先涵養才能察識，因此高攀龍言朱子「以涵養為省察之本」。高攀龍又由朱子之「陰陽」與「太極」之關係論已發、未發。高攀龍認為朱子從常發中見本性，即孟子所謂「乃若其情可以謂善」與程明道所謂「由其惻隱知其有仁」。高攀龍認為朱子之意即是由心常發之已發之情中見本性。因為朱子初年中和舊說是未發為性、已發為心，因此性未嘗發，故只在察識已發之心即可，而未有涵養之功。

　　但是朱子晚年「中和新說」則是以「心統性情」論已發、未發，朱子認為性為心之體，而情是心表現性之體之妙用，故可在情之中本性。而此時涵養與察識功夫雖有先後但又是並用，不如朱子初年中和舊說只重察識之功。所以這一段話重點在顯現高攀龍所認為朱子之已發、未發觀念，而以下這一段討論則可以藉由高攀龍評論朱子與王陽明已發、未發觀點，得知高攀龍對已發、未發的看法。

五、天命本體則常發

> 昔朱子初年，以人自有生，即有知識，念念遷革，初無頃刻停息。所謂未發者，乃寂然之本體。一日之間即萬起萬滅，未嘗不寂然也。蓋以性為未發，心為已發。未發者，即在常發中，更無未發時也。後乃知人心有寂有感，不可偏以已發為心。中者，心之所以為體，寂然不動者也，性也。和者，心之所以為用，感而遂通者也，情也。

〔註157〕蔡仁厚：《宋明理學·南宋篇》，（台北，臺灣學生書局，民國82年9月），頁88。

故章句云：喜、怒、哀、樂，情也；其未發，則性也。二語指出性、
情，如指掌矣。王文成復以性體萬古常發，萬古常不發以鐘爲喻，
謂未扣時，原自驚天動地；已扣時，原自寂天寞地。此與朱子初年
之說相似，而實不同。蓋朱子初年以人之情識逐念流轉，而無未發
之時；文成則以心之生機流行不息，而無未發之時。文成之說微矣，
而非《中庸》之旨也。〔註158〕

高攀龍先解釋朱子所謂「已發」、「未發」爲何？朱子之「中和舊說」是以「已
發」爲心「未發」爲「性」，因爲朱子早年認爲「性」是寂然不動之本體，故
未有發用之時，因此「性」是「未發」。而「心」又因情識念念遷革而萬起萬
滅，未嘗不寂然，故「心」爲「已發」。但是朱子晚年領會出「中和新說」。

而「中和新說」中，朱子認爲心有寂、感之別，故心不偏言「已發」，「性」
不單論「未發」。而朱子「未發」之「中」即「心寂然不動者」，此言「性」
也。而「已發」之「和」即「心感而遂通者」，此論「情」也。朱子「已發」、
「未發」之「心統性情」關係，即是由其「心性情三分」理論而來。此外高
攀龍說明其所體會王陽明之已發未發觀點。高攀龍認爲朱子是認爲人之情感
逐念流轉，而心無未發之時。但高攀龍以爲陽明認爲心之價值賦予是生機流
行不息，而無未發之時。再者高攀龍言王陽明是「性體萬古常發，萬古常不
發以鐘爲喻，謂未扣時，原字驚天動地；已扣時，原自寂天寞地」，因爲陽明
之心、性皆爲形上本體，心、性關係是即存有即活動，超越在形氣層面之「已
扣」、「未扣」之上，所以不受形氣層面之「已扣」、「未扣」影響，其未扣原
是驚天動地，已扣仍是寂天寞地。然而高攀龍卻認爲朱子與王陽明皆不合於
《中庸》之旨。高攀龍所認爲《中庸》之旨即是自己所認爲已發、未發之眞
義。高攀龍言《中庸》所言之「未發」是指「喜、怒、哀、樂」之「情」。而
人並無終日喜、怒、哀、樂，故人無喜、怒、哀、樂之「情」時爲多。表示
人「未發」之時多於「已發」之時。高攀龍云：

《中庸》所謂未發，指喜、怒、哀、樂言。夫人豈有終日喜、怒、
哀、樂者，蓋未發之時爲多。而喜、怒、哀、樂可言未發，不可言
不發。文成所謂發而不發者，以中而言。中者，天命之性，天命不
已，豈有未發之時。蓋萬古流行，而太極本然之妙，萬古常寂也，

〔註158〕高攀龍：〈未發說〉，《高子遺書・經解類》，（台北，臺灣商務印書館文淵閣四
　　　　庫全書，民國72年），卷三，頁364。

可言不發，不可言未發。《中庸》正指喜、怒、哀、樂未發時爲天命
本體，而天命本體則常發。而未發者也，情之發，性之用也。不可
見性之體，故見之於未發。未發一語，實聖門指示見性之訣；靜坐
觀未發氣象，又程門指示初學者攝情歸性之訣。而以爲無發時者，
失其義矣。〔註159〕

但是《中庸》之眞義與高攀龍之意有所不同，因爲《中庸》是偏心學，所以
是已發、未發形上下二分。因此《中庸》未發之「中」就本體宇宙論而言，
是「爲天之命於穆不已」即存有即活動之實體。而對個人而言，是吾人之性
體，亦是吾人之心體，所以「中」是具於個體中「於穆不已」之天命實體。
若此「中」主宰調節吾人已發之情能夠無過與不及之差，這就是「和」。然而
《中庸》認爲「未發」之「性」是寂然不動形上之天命本體，故無喜、怒、
哀、樂之表現，需透過形氣之人身表現才可表現出形下之喜、怒、哀、樂之
情。「未發」之「性」是形上之天命本體，所以是超越時間、空間限制，因此
更無所謂「已發」之時爲少、「未發」之時爲多之情形。故高攀龍此論點十分
特殊。因爲高攀龍是就氣化流行之形氣世界論心、性、情，而有所謂「未發」
之時爲多，「已發」之時爲少之觀點。因此這一看法與其所認爲心、性、情與
已發、未發之觀念有極大關聯性。

　　高攀龍認爲王陽明所謂「發而不發」者是天命本體之「中」，高攀龍認爲
「中」是由太和之氣所命於人身爲其心者，亦是聖人之「精一之心」，亦即是
「情」之未發者「人心」皆「道心」之道德意識純粹狀態。但是高攀龍既然
「中」視爲人之本心，因爲人之本心即是太和之氣易生生之神用，故人之本
心會天命不已表現生生作用，故「中」無未發之時，人心無未發之狀態，所
以稱其爲「常發」。而人之性即是易寂然不動之「太極」，是潛存於心中，但
因天命於穆不已，故常爲「心」所發，因此可言「性」是不主動發動故言「不
發」，而「性」卻常被心所發，故非「未發」。因此「心」、「性」關係是緊密
結合。高攀龍云：

夫人心即天也，聖人不過即先後以明其合一，丈此語最是至心性之
辨，實是難言，在人自默識之。丈所舉整菴先生之言，曰：天人本
無二，人只緣有此形體，與天便隔一層，除形體渾是天也。又曰：

───────────────

〔註159〕高攀龍：〈未發說〉，《高子遺書・經解類》，（台北，臺灣商務印書館文淵閣四
　　　　庫全書，民國72年），卷三，頁364。

> 人心之體即天之體，本來一物，但其主於我者，謂之心耳。又曰：
> 靜中有物者，程伯子所謂停停當當，直上直下之正理是也。又曰：
> 心性至爲難明，謂之兩物，又非兩物，謂之一物，又非一物，除卻
> 心即無性，除卻性即無心，爲就一物中分剖得兩物出來，方可謂之
> 知性，數語已顚撲不破。〔註160〕

錢啓新藉由羅整菴先生之語來說明自己對心性之辨的看法。高攀龍認爲錢啓
新對「心性之辨」的看法是顚撲不破之眞理。因此高攀龍同意錢啓新所認爲
「人心即天」、「天人本無二」之見。所以高攀龍心、性之關係，即是人心之
體即天之體，本來一物，但其主於我形氣之身者，謂之心。然而當心靜寂然
不動，情未發之時，則此心中有「物」，而此「物」即是停停當當，直上直下
之正理，亦即是「性」。高攀龍認爲心、性至爲難明，謂之兩物，又非兩物，
謂之一物，又非一物，除卻心即無性，除卻性即無心，因此心與性是一，無
可分割。但是心又不是性，性也不等同於心，但心性關係在已發、未發之「情」
中則可以展現出來。此即高攀龍所認爲「性」可言「不發」不可言「未發」；
「心」可言「常發」不可言「有未發之時」。如劉宗周云：

> 自喜怒哀樂之存諸中而言，謂之中，不必其未發之前別有氣象也。
>
> 〔註161〕
>
> 自喜怒哀樂之發於外而言，謂之和，不必其已發之時又有氣象也。
>
> 〔註162〕

劉宗周則主張「中」、「和」爲「存發總是一機，中和渾是一性。」〔註163〕由
此可知劉宗周其言「中」不特言其「未發之前別有氣象」；其言「和」亦不專
言其「已發之時又有氣象」。因此劉宗周言「中」、「和」乃就「情」之「喜、
怒、哀、樂」而論也。如同高攀龍心與性之關係則是以「喜、怒、哀、樂」
之「情」之已發、未發作爲聯繫與區別之關鍵。「心」之常發但有「寂」、「感」

〔註160〕高攀龍：〈荅錢啓新一〉，《高子遺書·書》，（台北，臺灣商務印書館文淵閣四
　　　　庫全書，民國72年），卷八上，頁480。
〔註161〕劉宗周：《劉宗周全集》，（台北，中央研究院中國文哲研究所籌備處，民國
　　　　86年6月），頁489。
〔註162〕劉宗周著：《劉宗周全集》，（台北，中央研究院中國文哲研究所籌備處，民國
　　　　86年6月），頁489。
〔註163〕劉宗周著：《劉宗周全集》，（台北，中央研究院中國文哲研究所籌備處，民國
　　　　86年6月），頁489。

之別，故「情」有所謂未發、已發。心「寂」之時爲靜，情之未發爲「中」，「性」體之善最顯，「性」即是「停停當當，直上直下之正理」，人心皆道心。而此時心與性是渾然一體，故「情」未發之「中」不偏言心亦不偏言性。心「感」之時爲動，情之已發爲「和」，因「性」之道德意識則在心發之情中爲其標準，心爲性所引導，心、性互相作用而有所判別。如吳廷翰云：

> 心者，性之所生，而性在焉；虛靈知覺，皆性之所爲也。此正上帝
> 所降之衷，民所受於天地之中，自有本然一定之則，而不偏不倚，
> 無過不及，其以爲人心者此也，其以爲道心者亦此也。〔註164〕

吳廷翰以爲「人心皆道心」之狀態爲「不偏不倚，無過不及」此稱爲「中」。「中」乃天地之化之所降之衷之「性」。而此「中」亦即「心」之虛靈知覺表現「性」之道德內涵之「不偏不倚，無過不及」。如朱子云：

> 心之全體，湛然虛明，萬理具足，無一毫私慾之間其流行該偏，貫
> 乎動靜，而妙用又無不在焉。故以未發而全體者言之，則性也；以
> 其已發而妙用者言之，則情也。〔註165〕

高攀龍再加入《中庸》之觀點，來說明已發、未發之意義。高攀龍認爲《中庸》所謂的「喜、怒、哀、樂未發」之「中」是「天命本體」，而「天命本體」無未發，爲常發。因前有言「中」爲人之本心，故高攀龍認爲「心」是常發而非以已發或未發言之。而高攀龍認爲有已發、未發之分者乃是「情之發，性之用」，即由「性之用」之「喜、怒、哀、樂」之「情」來區分「未發」、「已發」。而因「性之體」並不可見，而可見者爲「情」，故見「性」之體於「情」之未發中，高攀龍認爲朱子從常發中見本性，乃爲孟子所謂「乃若其情可以謂善」與程明道所謂「由其惻隱知其有仁」之意。孟子云：

> 惻隱之心，仁之端也；羞惡之心，義之端也；辭讓之心，禮之端也；
> 是非之心，智之端也。〔註166〕

孟子所謂「四端」之心，即是高攀龍所謂心之寂然不動，情所「未發」之「中」，亦是前高攀龍所言由義理所發之「道心」。而高攀龍之已發、未發是就形氣層

〔註164〕吳廷翰：《吳廷翰集・吉齋漫錄》，（北京，中華書局，1982 年 2 月），卷上，頁 31。

〔註165〕朱熹著、黎靖德編：《朱子語類》，（台北，文津出版社，民國 75 年 12 月），卷五，頁 94。

〔註166〕朱熹：《四書集注・孟子公孫丑上》，（台北，世界書局，民國 86 年 3 月），卷三，頁 251。

面言「心統性情」。其認為「喜、怒、哀、樂」之「情」才有所謂的已發、未發之分，因「心」為常發之天命本體，「性」則是「不發」卻存在常發之情中。高攀龍云：

> 心之與性謂之一，則不可混淆；謂之二又不可分。心之用可言，心之體不可言。性者，心之體也，可言者，仁、義、禮、智耳。仁、義、禮、智可言者，惻隱、羞惡、辭讓、是非耳，皆心之用也。〔註167〕

高攀龍認為心與性非一非二。心之體不可言謂之「性」，心之用可言謂之之「情」。因為心之用可言者乃「情」之未發之「仁、義、禮、智」之惻隱、羞惡、辭讓、是非之四端之心，此四端之心乃「人心皆道心」之未發之「中」。故性之體雖不可見，但可見者乃由「情」之未發心之用之惻隱、羞惡、辭讓、是非之心中見「仁、義、禮、智」。如吳廷翰云：

> 性為仁義禮智之實體。〔註168〕

因此高攀龍認為性之體可見者是「仁、義、禮、智」。然而「喜、怒、哀、樂」之「情」未發之「中」是「人心」未與物接寂然不動，不受情識影響，四端之「道心」最顯之時，而「性之體」雖不可見，但可由「情」之未發之四端之心中「見性」之「仁、義、禮、智」，所以高攀龍前有言「於未發明善，善最顯」。而「喜、怒、哀、樂」之「情」表現為已發之「和」，乃是「心」感而遂通，「道心」之四端主宰「人心」之感官知覺運動之生理慾望不受外物接引影響而流蕩，因此高攀龍言「於所發明善，善最真」。由此可知高攀龍「未發」之「中」時，「人心」即「道心」，而四端之「道心」中可以見「性」之「仁、義、禮、智」。但當「情」之已發時，心由義理之「性」所發之「道心」則在發於軀殼之「人心」中為其主宰。所以高攀龍認為「性在情中」即是未發之「中」在已發之「和」中顯，由「心」統之，此即高攀龍「心統性情」之真義。故其言：「唐虞言中至，子思始明之，曰：喜、怒、哀、樂未發之謂中。萬古於此明中，於此明性於此明道。朱子謂：子思憂道學之失其傳而作。信哉。」〔註169〕王船山云：

〔註167〕高攀龍：〈心性說〉，《高子遺書‧經解類》，（台北，臺灣商務印書館文淵閣四庫全書，民國72年），卷三，頁364。

〔註168〕吳廷翰：《吳廷翰集‧吉齋漫錄》，（北京，中華書局，1982年2月），卷上，頁22。

〔註169〕高攀龍：《高子遺書‧語》，（台北，臺灣商務印書館文淵閣四庫全書，民國72年），卷一，頁339。

性自行於情之中，而非性之生情，亦非性之感物而動則化而情也。
〔註170〕

王船山不贊同儒家傳統學說之感物而動化爲情之思想。其以爲「情」之發生是從人之食色之自然生理，至於喜、怒、哀、樂之自然情緒，再到「七情」之道德情感。故「情」並非「性」之變化，而是「性」之自然流露，此自然流露有性自行於情中之意味。此與高攀龍由「情」之「已發」、「未發」而言「性在情中」之意有異曲同工之妙。

〔註170〕王船山：〈孟子・告子上〉，《船山全書・讀四書大全說》，（長沙，嶽麓書社，1988 年至 1996 年），第六冊，卷十，頁 1066。

第六章　物融爲知

第一節　格物格至善

一、安妥即是格物

　　前有未發之「中」爲「道心」，「道心」乃人心發於義理者，故「道心」爲純善無過猶不及者。但是已發之「情」之「人心」，本乃色色天然者，但若「人心」未發而中節，有無過猶不及之差，則流蕩於逐外物而爲欲。因此高攀龍之格物，欲除「人心」之蔽，不明義理之缺失。然而「人心」者發於軀殼之「身」，因此「人心」之「識」具有感官認知作用，然高攀龍認爲感官認知作用之「識」應與「物」接，始可認知事物天然之理。「人心」知此天理之至善與人之「道心」中道德義相合，達到「知止」之功，故涵養其「人心」之道德義，恢復「道心」之「覺」，而「人心」則爲「情」之發皆中節之「和」。因「人心」者發於軀殼之「身」，人之「心」能「明」，乃由發於義理之「道心」，「道心」即天理流行。所以高攀龍認爲格物以「修身」爲其始，以「人心」明明德之「知止」爲其終。如高拱云：

　　　　修身爲本，所謂本也。舉此以措，則爲齊治平，所謂末也。起於格

　　　　致，所謂始也。迄於治平，所謂終也。〔註1〕

高拱亦認爲「修身」爲《大學》之始。高攀龍云：

　　　　讀書窮理志於朱子可謂盡善盡美矣。須知所以讀書者，專爲治心，

〔註1〕 高拱：《高拱論著四種》，（北京，中華書局，1993 年 7 月），頁 95。

若因欲速而至於煩躁，反是累心了。須守住朱子讀前句如無後句，
讀此書如無他書之法。方可謂讀書。〔註2〕

高攀龍認為應該學朱子「讀書窮理」之「格物」之功，才可以達到盡善盡美。
但高攀龍認為「讀書窮理」之格物目的在於「治心」達「誠意正心」之功，
所謂「治心」即是讓發於人身軀殼「識」之作用之「人心」，其蔽可以除之，
不受外物與知識造作影響，恢復未發之中「人心」皆「道心」之狀態，使「人
心」所發之「情」可以無過或不及之表現。《高子遺書》云：

日：何謂格物？日：程朱之言至矣。所謂窮至事物之理者，窮究到
極處，即本之所在也，即至善之所在也。日：若是，則與古本無悖
與？日：無悖也。天下之理未有不本諸身者，但格物不到物之至處，
不知物之本處。故「修身為本」是一句眼前極平常的話，卻不是物
理十分透徹者信不過。格物是直窮到底，斷知天下之物，無有本亂
而末治者；無有薄其身，反能厚於國家天下者。知到本處，便是知
到至處，故日：此謂知本，此謂知之至也。〔註3〕

高攀龍認為「格物」即是程朱之學所謂窮究形氣事物之理，當格物而窮究到
極處，而知其極處即是「本」之所在，「本」之所在即「至善」也。而高攀龍
認為「天下之理未有不本諸身者」，所以「本」即是指「吾身」，因為氣化之
「太虛元氣」與人一氣呼吸而凝其仁之生生之理為吾人身中「氣質之性」之
主體，因此為「本」之吾身即至善之理所安頓處。而當吾身之「人心」之「情」
之發有過與不及時，氣質鬱結而不順暢，則要藉由格物窮理之「修身」工夫，
使吾人明此「明德」本在身中，因此「修身為本」即是格物之理使「人心」
明明德而止於至善，知心之理與物之理皆至善天理，本無二。《高子遺書》云：

彥文問曰：靜中何以格物？先生曰：格物不是尋一箇物來格，但看
身心安妥。苟身心稍不安妥，便要格之因甚不安妥。彥文曰：若安
妥時如何：先生曰：安妥便要認，認即是格物也。〔註4〕

由上「天下之理未有不本諸身者」之「修身為本」可知，高攀龍認為所謂「格

〔註2〕 高攀龍：《高子遺書・會語》，（台北，臺灣商務印書館文淵閣四庫全書，民國
72年），卷五，頁423。

〔註3〕 高攀龍：〈大學首章廣義〉，《高子遺書・經解類》，（台北，臺灣商務印書館文
淵閣四庫全書，民國72年），卷三，頁351。

〔註4〕 高攀龍：《高子遺書・會語》，（台北，臺灣商務印書館文淵閣四庫全書，民國
72年），卷五，頁411。

物」並不是向外逐物找個「物」來格，而是「認」本在「身」，因爲「至善」之天理爲吾人形氣之身之本質。而格物亦非王陽明所言「正」「萬殊」外物之是非。因此高攀龍認爲眞正的「格物」乃是藉由格事物之理，並反求己身的心之理，而得天然本有之至善「理一」，即天下之理未有不本諸吾身者，達到「物我是一」之「一本」之境地，即可除去「身心」不安妥之處，而使「人心」得以「誠意」，進而知止使其「人心」爲「道心」也。所以「安妥便要認」之「認」者即是認此形氣之「身」爲格物之本，而非以外物爲本。因此高攀龍云：

　　《大學》所重在知本，若不知修身爲本，格盡天下之物，也沒相干。
〔註5〕

故格物之至善者即在「吾身」。若「認」得此「身」爲物之本，即是格物。高攀龍又云：

　　《大學》平分八目，而歸本修身，何也？無身則吾心意知物，無身
　　則無國家天下，而身其管刮也，格致誠正爲身設，齊治平自身而推，
　　故八目只是一本。〔註6〕

故高攀龍強調「修身」爲齊家、治國、平天下之根本。《大學》八條目，自格物至正心，都是「修身」知本之工夫，亦即是儒家所謂「內聖」之工夫；而齊家至平天下，則是修身後致知擴充而開務成物，乃儒家所言「外王」之功業。因此高攀龍認爲一切工夫，一切學問，皆以「修身」爲歸否則便會「徇外」而求「萬殊」之物理，故「遺內」之「以善爲性」之「一本」之義理，「格物」則捨本逐末，無法達到「正」人心之蔽之意義。由「知本」才可達「知止」之功。所以格物之方是應先知修身爲本後，窮理達「物我是一」之境，即可知人心止於至善，進而格除人心不安妥與斷天下事物之於理無有不合處者，因此格物由「己」之「心」開始，故言「修身」爲格物窮理之本。《大學》云：

　　自天子以至於庶人，壹是皆以修身爲本。其本亂而末治者否矣。其
　　所厚者薄而其所薄者厚，未之有也。〔註7〕

高攀龍認爲知道「本」處即是知道「至」處，所以格物是直窮到底，斷知天下事物皆本於至善，皆本於吾身，故無有本亂而末治者，無有薄其身，反能

〔註5〕 高攀龍：《高子遺書・會語》，（台北，臺灣商務印書館文淵閣四庫全書，民國72年），卷五，頁411。
〔註6〕 高攀龍：〈大學首章廣義〉，《高子遺書・經解類》，（台北，臺灣商務印書館文淵閣四庫全書，民國72年），卷三，頁351。
〔註7〕 朱熹：《四書集注・大學》，（台北，世界書局，民國86年3月），頁6。

厚於國家天下者，此言十分透徹。因此高攀龍有云：

> 曰：「物有本末一節」何謂也？曰：此正教人知止之法也。人心所不
> 止，只緣不知本，千馳萬騖所謂歸宿，《大學》當下便判本末始終。
> 下文詳數事物，使人先於格物而知本也。〔註8〕

高攀龍認為「人心」知止於至善是建立在「格物」之本於「修身」。因為「修身」之格物才會與吾人之「身」有關，否則所格之物不反饋吾身，則格物所窮之「至善」天理，則與吾身不相交涉，故「格物」只是聞見知識而非「義理」之「學」之修養工夫。高攀龍又云：

> 何謂本末？明其非二物也。譬之於木，有本末而已。何謂終始？曰：
> 欲圖其終，必慎其始。古人欲明明德於天下，此終事也，而必始於
> 修身，有到頭事，必尋起頭處也。〔註9〕

高攀龍認為「修身」而「知本」與「知止」之「明明德」是一非二，雖言「欲圖其終，必慎其始」而有所謂「本末」、「終始」之說，但是兩者缺一不能成格物之功。《高子遺書》云：

> 或問曰：《大學》並列三綱而歸重知止何也？曰：三綱非三事，一明
> 明德而已。明明德者，明吾之明德也。新民者，明民之明德也。止
> 至善者，明德之極至處也。然不知止，德不可得而明，民不可得而
> 新何者。善即天理，至善即天理之至精至粹，吾纖芥夾雜處也。不
> 見天理之至，便有人欲之混，明德、新民總無是處，故要在知止也。
>
> 〔註10〕

因此高攀龍認為《大學》之格物始於「修身」，乃因事物之理不出於吾人之「身」，而「修身」則可以「知本」，「知本」乃可以「知止」於「至善」。然而《大學》所謂「明明德」之明吾身之明德者、「新民」即明同胞之明德者，而「止至善者」即是明德之極至處乃知我與同胞之明德是一，因此「明明德」、「新民」、「止至善者」其實亦只是一事，即是本於「修身」之格物窮理，知「至善」本於吾身中，故「知本」。而知「至善」本於吾身即「人心」之「識」不逐物外求而「知

〔註8〕 高攀龍：〈大學首章廣義〉，《高子遺書‧經解類》，（台北，臺灣商務印書館文淵閣四庫全書，民國72年），卷三，頁351。

〔註9〕 高攀龍：〈大學首章廣義〉，《高子遺書‧經解類》，（台北，臺灣商務印書館文淵閣四庫全書，民國72年），卷三，頁351。

〔註10〕 高攀龍：〈大學首章廣義〉，《高子遺書‧經解類》，（台北，臺灣商務印書館文淵閣四庫全書，民國72年），卷三，頁351。

止」於至善之義。因此《高子遺書》云:「或曰:修身爲本有何難知?而須物格、知至。莫輕看了世間迷謬顛倒,都緣這些子不透。」〔註11〕高攀龍又云:

> 格物致知而知本,以知本爲物格知至耳,至於主意則在知止,工夫則在知本,一也。吾人日用何曾頃刻離著格物,開眼便是,開口便是,動念便是。善格物者時時知本,善知本者時時格物,格透一分則本地透一分,止地透一分耳。〔註12〕

高攀龍言「格物致知而知本,以知本爲物格知至耳」,如《高子遺書》云:

> 曰:釋格物,不見格物字何也?曰:格物即致知也。書不云乎?格,知天命,格即知也。格訓至;致訓推極格即致也。大學格物即是致知,故釋知至不必釋格物。大學知至即知本,故釋知本不必釋知至也。〔註13〕

高攀龍認爲「格物」即「致知」,因爲當格物而窮理時,「格」即是「知」天命,亦爲高攀龍「以善爲性」之意,所以「格即知」。此外「格」又訓作「至」,因爲「至」即推至其極之意,將所己所「知」之「天命」至善,推至萬物,而萬物亦皆以此「至善」爲其則,故物物各得其正,而各正性命,所以「格即致」,因此《大學》格物即致知,故釋知至不必釋格物。高攀龍又言《大學》知至即知本,故釋知本不必釋知至,因爲「知本」即「知止」,而「知止」即知天命之至善,故「知止」即「致知」。而「致知」即「知至」,而「知至」又爲「知本」,因此「知止」即「知本」。高攀龍認爲《大學》所謂「主意」之誠意乃在於「知止」,當「學」之工夫本於修身,而知不安妥處,則「人心」之「識」之所發之過與不及,可以藉由格物知致而知止於至善,使「人心」之所發皆合於「道心」,即所謂「誠意」也。所以高攀龍言《大學》之「主意則在知止,工夫則在知本」。然而因爲人之身在日用庸行中,皆不能離開「物」,因此「修身」爲本之「格物」,其開眼便是,開口便是,動念便是,所以「吾人日用何曾頃刻離著格物」。又因爲人未曾須臾離開「格物」,故「善格物者時時知本,善知本者時時格物」。因爲「知本」即是「知止」,所以格透一分

〔註11〕 高攀龍:《高子遺書·語》,(台北,臺灣商務印書館文淵閣四庫全書,民國72年),卷一,頁332。

〔註12〕 高攀龍:《高子遺書·書》,(台北,臺灣商務印書館文淵閣四庫全書,民國72年),卷八上,頁489。

〔註13〕 高攀龍:〈大學首章廣義〉,《高子遺書·經解類》,(台北,臺灣商務印書館文淵閣四庫全書,民國72年),卷三,頁351。

則本地透一分，止地透一分耳。因此《高子遺書》中云：「李氏見羅謂《大學》一經，論主意只是教人止於至善；論工夫只是修身為本。」〔註14〕

二、物有萬而理則一

高攀龍格物之法尊信程朱之學，對王學之流弊多有說明。高攀龍言：「學必繇格物而入。」〔註15〕所以高攀龍對「格物」之工夫看的特別重要。高攀龍云：

> 蓋言致知，當極盡物理也。理有不盡，則天下之物皆足以亂。吾之
> 思斬於意誠，心正遠矣。此程門格物的傳也。〔註16〕

高攀龍認為「致知」即「窮理」，「理」有不盡，則天下之物足以亂，而天下之物亂，人心即逐物而流於欲。因此離「誠意」而「人心」皆「道心」與「正心」而「一以貫之」之「心即理」越遠。高攀龍云：

> 大學以明明德為主，以格物為先。格物者，窮究到天理極至處，即
> 至善也。〔註17〕

《大學》格物窮理之目的在於「明明德」，知吾身即至善天理之「明德」所在。而「窮理」乃由「格物」始。因為「格物」窮究到其極極是「窮理」得天理之至善。但至善天理之明德是無形無狀之抽象之事，而「物」卻是具體有形者，因此直言「窮理」則人不知如何下手，故先論「格物」再論「窮理」，人才知如何窮抽象之「理」。而「格物」與「窮理」看似有進程之差異，其實亦只是一事。高攀龍有云：

> 窮理者天理也，天然自有之理，人之所以為性，天之所以為命也。
> 在易之為中正，聖人卦卦拈出示人，此處有毫釐之差便不是性學。
>
> 〔註18〕

〔註14〕高攀龍：〈附錄先儒復大學古本及論格致未嘗缺傳〉，《高子遺書・經解類》，（台北，臺灣商務印書館文淵閣四庫全書，民國72年），卷三，頁355。

〔註15〕高攀龍：《高子遺書・語》，（台北，臺灣商務印書館文淵閣四庫全書，民國72年），卷一，頁331。

〔註16〕高攀龍：《高子遺書・箚記》，（台北，臺灣商務印書館文淵閣四庫全書，民國72年），卷二，頁346。

〔註17〕高攀龍：〈答方本菴一〉，《高子遺書・書》，（台北，臺灣商務印書館文淵閣四庫全書，民國72年），卷八下，頁506。

〔註18〕高攀龍：《高子遺書・語》，（台北，臺灣商務印書館文淵閣四庫全書，民國72年），卷一，頁337。

窮理之「理」爲何物？高攀龍言「理」即是「天理」，而「天理」乃爲天所命「物」之「自然自有之理」與人之「性」，故高攀龍又云：

> 格致至，一旦豁然，知性矣。〔註19〕

> 有物必有則。則者，至善也。窮至事物之理，窮至於至善處也。
> 〔註20〕

高攀龍認爲格物之目的即是窮理而知至善之「天理」乃爲人之本性與物之本則。故於人性之善與物則之自然處有毫釐之差便不是性學，便不是天理。因此除人之性是天理至善，而物之則亦是至善，故可言格「物」即知物與人之性本然至善。高攀龍所謂「窮理」之法在於「格物」，而格物即使人心窮理而知止於至善。此外，更知人之性與物之則之萬殊卻同出一源之「至善」天理。如此看來「人性」與「物則」雖同出一源，但又好似有分「人」之性與「物」之則的不同？高攀龍云：

> 孟子七篇句句是格物，而性善又是格物第一義，知道性善方是格物。
> 孟子説：聖人人倫之至，豈人人可爲，人不爲聖人，豈便至賊君、賊
> 民，不知人倫之至處，正是人人可能處，乃人之性也。所謂仁也，出
> 乎此即是不仁，中間更無站立處，所謂窮至事物之理者如此。〔註21〕

因此格物致知目的在於「知性」，故「性善」爲格物之前提，因此性善又是格物第一義。所以「格物」由己之性善開始。「性善」與「物則」同出一源，而人如何格物而知性善？高攀龍言「不知人倫之至處，正是人人可能處，乃人之性也。」人倫至處即是「性善」，而「性善」又是人人可能處，表示人皆有此性善並能表現爲「善行」，故「人人可能處」乃是性之能的「心」之作用。而高攀龍又言「所謂仁也，出乎此即是不仁，中間更無站立處，所謂窮至事物之理者如此。」高攀龍認爲人其心之「仁」與所欲窮事物之理者相同，皆是道德絕對價值判準。因此人之心除了格物修己之身外，更要格物窮物之理，使「人心」之「識」明性善、爲善行。因此人之心把「性善」、至善之「物則」相對於格物窮理之關係聯繫在一起。對「人心」之「識」而言，「性善」與「物

〔註19〕高攀龍：《高子遺書・語》，（台北，臺灣商務印書館文淵閣四庫全書，民國72年），卷一，頁331。

〔註20〕高攀龍：《高子遺書・語》，（台北，臺灣商務印書館文淵閣四庫全書，民國72年），卷一，頁337。

〔註21〕高攀龍：《高子遺書・語》，（台北，臺灣商務印書館文淵閣四庫全書，民國72年），卷一，頁332。

則」非一，因此「人心」才會逐於外物流於欲，因此格物窮理之功在於使「人心」明己身之「性善」與外物之「物則」同爲「至善」之天理，而非有二，則「人心」即不外求於物，達到「心在腔子裡」而「渾身是心」之境界。高攀龍又云：

> 吾丈謂「心之理便是性」六字，亦顚撲不破矣。尋常見世儒以在物爲理，爲程子錯認理在物上；以窮至事物之理，爲朱子錯在物上求理，頗爲絕倒，此不獨不識理，亦不識物，名爲合心理而一之，實則歧心理而二之，此程子所以喫緊，謂學者先須識仁，識得此理，故不作如此見解也。老丈之意惟恐學者開剖割裂歧心性爲二，竭力指點曰：虛靈知覺者，即精微純一之備具也。誠然、誠然，要在人之用力何如？若存養此心，純熟至精微純一之地，則即心即性，不必言合如其未也。則如朱子曰：虛靈知覺一而已矣，而所以爲知覺者，不同不嫌於分剖也。何如？〔註22〕

高攀龍認爲世儒常錯認「在物爲理」是「理」在物上，故格於物而窮事物之理者，即在「物」上求理，高攀龍認爲在物上求理，是不明「理」亦不識「物」。而此誤謬是因世儒之不「識仁」。「仁」生生之理充塞天地者，天地萬物皆以此「仁」爲其性爲其則。而高攀龍又言「心之理便是性」，「性」之仁即是「心之理」。而「心之理」即仁之生理。因此「物理」之仁與心之理之仁其實是一而非二。因爲不識「仁」之生理，故不知「物」非外也，「心」非內也。其實「心之理」與「物之理」皆是「仁」之生理，所以心與性是一，而心之理與物之理亦是一。故求理於物，而不知求理於心者，雖名爲合心理而一之，實則歧心理而二之者。然而從本源上說「虛靈知覺者，即精微純一之備具也」，即是「心即理」之人心皆道心也。但是在現實上，由軀殼之身所發的「人心」之「識」會受情欲、知識與外物影響而已發之「情」有過與不及狀況產生，因此人心須透過「格物」以窮事物之理，認知「物則」之「仁」，在反求於身中心之性之「仁」理，使發於義理之「道心」恢復爲人心之主宰。故人欲不會橫流，天下之物不足以亂。高攀龍解釋何謂「名合心理而一之，實則歧心理而二之」。而高攀龍云：

> 凡人之言合者，必二物也。本離而合之之謂合，本合則不容言合也。

〔註22〕高攀龍：〈答錢啓新一〉，《高子遺書·書》，（台北，臺灣商務印書館文淵閣四庫全書，民國72年），卷八上，頁480。

天下之物有萬而理則一，無體用、無顯微、無物我、無內外，一以
貫之者也。告子之義外，不是性也，故亦不識義而外之。非求義於
外也，凡人之學謂之曰：務外遺內。謂之曰：玩物喪志者，以其不
反而求諸理也。求諸理又豈有內外之可言哉。在心之理，在物之理，
一也。〔註23〕

高攀龍說明「人心」其聞見之「識」如何透過格物，而達到「窮理」之知止
於至善。高攀龍雖然贊成告子言「生之謂性」，但是與告子不同之處在於「義」
爲人「氣質之性」之「善」的道德內涵，所以人應反求諸理於己身之性內，
而非外求諸理，因爲「性」與物則皆是天理至善者，故高攀龍言「在心之理，
在物之理，一也」。因此高攀龍並不贊成告子「義」在「性」外，欲由逐外物
而求義，而玩物喪志，以遺內之善性。

首先高攀龍說明「心之理」與「物理」乃「本合則不容言合也」。因爲
高攀龍認爲天下之物有萬而理則一，無體用、無顯微、無物我、無內外，一
以貫之者也。何以可以「一以貫之」？高攀龍續云：

天下無性外之物，無心外之理，猶之器受日光，在彼、在此，日則一
也。不能析之爲二，豈待合之，而始一也。陽明亦曰：理無內外，性
無內外，故學無內外，講習討論，未嘗非內反觀內省，未嘗遺外也，
誠是也。則奈何駁朱子曰：以吾心求理於事物之中，爲析心與理爲二
也。然則心自心，理自理，物自物，匪獨析而二。且參而三矣。是陽
明析而二之，非朱子析而二之，陽明又曰：若鄙人之致知格物，是合
心與理爲一者也。心與理本未嘗不一，非陽明能合而一之也。〔註24〕

因爲高攀龍「天地之先，惟斯一氣」，因此萬物之理則、體用、顯微、物我、
內外皆以此「一氣」貫之。因此「本合而不容言合」。而此「一氣」之作用，
猶之器受日光，在彼、在此，「日」則一也。故天下無性外之物，無心外之理，
不能析之爲二，豈待合之，而始一也。高攀龍先說明「物之理」即是「心之
理」是同質同層本合「一以貫之」者，故此「心即理」即是高攀龍「格物」
之基礎。然而在「情」之未發之「中」的「道心」或「情」之已發之「和」

〔註23〕 高攀龍：〈陽明說辨三〉，《高子遺書·經解類》，（台北，臺灣商務印書館文淵
　　　　閣四庫全書，民國72年），卷三，頁374。
〔註24〕 高攀龍：〈陽明說辨三〉，《高子遺書·經解類》，（台北，臺灣商務印書館文淵
　　　　閣四庫全書，民國72年），卷三，頁374。

的「人心」之狀態即是「心即理」之時。但高攀龍之「人心」、「道心」本同於一形氣之心,「心即理」之意即是「道心」為「人心」之主之狀態。因為「人心」之「識」乃受「道心」之「覺」其義理所主宰,因此人心之「識」其聞見之知才可以透過格「物」而認知「物之理」之道德義理。然而人心之「識」只具感官知覺之聞見作用,並無「義理」於其中,故須與「物」接,「格物」窮理才得以認知「物之理」,進而達到恢復「本合則不容言合」之境界。故高攀龍有言「若存養此心,純熟至精微純一之地,則即心即性,不必言合如其未也。」高攀龍認為王陽明不由格物之「心即理」,是不知物之理即心之理,所以為「本離而合之之謂合」之強「合」二者。因為王陽明之「心」與「物」是異質異層「本離」者,所以其言「心即理」,對高攀龍之「心」、「物」關係而言,是強「合」二者。高攀龍云:

> 陽明于朱子格物,若未嘗涉其藩焉,其至良知乃明明德也,然而不
> 本格物,遂認明德為無善無惡,故明德,一也。由格物而入者,其
> 學實其明也,即心、即性;不由格物而入者,其學虛其明也,是心
> 非性,心性豈有二哉。則從入者有毫釐之辨也。〔註25〕

高攀龍明白指出「明明德」應從「格物」入,因陽明「良知乃明明德」是不從格物入,故「其學虛其明也」之「心非性」也。高攀龍認為朱子之「明明德」是從「格物」入者,故其「即心即性」之「其學實其明也」。因此高攀龍認為「人心」欲明明德則應從「實」之格「物」入手,若格物明「物之理」即「心之理」,修身之功才是實在而不虛妄。因為陽明之「良知」作用與「物」異質異層「本離」者,因此牟宗三先生曾言陽明之「心即理」欲格物窮理須由「良知自我之坎陷」,〔註26〕因為良心是道德心,而人格物由求認知心求知識,而知識是有待於吾心之認知作用與外物合者,而道德義理並非知識,故道德義理在現實情況下,並不能由心之認知作用所融攝,故形上道德層之「良知」暫時退位,而由形下理性層之聞見之知行格物之功。然而高攀龍雖然與王陽明同為「心即理」,但是高攀龍是以氣為本之「心即理」,其形氣之「人心」中本具「道心」之「良知」作用,可以自律自主地發動人心聞見之「識」之認知作用,認知物則之客觀規律,而此客觀規律即是德性之「義理」,而「物

〔註25〕高攀龍:〈答方本菴一〉,《高子遺書‧書》,(台北,臺灣商務印書館文淵閣四庫全書,民國 72 年),卷八下,頁 506。

〔註26〕蔡仁厚:《王陽明哲學》,(台北,三民書局,民國 89 年 8 月),頁 68。

則」與「心之理」是同在形氣層面，貫通於一氣者，因此形氣之「心」之「良知」作用，並不須要「坎陷」降位，才可以窮「物則」得天理至善，因「人心」之「知至」則其「識」之作用則可知止於至善。然而「物則」與「義理」是同在形氣層面，故無王陽明是以形上「良知」認知形下「物則」之疑慮。

　　雖然高攀龍贊成朱子格物之說，但是高攀龍卻是由以氣爲本之「心即理」角度言「格物」，因爲高攀龍以「一氣」爲本，物、我之理皆由一氣相貫，是同質同層本合之者。此與朱子「心性情」三分之說迥異，因爲朱子之「物」與「心」雖同在形氣層面，故可以心格物，但形氣之心所欲窮之「理」卻是形上性理，因此牟宗三先生認爲朱子「泛觀博學」，〔註27〕其欲格盡形氣之物，進而想貫通形上性理，使「聞見之知」之認知作用窮盡物理，而達異質異層之形上義理。朱子「泛觀博學」與陽明「良知自我坎限」之「格物」皆有形上與形下、異質異層之扞挌不通處。高攀龍云：

> 或疑程朱致知爲見聞之知，不知窮至物理。理者，天理也。理非良知而何。或疑文成格物爲虛玄之物，不知各得其正。正者，物則也。物則非天理而何，落於聞見，墮於虛玄者，其流弊也。然而立教之本，有虛實之辨焉。物理實，則知亦實，從義理一脈去，故曰：擇善固執。而好善惡惡之意誠。知體虛，則物亦虛，從靈覺一脈去，故曰：無善無惡。而好善惡惡之誠替矣。毫釐千里蓋繇於此。〔註28〕

高攀龍藉由解釋程朱之學與王學之格物意義，進一步闡揚其「以氣爲本」而格物窮理之見解。高攀龍認爲世所疑程朱子之格物只是「聞見之知」之理性知識，世人以爲程朱不知道窮「理」之「理」是「心即理」之道德義。但高攀龍用「以氣爲本」之立場，重新詮釋程朱之「性即理」格物論，將程朱之格物解釋爲以氣爲本「心即理」之格物說，故程朱「格物」所窮之物之理即「心即理」之心之理義之「性」，而非「心性情」三分之形氣之「物則」。

　　高攀龍再論世所疑王陽明之格物，其實只是格「虛玄之物」，故王陽明不明瞭何謂形氣之物「各得其正」之「各正性命」之眞義。因此高攀龍論及王陽明將「格」訓爲「正」者，其以爲「正」應是指「物則」之意，然「物則」本「正」，因爲物、我皆是由「太虛元氣」一氣流行之所創生，因此氣之有條

〔註27〕牟宗三：《心體與性體》，（台北，正中書局，民國84年12月），第三冊，頁365。
〔註28〕高攀龍：《高子遺書・箚記》，（台北，臺灣商務印書館文淵閣四庫全書，民國72年），卷二，頁345。

有理者凝爲人之「性」，此純善之「性」爲其形氣之身之主體，故「萬物各具主體義」而「道在氣中」。因此「格」訓爲「正」之意，並非王陽明由「心」之良知「正」物，高攀龍認爲應是「人心」藉由「格物」得「物則」之「正」與反求諸己得知「物則」與其心之理同爲至善之天理，因藉此涵養其「人心」之道德義，並導正「人心」之不「正」，而使身心恢復安妥之狀態。因爲「物則」之義理是形氣之物所具道德主體之「實理」，故由「格物」所得之知識乃爲眞實之義理，格物之「知」可從「義理」一脈去。若由是王學之「良知」是形上之本體，非「實理」之「虛」，則其所格之物即是虛而不實者，只有「良知」之虛靈知覺，並無認知眞實義理，故從「靈覺」一脈去。

三、以善爲宗不以知爲宗

> 至於談良知者，致知不在格物，故虛靈之用多爲情識，而非天則之自然，去至善遠矣。吾輩格物，格至善也，以善爲宗，不以知爲宗也，故「致知在格物」一語，而儒、釋判矣。茫茫宇宙，辨此者實鮮，老公祖精研於此，豈非天之未喪斯文與。〔註29〕

高攀龍說明若「致知不在格物」，前所言「從靈覺一脈去」，是尋箇「物」來格之理性知識，因爲物無窮，而知識有窮盡之時，心會因逐物而循外。因此高攀龍云：「今人說著物，便以爲外物，不知不窮其理，物是外物，物窮其理，理即是心。」〔註30〕因陽明不知格物窮理者，故其「虛靈之用多爲情識」之虛妄者，而非眞實之「天則之自然」。如此一來，是越格物卻離「至善」愈遠。高攀龍認爲格物應該以至善之物則與心之理之「性善」之「善」爲宗，才能窮理致知。此即回應前所言「性善」爲格物第一義。高攀龍又云：

> 穫秋大足，陶鑄學者，兄勉之。弟所見兄聞適之味多，研窮之力少，故經年之別，而無疑義相參，坐讀書不悠閒過日之故也。兄之文章自是錦心繡口，一時絕調，毋過怯之，而苟安焉，使此事進退維谷反爲靈府之累也。亦在多讀書，使外來之聞見，與性靈之趣味相浹，出之不難矣。讀書而氣逼塞不暢，此事內外相拒，不相乳入之故，

〔註29〕 高攀龍：〈苔王儀寰二守〉，《高子遺書・書》，（台北，臺灣商務印書館文淵閣四庫全書，民國 72 年），卷二，頁 499。

〔註30〕 高攀龍：《高子遺書・語》，（台北，臺灣商務印書館文淵閣四庫全書，民國 72 年），卷一，頁 332。

勿顧而愈前，至於旬時，彼此相黏而融融矣。心即理，理即心，理

散見於六經，聞見狹而心亦狹，非細事也，兄勿疑於此。〔註31〕

高攀龍認爲多讀書窮理可以使外來「聞見」與「性靈」之趣味相浹。因爲「心
即理，理即心」，而「理」散於六經，故多讀書可以增廣見聞，若不讀書則聞
見狹心亦狹，因此高攀龍認爲多讀經書，則可窮經中之「理」，而經中之「理」
即「心之理」故可「治心」，因此「治心」之方在於讀書窮理。因此高攀龍云：

六經皆聖人傳心，明經乃所以明心，明心乃所以明經。明經不明心

者，俗儒也。明心不明經者，異端也。〔註32〕

高攀龍認爲「六經」中之「理」即是聖人傳心之要，多讀書可以窮理明經，
明經之理即明心之理，故曰「明經乃所以明心」。若多讀書只是爲了明經之理
義者，而不知「經」之理即心之理者，則「經」與「心」無所交涉，此乃明
經不明心之「俗儒」。只知讀「經」故流於知識見解。因此「經」是物之理，
而「心」是心之理，兩者「經」、「心」互明互發，才得使外來「聞見」與「性
靈」之趣味相浹，達到格物窮理之「心即理，理即心」之眞義。高攀龍云：

周易孔易者何，孔子之義也。人每言易最難讀，余謂不然，見易難

耳。見易則見道，道豈易見哉。若讀之而已，六經惟易易讀何者，

經非註則無門入；註非經則從門入者，註也，非經也。惟易註自夫

子，故即註即經，非夫子，而吾烏知易之所語何語哉。學易者，當

以夫子之註，學字繹，而句味之，經不難讀也。然而經者，易也；

易非經也，存乎其人。夫子故曰：聖人以此洗心，退藏於密；聖人

齋戒，以神明其德，此者何也，見易之謂也。易以孔義明，孔義又

以易明，以目前事故，不易見，然以目前事初，非難見也。〔註33〕

一般人認爲《易》最難讀，但是高攀龍認爲「六經皆聖人傳心」者，而「經」
之理與吾心之理同爲至善天理，故高攀龍認爲《易》不難讀。再者「周易孔
易者」乃孔子所註，其註即經。再者，經非註則無門入，因爲有夫子之註經，
故人知《易》之所言爲何。而「周易孔易者」者是「聖人所以傳心」之「經」。

〔註31〕高攀龍：〈與吳子徃二〉，《高子遺書‧書》，（台北，臺灣商務印書館文淵閣四
　　　　庫全書，民國72年），卷八上，頁492。

〔註32〕高攀龍：《高子遺書‧語》，（台北，臺灣商務印書館文淵閣四庫全書，民國72
　　　　年），卷一，頁335。

〔註33〕高攀龍：〈周易孔義序〉，《高子遺書‧序》，（台北，臺灣商務印書館文淵閣四
　　　　庫全書，民國72年），卷九上，頁540。

「經」是闡明《易》之義理者，故「經，易也。」「經」是《易》之義理即「理」也，故可透過聞見之「多讀書」而與趣味相浹。因此學者以爲《易》最難讀，高攀龍卻以爲《易》易讀卻難見，因爲「易」即是「道」，「道」是不睹不聞，無形無狀者，故難見。而「易，非經也」因爲「易」是存乎人心之道，故非感官聞見所能掌握，但是可以透過「洗心退藏於密」之修養工夫則可以「見易」。因此高攀龍認爲「易以孔義明，孔義又以易明」，兩者互明，即前所謂「六經皆聖人傳心，明經乃所以明心，明心乃所以明經」，若透過多讀書修身之工夫，則「易非難見」。高攀龍云：

> 問知覺之心與義理之心何如？朱子曰：纔知覺，義理便在此，纔昏便不見了。又曰：提醒出便是天理，更別無天理。繇此觀之，人心明即是天理，不可騎驢覓驢。〔註34〕

因爲「六經皆聖人傳心」者，故高攀龍認爲當人多讀書，得聞見廣而「聞見」與「性靈」之趣味相浹。若知多讀「經」，而人心得而明之，則「心」即天理。故人之「知覺之心」提醒處便是天理，故「人心」纔知覺而明，則「知覺之心」即「義理之心」，人心皆道心。高攀龍云：

> 朱子曰：致知、格物只是一事，格物以理言也，致知以心言也。由此觀之可見物之格即知之至，而心與理一矣。今人說著物，便以爲外物，不知不窮其理，物是外物。物窮其理，理即是心，故魏莊渠曰：物格則無物矣。此語可味也。〔註35〕

高攀龍贊成朱子之言「致知、格物只是一事，格物以理言也，致知以心言也。」因此高攀龍認爲格形氣之「物」目的在於窮物之「理」，因此「格物以理言」。而窮物之「理」而知「物則」即心之理義，且「物則」即心之理義，亦即天理之極則之至善，故「心即理」則「知之至」，因此高攀龍說「致知以心言」。合「格物」言「理」與「致知」言「心」，即是「本合而不言合」之「心與理一」，即朱子所謂「致知、格物只是一事」。今人認「理」在物上，故以爲「窮理」在外「物」上窮，若認「理」在「物」，則「物」與「我」心之理不相交涉，故「物」只是「外物」。若知「心即理」，則窮物之理，此「理」即是心。

〔註34〕高攀龍：《高子遺書・語》，（台北，臺灣商務印書館文淵閣四庫全書，民國72年），卷一，頁338。

〔註35〕高攀龍：《高子遺書・語》，（台北，臺灣商務印書館文淵閣四庫全書，民國72年），卷一，頁332。

當「理」即是心時，則「物格」也。「物格」之時，「物」與「我」無相對待，則是「物我是一」之境地。高攀龍又云：

> 夫易豈難知者乎哉？豈難能者乎哉？天高地下，萬物散殊，八者流動，充滿於吾前，吾於其中具形而爲一物，天地之八者未嘗不備於我，我之八者未嘗不充塞於天。……易果何物？曰：吾之心也。天下有非易之心，而無非心之易，是故貴於學，學也者，知非易則非心，非心則非易也。易則吉，非易則凶，悔吝其知易，知其能簡、能易，簡而天下之理得矣，於是作易簡說。夫五經註於後儒，易註於夫子，說易者，明夫子之言，而明易矣。〔註36〕

高攀龍云：「易即人心。今人有以易書爲易，有以卦爻爲易，有以天地法象爲易，皆易也。然與自家身心不相干，所以書自書，卦自卦，天地自天地也。要知此心體便是易。」〔註37〕因此《易》的「天地之八者」，即八卦、卦象、卦德未嘗不備於我，而「我之八者」的道德義理未嘗不充塞於天地間。因此八卦、卦象、卦德即是代表「天地萬物」之「物」也。因爲，故無「物」與「我」之分別，即是「萬物皆備於我」。而「易」即是吾心，而整個宇宙之生生之易，如同生生之德充滿吾身形軀之心中。而「明經乃所以明心，明心乃所以明經」，故明吾「心」即明「易」，因此高攀龍認爲「易」非難知，故作「大易易簡說」。然而人之心本然狀態皆是心即易，但現實狀態因有知識造作與外物之蔽，使心之發有過與不及，因此有「非易之心」的產生。而非易之心即「物」、「我」有對境之狀態，即是「我之八者」與易之「天地之八者」非一之狀態，若在此狀況下「易」即難見，須透過「學」之修身工夫，而恢復「心即易」之萬物皆備於我「物我是一」之境。

高攀龍云：「心與理一而已矣。善學者一之，不善學者二之。見義理而心體未徹者，入於見解。見心體而義理未徹者，入於氣機。」〔註38〕由上可知「善學者」即知「心與理一而已」，然高攀龍以爲不善學而不明「格物」者之狀況有二，其一，「明經不明心者」之「俗儒」，即是「疑程朱致知爲聞見之

〔註36〕高攀龍：〈大易易簡說序〉，《高子遺書·序》，（台北，臺灣商務印書館文淵閣四庫全書，民國72年），卷九上，頁539。
〔註37〕高攀龍：《高子遺書·會語》，（台北，臺灣商務印書館文淵閣四庫全書，民國72年），卷五，頁417。
〔註38〕高攀龍：《高子遺書·箚記》，（台北，臺灣商務印書館文淵閣四庫全書，民國72年），卷二，頁345。

知」者，因其多讀書故能明「經」之義理，但「經」之理與心之理無所交涉，因此其只知「經」中知識，卻不明虛靈知覺之「心體」「俗儒」，而只能傳「經」義而不能如聖人之傳「心」。高攀龍認為若是「俗儒」，則是「見義理而心體未徹者」，故其所謂「致知」只是流於泛觀博學之見解。其二，「明心不明經者」之異端，此即言「致知不在格物」之陽明，因其只知「虛靈知覺」之良知即「心之理」，而不知形氣層「物之理」亦是「心之理」，故不從形氣之物格起，而使知體虛、物亦虛。高攀龍認為王陽明是「見心體而義理未徹者」，而其虛靈知覺多為情識所用，故「致知」則入於只知生生作用而無道德義理之「氣機」。因此高攀龍云：

> 吾丈天賦明睿，如冰壺映月，徹骨無滓，故灑落自在如此。弟之大愚
> 以為鈍根之士，惟患心境不徹，而落一切黏帶；利根之士，又患事理
> 不透，而落一切便安。夫一靈炯然，充塞宇宙，森羅萬象總是一物，
> 豈有心外之事理，故事理愈徹，則心靈愈瑩。但患含糊，不患分別，
> 聖學所以開物成務，只「是非」二字而已。此處一空一混，即使身心
> 皎然，得大安穩，不過自了之學也。丈試究之以為何如？〔註39〕

高攀龍認為「鈍根之士」，即是「見義理而心體未徹者」，不知「虛靈知覺」之「良知」即天理，因此患「心境不徹」，而流於見解，故須灑落心之一切黏帶不徹之處。但「利根之士」卻是不知「致知在格物」而「見心體而義理未徹者」者，故患「事理不透」，即是不知物之理同於心之理，因此應該灑落一切是理不透處，其身心便安妥。而前有言高攀龍認為「格物」不是找一物來格，而是但看自身心「安妥」，若能藉由格物窮理知「心即理」無物我之分，而使「人心」之「識」之止於「至善」而能「誠意」。由格物致知而「知止」，進而知灑落一切黏帶不徹之處與事理不透處，讓事理愈徹，則心靈愈瑩，使心境不患不徹之蔽，故可達高攀龍所言之「夫一靈炯然，充塞宇宙，森羅萬象總是一物，豈有心外之事理」。此時則「身心皎然，得大安穩」，此即格物以修身為本，但看身心不安妥之意，將所不安妥之心得「知止」於至善，而使「人心」之「識」「誠意」而發，無不「人心皆道心」。高攀龍云：

> 朱子曰：欲誠意者必先格致，然後理明心一，所發自然真實。不然
> 則正念方萌，而私意隨起，亦非力之所能制也。又曰：知有不至處，

〔註39〕高攀龍：〈與張侗初二〉，《高子遺書・書》，（台北，臺灣商務印書館文淵閣四庫全書，民國72年），卷八下，頁527。

惡必藏焉，以爲自欺之主。又曰：格致比治平，則格致事似小，打
不透病痛，卻大無進步處。治平規模雖大，然縱有未盡病痛卻小。
皆至道之言。〔註40〕

高攀龍認爲「誠意」須以格致爲其根本，因爲格致而達到「理明心一」，則人
心之「識」所發皆是自然眞實之理，若不先格致如此，則修身的學之工夫不
紮實，因此「道心」欲萌，則人心之「識」又隨外物而私慾起，人力不能制
止故「道心」不顯，而「人心」表現又非「中」非「和」。再者若格致工夫不
到至處，則知止不到「至善」處，則會有惡藏之而渾然不覺，誤以爲心之所
發皆是「誠」皆是「善」，此乃「自欺」也。因此「格致」雖爲「修身」之事，
規模看似比「治平」之天下之事小，但是「格致」之「修身」卻是根基，若
根基不穩則「治平」之事徒勞無功。

第二節　喜怒在物不在己

一、我之體即物之體

高攀龍言：「無工夫則爲私慾引於外；有工夫則爲意念束縛於中，故物格
知至，誠正乃可言。」〔註41〕若無「修身」之格物致知工夫，則無「誠意正
心」者，故吾工夫則人心流於私慾，若有學之工夫則「人心」之意念爲「道
心」所主宰，故誠意正心乃可言。因此高攀龍認爲王學「心即理」是只重視
「虛靈知覺」之「心」，不重視格形氣之物的「實理」，因此故多虛妄不實，
易流於任心廢學，故「虛靈知覺」多爲情識所用，而不能言「誠意正心」。高
攀龍言：「程子曰：不知格物而欲意誠心正身修，未有能中於理者，古今學者
之病大率在此。」〔註42〕因此高攀龍雖言「心即理」，但因其「以氣爲本」，
故形氣心之「虛靈知覺」因外物所蔽時，仍需藉由人心之「識」的「知體」
與物接，透過「格物」而「窮理」之「學」之修養工夫，才能讓「人心」之

〔註40〕高攀龍：《高子遺書・語》，（台北，臺灣商務印書館文淵閣四庫全書，民國72
年），卷一，頁332。

〔註41〕高攀龍：《高子遺書・語》，（台北，臺灣商務印書館文淵閣四庫全書，民國72
年），卷一，頁332。

〔註42〕高攀龍：《高子遺書・語》，（台北，臺灣商務印書館文淵閣四庫全書，民國72
年），卷一，頁332。

「識」能知「實理」，因此「人心」之「識」得知止於天理極則，恢復本然之「心即理」的「虛靈知覺」，而達「人心」皆「道心」之「誠正」的至善境地。故知「物我是一」而「修身」知本。高攀龍云：

> 蓋格致者，皆推究其極之謂，推究到極處，即太極無極，所謂至善也。此是一塵不到，萬理明淨之境，況味何如哉。學之所以爲樂者。〔註43〕

高攀龍認爲「格物與致知只是一事」故稱之「格致」者。而「格致」者即是「推究其極」，所謂「推究其極」即是由心之理義的「太極」之「性」，藉由「格物」而「窮理」，故「推究其極」之「無極」，因此「心物是一」，而達一塵不到，萬理明淨之境，此是學之所以爲「樂」也。雖然前有論「心即理」故「物格則無物」，但這是透過「格物」而達「物格」而無物之境界，但實際上「格物」仍有其進程與順序，因此高攀龍又提出「多讀書」可以增廣見聞，防止聞見狹，而心亦狹之狀況。此外其又言格物是「推至其極」而「太極無極」，因此「格物」之對象「物」即人應該重視，故當人「格物」之時，如何看待「物」，其正確態度該如何？雖然知道「心即理」、「物即我」，但須要不論物之精粗、表裡，而一草一木之物物皆格之否？《高子遺書》中云：

> 先生云：莫非理也，有何鉅細，有何精粗，但就學者工夫論，自有當務之急耳。龍謂大學最先格物，便是當務之急。開眼天喬飛走，孰非心體，以草木爲外，便是二本，便說不得格物。先生云：有梅於此，花何以白？實何以酸？有桃於此，花何以紅？實何以甘？一則何以衝寒而即放；一則何以待暖而方榮。龍謂天地間物莫非陰陽五行，五行便是五色，便有五味，各自其所秉，紛然不同，故無足異至發之先後。蓋天地間有一大元亨利貞，各物又具一元亨利貞，雜然不齊良有以也。先生云：於此格之，何以便正得心，誠得意；於此不格，何以便正心、誠意有妨。〔註44〕

高攀龍認爲「格物」目的在窮理，而所窮之「理」並無須分鉅細、精粗爲格物之順序，只要因其已知之理，而努力增進而窮之，用力之久，一旦豁然貫

〔註43〕 高攀龍：〈答吳百昌中翰〉，《高子遺書・書》，（台北，臺灣商務印書館文淵閣四庫全書，民國72年），卷八上，頁500。
〔註44〕 高攀龍：〈答顧涇陽先生論格物四〉，《高子遺書・書》，（台北，臺灣商務印書館文淵閣四庫全書，民國72年），卷八上，頁468。

通，則眾物之表裡、精粗無不到，故物之理皆可窮究其極。心體之認知作用則可以完全展現。如朱子云：

> 所謂致知在格物者，言欲至吾之知，在即物而窮其理也。蓋人之心靈莫不有知，而天下之物莫不有理，惟理有未窮，故其知有不盡也。是以大學始教，必始學者即凡天下之物，莫不因其已知之理，而益窮之，以求至乎其極。至於用力之久，而一旦豁然貫通焉，則眾物之表裡、精粗無不到。而吾心之體大用無不明矣。此謂物格，此謂知之至。〔註45〕

雖然格「物」不分鉅細、精粗之順序，但是「學」之「修身」工夫則有輕重緩急。高攀龍認爲「學」之「當務之急」在於「格物」爲始。因此高攀龍言《大學》之八條目始於「格物」，而若先能格物窮理，進一步才得以達到「誠意」、「正心」之功。若不由「格物」窮理開始，則意不能誠，心不得正也。高攀龍續云：

> 龍敬問先生曰：此一草一木與先生有關否？若不相關，便是漠然與物各體，何以爲仁。不仁何以心說得正，意說得誠，樂意相關禽對語，生香不斷樹交花所以爲善，形容浩然之氣，所以不可不理會也。
> 先生云：既無別體，我之體即物之體矣。豈必逐草逐木一一爲之格，即欲逐草逐木一一而格之，辨其如何而爲一草，如何而爲一木，此所謂堯舜猶病者也。龍所謂萬物一體，誰不知之，然只是說話，仁者，渾然與物同體，不是小可，事恐當大費工夫。若必欲逐草逐木辨其何如，豈成學問，所以說及草木，若曰求之性情，固切然，理不專在一處求，這裡也是，那裡也是云爾。

因爲前有言「心即理」故「一草一木與先生相關」，因此高攀龍認爲「既無別體，我之體即物之體」，故「格物」不應該分「心」爲內之主體，「物」爲外之客體，而「漠然與物各體」。因此高攀龍云：「窮理者，格物也。知本者，物格也。窮理一本而萬殊，知本萬殊而一本。」〔註46〕「各物又具一元亨利貞，雜然不齊良有以也」即「窮理一本而萬殊」之「格物」者。而「天地間有一大元亨利貞」即「知本萬殊而一本」之「物格」之境。因此天地萬物雖

〔註45〕朱熹：《四書集注・大學》，（台北，世界書局，民國86年3月），頁10。
〔註46〕高攀龍：《高子遺書・語》，（台北，臺灣商務印書館文淵閣四庫全書，民國72年），卷一，頁332。

各自其所稟，紛然不同，因爲皆本於「一氣」流行，故至發之先後是不分軒輕無從比較。所以高攀龍言：「格物是隨事精察；物格是一以貫之。」〔註47〕高攀龍認爲《大學》之「修身」以「格物」爲始，至於格物之先後則無先後之異。因此「理不專在一處求，這裡也是，那裡也是」，故窮理並非一次只格一理，而是不需分精粗、表裡之先後次序。高攀龍云：

> 先生云：孔子作大學者也，其語子貢曰：無非多學而識。曾子傳大
> 學者也，其語孟敬子曰：籩豆之事則有司，存籩豆日用不可缺者也。
> 猶然見略，況一草一木乎。龍謂多學而識是玩物，此是格物，玩物
> 是放其心，格物是求放心；籩豆之事是有司事，此是心性事，不可
> 同日而語。〔註48〕

孔子自認爲其非「多學而識」者，而是物有萬而理則一之「一以貫之」者。
如孔子云：

> 多聞闕疑，愼言其餘，則寡尤。多見闕殆，愼行其餘，則寡悔。
>
> 〔註49〕
>
> 蓋有不知而作之者，我無是也。多聞，擇其善者而從之，多見而識
> 之，知之次也。〔註50〕

但孔子雖然說明應該「多聞」、「多見」但是仍然要「疑」其所未信者與「殆」其所未安者，以防止罪自外至之「尤」，與理自內出之「悔」的憾事發生，因此「多聞」與「多見」是「知之次」，並非爲學之根本。《易傳》云：

> 天在山中，大畜。君子以多識前言往行，以畜其德。〔註51〕

因此「畜德」之事才是「多學而識」之本，因此孔子「多聞」、「多見」，即是高攀龍所謂「多讀書，使外來之聞見，與性靈之趣味相浹，出之不難矣」。故
《論語‧憲問》云：

〔註47〕 高攀龍：《高子遺書‧語》，（台北，臺灣商務印書館文淵閣四庫全書，民國72
年），卷一，頁331。

〔註48〕 高攀龍：〈答顧涇陽先生論格物四〉，《高子遺書‧書》，（台北，臺灣商務印書
館文淵閣四庫全書，民國72年），卷八上，頁468。

〔註49〕 朱熹：〈爲政〉，《四書集注‧論語》，（台北，世界書局，民國86年3月），卷
一，頁70。

〔註50〕 朱熹：〈述而〉，《四書集注‧論語》，（台北，世界書局，民國86年3月），卷
四，頁107。

〔註51〕 朱熹：《周易本義‧大畜》，（台北，大安出版社，民國88年7月），卷一，頁
116。

子曰：賜也，女以予爲多學而識之者與。對曰：然，非與？曰：非
也，予一以貫之。〔註52〕

孔子明白說出其做學問乃是「一以貫之」，而非「多學而識」。因此高攀龍又
云：

陽明以朱子之致知也爲聞見之知，故其爲宗旨也，曰良知。吾則以
《大學》之致知，本非不良之知，非自陽明良之也。朱子爲聞見之
知與否？與前乎吾者知之，後之吾者知之，吾則烏乎敢知，雖然聖
人之教不爾也。夫子不曰：多聞從善，多見而識乎？不曰：多聞闕
疑而愼言其餘；多見闕殆而愼行其餘乎？不曰：多識前言徃行，以
畜其德乎？此爲初學言之也，知之次也。夫聖人不任聞見，不廢聞
見，不任不廢之間，天下之至妙存焉。舜聞一善言，見一善行，若
決江河，沛然莫之能禦也。非聞見乎？聞見云乎哉。〔註53〕

王陽明以爲朱子只有「聞見之知」而無「義理之知」，故其強調以「良知」爲
宗。高攀龍認爲《大學》之致知本非不是「良知」之義理之知，並非自陽明
而能良之也。所以聖人並不任聞見，不廢聞見，而不任、不廢之間即是聖人
學問之至妙處。因此多學而識可以充實蓄積「人心」之道德義理，爲「一以
貫之」之根基，但高攀龍認爲「聞見之知」與「良知」之間仍有本末之別，
不應捨「一以貫之」之本，而逐「多學而識」之末。高攀龍云：

一貫之者，子之悟道也。大學者，子之傳道也。絜矩又何不貫之有，
故格物者，格知天下爲一物也。物格而一以貫之矣。〔註54〕

故高攀龍言「多學而識」所得者是有窮盡之知識，所以是「玩物」，而「一以貫
之」所得者是道德義理之至善，而道德義理之至善才是眞正「格物」。如高拱云：

一貫之義，則不如此，謂天下之事，有萬其繁，而吾所以處之者，
惟一理以貫通之。譬之索子穿錢，錢數雖多，惟用一條索子都穿了，
非謂以吾心之一理，散爲天下之萬事，如所謂「本立道生」云也。
〔註55〕

〔註52〕　朱熹：《四書集注・論語》，（台北，世界書局，民國86年3月），卷七，頁165。

〔註53〕　高攀龍：〈陽明說辨四〉，《高子遺書・經解類》，（台北，臺灣商務印書館文淵
　　　　閣四庫全書，民國72年），卷三，頁372。

〔註54〕　高攀龍：〈曾子〉，《高子遺書・經解類》，（台北，臺灣商務印書館文淵閣四庫
　　　　全書，民國72年），卷三，頁377。

〔註55〕　高拱：《高拱論著四種》，（北京，中華書局，1993年7月），頁138。

因此「一以貫之」者即是萬物皆具有「理一」之心之理義，而非「玩物」之「放其心」求義於外，而循外物爲本；「格物」則是在身上「認」「理」，即是反身內斂於本心之理，故格物事「求放心」使身心安妥也。因此具體之籩豆之事是有司事，皆有其理，所以此是心性事，須格物到至善處而可得，故不可同日而語。

二、物融爲知性不累於物

先生云：程朱兩夫子之說，則然矣，亦曾用此等工夫否。遺書具在，詳哉其言之也。孰謂發明一草一木之理者乎，孰謂商求一草一木之理者乎。龍謂停前草不除，便是這意思，如觀雞雛，觀盆魚皆是。至於朱子所謂鱖魚肚裡水，便是鯉魚肚裡水，由親切可思矣。大抵先儒此說本輕而活，先生所駁則重而執，輕而活則指點流行觸目，重而執便落言語障礙矣。先生更細研之，觀物即是養心，不枉卻工夫也。〔註 56〕

高攀龍藉由程明道觀「停前草不除」、「雞雛」、「盆魚」三事，說明程明道藉由格物而觀生理之「仁」，而得「造物生意」之「萬物自得之意」，即是其「一以貫之」的格物之法。因爲「仁」之「造物生意」即是「萬物自得之意」，所言乃是生生不息之眞機流行，而生機流行之體不易見，而「草」、「雞」、「魚」只是至善之生機實體展現之用，故藉由「格物」之法而豁然貫通紛然「萬物」之理其實只是「氣」本體之元亨、利貞「易」之生「理」。所以高攀龍不論先後、精粗、鉅細，以「一以貫之」輕而活之方，來指點流行觸目皆是理之遍在，因此高攀龍之格物是「觀物即是養心」。高攀龍云：

儒者以玩物爲害道，非玩物足以害道也。吾性無外，故夫天地古今之賾，下至羽鱗走植，器數聲律之微，無所不當格。然而物無窮，知有窮、有外之心，不足以載無外之物，或者急其末，遺其本，於是志喪而道病。雖然古之人當其小學時，蓋已六藝備焉，及其長也，既得以應世利用，又得以專志於身、心、性、命之精微，故上之不流於空疏，下之不徒守其糟粕。後世詩賦之科興，而聲偶之學，始重君子，謂士無志於聖賢之學者，俗學壞之嗟乎。非學之無志，則

〔註 56〕高攀龍：〈荅顧涇陽先生論格物四〉，《高子遺書・書》，（台北，臺灣商務印書館文淵閣四庫全書，民國 72 年），卷八上，頁 468。

　　無志者之累學也。夫學欲其得之心而已，無所得諸其心，則物也者，
　　物也。有所得諸其心，則物也者，知也。物自爲物，故物不關於性；
　　物融爲知，則性不累於物，如此而已矣。〔註57〕

前高攀龍言「多學而識」若非有「一以貫之」之「心即理」之「無物」觀念，則「多學而識」即是「玩物」，因此「玩物」即是「害道」之「性累於物」，故物之累學。因爲高攀龍認爲一草一木不論精粗、表裡皆須格之，所以「天地古今之蹟，下至羽鱗走植，器數聲律之微」無所不當格，但「物無窮」而「知有窮」，若無「一以貫之」之「知止」於至善知之根本方法，而欲以有窮之「知」窮無窮之「物」，性自累於物，心逐物而不自知，則以爲「多學而識」即是「物格」之法，就是「玩物」而「害道」，而急其末、遺其本。故高攀龍言「有外之心，不足以載無外之物」。但若明白格物之法是「一以貫之」者，則「多學而識」即是增廣見聞，故物即實，而知亦實，因此高攀龍言古人之格物是以「一以貫之」之方而輔以「多學而識」，故小學時六藝已備，其長則可以應世利用，又得以專志於身、心、性、命之精微，故「上之不流於空疏，下之不徒守其糟粕」。但後世詩賦之科興，而聲偶之學則是不知「一以貫之」之格物之法，以爲君子是「無志」於聖賢之學，但是高攀龍認爲「無志者之累學」。君子應是「志」於學，「志」於「一以貫之」治學之方，而非「無志」於聖賢之學而徒守其糟粕，以爲「多學而識」即是增廣見聞，反流於空疏而「玩物」害道。

　　因此高攀龍認爲「格物」之法是以「有所得諸其心」之「多學而識」，則物也者，知也，即高攀龍所謂增廣聞見，使心不浹。因高攀龍認爲「格物不至極處，多以毫釐之差，成千里之謬。」〔註58〕但值得注意的是「多學而識」之本則是「一以貫之」之法，即是「無所得諸其心」之隨時、隨處、隨物，各當其則，故物也者，物也。由此「心」不與「經」互明，則心不能掌握事物之義理即吾心氣化流行之認知作用之表現，則「物自爲物」，物只是不具道德主體之形氣之物，故物不關於我身之至善本「性」。若我之心可以掌握此物，即是物融爲我氣化流行認知作用之中，故「物融爲知」，則「性」不累於物，而無物我之分隔，因此「物格則無物」。如劉又銘先生云：

〔註57〕高攀龍：〈塾訓韻律序〉，《高子遺書‧序》，（台北，臺灣商務印書館文淵閣四庫全書，民國 72 年），卷九上，頁 565。
〔註58〕高攀龍：《高子遺書‧語》，（台北，臺灣商務印書館文淵閣四庫全書，民國 72 年），卷一，頁 331。

在各個現象與事物中，經過會通對比，而被「心知之神明」所確認，
愛悅著的「理」，正就是那渾沌自然的終極實體的自然發用中所內在
蘊蓄的必然之則。〔註59〕

因此高攀龍認為「聞見之知」之「多聞」、「多見」是充實「人心」之「識」道
德義之格物之法。而孔子認為「多聞」、「多見」是「知之次」。而「心即理」之
「義理之知」則是「聞見之知」之「識」的主宰，因此「一以貫之」，得知事物
必然之則，即吾身之至善之「性」，此才是格物之窮理之「知之本」。高攀龍云：

當疑聖人之學汲汲孜孜，如有追求焉；要及這一件事，如有所奉持
焉。惟恐失這一件物事，不知是甚物事，子細研究，原來只是這一
箇心。但孔門心法極難看，並不是懸空守這一箇心，他只隨時、隨
處、隨物，各當其則，須合一部論語來看方見。蓋這箇心不是別物，
就是大化流行與萬物為體的。若事物上蹉失，就是這箇蹉失，聖人
亦別無勞攘，只順事無情，物各付物，但無走失爾。所以曰：逝者
如斯，不舍晝夜，此所以為天德。學者不知本領的，只去事物上求，
卻離了本；知得本領的，要守住這箇心，又礙了物，皆謂之不仁。
這裡見得，方知聖人所謂：學如不及，猶恐失之。〔註60〕

高攀龍言「夫學欲其得之心而已」所以「聖人之學」汲汲孜孜有所追求奉持而
惟恐失之者，即是這個大化流行與萬物為體的「心」。孔門之傳心法極難「看」，
因為孔門傳心即是傳「道」，「道」豈易見，因為前有言「易難見」也，因為「道」
是不睹不聞。而孔門心法，須合一部《論語》來看方可見，而《論語》之心法
不是懸空守「心」這個「知體」，而是真正去面對萬物，而「無所得諸其心」隨
時、隨處、隨物，各當其則，故聖人亦別無勞攘，只順事無情，物各付物，但
無走失爾。故孔子曰：「逝者如斯夫，不舍晝夜。」〔註61〕此即天之生德，是物
物皆具有之「物則」，而「心」是大化流行與萬物為體，故「心即理」即是「格
物」「一以貫之」之本。因此「心」格物只知「多學而識」去事物上求，卻離了
一以貫之「心即理」之本，此即在事物上蹉失這箇「心」。或是知得了本，卻「有
心」地要守住這箇「一以貫之」之心，不知「物即我」也，所以只要順事無情、

〔註59〕 劉又銘：《理在氣中：羅欽順、王廷相、顧炎武、戴震氣本論研究》，（台北，
五南圖書出版社，民國89年3月），頁179。
〔註60〕 高攀龍：〈學如不及猶恐失之〉，《高子遺書・講義》，（台北，臺灣商務印書館
文淵閣四庫全書，民國72年），卷四，頁389。
〔註61〕 朱熹：《四書集注・論語》，（台北，世界書局，民國86年3月），卷五，頁119。

物各付物即可。而王學只信「心即理」之良知，認爲不須向外格形氣之「物」，誤以爲所謂「格物」即是向外尋理，故只重視「虛靈知覺」之「良知」，此即患了流於空疏，而礙了物。所以不論是「玩物」或是王學不知格「物」之虛妄，皆是蹉失此「心」，皆是不仁，故聖人怕因爲多學而累於物，又怕不學而患著空虛之蔽，因此高攀龍言聖人「學如不及，猶恐失之。」〔註62〕

三、日用之間物還其則

　　高攀龍云：「在物爲理，處物爲義，因物付物之謂也。」〔註63〕因此高攀龍認爲人對「物」之態度，若可以是「因物付物」，則「人心」就不會與物有對，而有逐物或被情識所影響，表現出已發之情過猶不及之不和的狀況。如高拱云：

　　　　日用之間，莫非天理之流行而仁不外是矣。〔註64〕

　　　　天理不外於人心，只人心平處便是天理之公。〔註65〕

高拱爲人心若爲「天理之公」則日用之間不外乎天理流行。因此高攀龍進一步闡釋何謂「因物付物」之意。高攀龍云：

　　　　格物者，窮理之謂也。窮理者，知本之謂也。仁丈云：一窮理焉，盡之矣。誠然哉。理者，心也，窮之者，亦心也；但未窮之心，不可謂理，未窮之理，不可謂心。此處非窮參妙悟不可悟，則物物有天然之則，日用之間，物還其則而已，無與焉，如是而已。〔註66〕

高攀龍認爲「格物」即是「窮理」，而「窮理」即知本，所謂「知本」即是知道「修身」爲本。而所謂修身者，即是修人心之非易，而人心非易，則「物則」與「心之理」非一，「物」與「我」有對。「窮理」者是吾心，而「理」亦在吾心之中，因此「未窮之心」即「物」、「我」有對，「物則」與「心之理」有別，故不可謂之「理」；「未窮之理」則人只知萬殊之「理」，而不知萬殊之理其實只是一本，只是「至善」之天理，因此不可謂之「心」之理。如高攀

〔註62〕 朱熹：《四書集注‧論語》，（台北，世界書局，民國86年3月），卷四，頁113。

〔註63〕 高攀龍：《高子遺書‧語》，（台北，臺灣商務印書館文淵閣四庫全書，民國72年），卷一，頁337。

〔註64〕 高拱：《高拱論著四種》，（北京，中華書局，1993年7月），頁347。

〔註65〕 高拱：《高拱論著四種》，（北京，中華書局，1993年7月），頁25。

〔註66〕 高攀龍：〈復念臺二〉，《高子遺書‧書》，（台北，臺灣商務印書館文淵閣四庫全書，民國72年），卷八上，頁479。

龍言：「心非內也，萬物皆備於我矣；物非外也，糟粕煨燼無非教也。夫然則物即理，理即心，而謂心理可析，格物爲外乎。」〔註67〕當心非內，物非外之「物即理，理即心」之時，即是「物物有天然之則」。因此我們在日用庸行之中，對待萬物之態度，只須「物還其則」順事無情，即可達到萬物皆備於我，我心之理充塞天地之境地。因此高攀龍「人心」格物窮理之後，即可與物無對，心不逐物，「物還其則」即可。因此高攀龍認爲「順事無情」而「因物付物」則可「物還其則」即是《大學》所謂「正心」之意。高攀龍云：

> 伊川先生曰：在物爲理，處物爲義。此二語關涉不小，了此即聖人艮止心法。胡氏盧山被以爲心即理也，舍心而求諸物，遺內而徇外，舍本而逐末也。嗚呼天下豈有心外之物哉，當其寂也，心爲在物之理，義之藏於無朕也；當其感也，心爲處物之義，理之呈於各當也。心爲在物之理，故萬象森羅，心皆與物爲體。心爲處物之義，故一靈變化，心皆與物爲用，體用一源，不可得而二也。物顯乎心，心妙乎物，妙物之心，無物於心，而後能物物。〔註68〕

高攀龍認爲伊川所言「在物爲理，處物爲義」即其所認爲「因物付物」之意。但是高攀龍特殊之處乃是其雖尊程朱之格物之法，卻用「心即理」之方式詮釋之。但是其「心即理」之眞義與王陽明「心即理」之意又有所不同，因爲高攀龍「心」、「物」、「理」皆在形氣層，因此同質同層本合不容言合者。因此其反對胡盧山言「心即理」是「舍心而求諸物，遺內而徇外，舍本而逐末」。而其對「物」之態度亦秉持其「心即理」之一貫說法來解釋「因物付物」之意。所以伊川之「在物爲理，處物爲義」高攀龍重新由其以氣爲本之「心即理」詮釋伊川「心在物爲理，心處物爲義」，故不如程朱一派是以「性」爲主。再者高攀龍則是以氣爲本的「心統性情」之說，說明「心即理」如何統攝「心在物之理」與「心處物爲義」。

　　高攀龍先說明心「寂」時，即是「情」之未發之中，則心在物中爲其理，「義」藏之於無朕，故不可見「義」；當心「感」時，即是「情」之已發之和，則心處物爲義，理呈於各當，「人心」之表現無過與不及，只是「物還其則」

〔註67〕高攀龍：〈王文成公年譜序〉，《高子遺書·序》，（台北，臺灣商務印書館文淵閣四庫全書，民國72年），卷九上，頁545。

〔註68〕高攀龍：〈理義說〉，《高子遺書·經解類》，（台北，臺灣商務印書館文淵閣四庫全書，民國72年），卷三，頁366。

因物付物。但當「人心」若不能物各付物，則心逐外而遺內，故心「出」逐外不在「腔子裡」即不「中」。因此高攀龍認爲「人心」寂之時，即是「靜以直內」之「中」；「人心」感之時，即是「動則因物」之「和」。所謂「心爲在物之理，故萬象森羅，心皆與物爲體」，因心寂之時，心爲「在物之理」，即此心爲物之主體，而物之形有萬殊，故萬象森羅。「心爲處物之義，故一靈變化，心皆與物爲用」因心感而動，爲「因物付物」即處物爲義，而心之一靈變化，物爲心用。故心是體用一源之心即理，故理與心不可得而二也，物與心亦不可得而二。因此高攀龍言「物顯乎心」即無形無狀之心，由物之萬象森羅而顯；「心妙乎物」是因萬象森羅之物本只是一存在實體，並無作用，因心之感而「物還其則」，因此妙物之心，無物於心，而後能物物。高攀龍云：

> 故君子不從心以爲理，但循物而爲義。不從心而爲理，公也；循物爲義者，順也。故曰：廓然大公，物來順應。故曰：聖人之喜怒，在物不在己。八元當舉，當舉之理在八元當舉而舉之，義也。四凶當罪，當罪之理在四凶當罪而罪之，義也。此之謂因物付物，此之謂艮背行庭，內外兩忘，澄然無事也。彼徒知昭昭靈靈者，爲心。而外天下之物是心爲無矩之心，以應天下之物，師心自用而已，與聖賢作處，天地懸隔。〔註69〕

如高攀龍言：「佛氏最忌分別是非，如何綱紀？得世界綱紀，世界只是非兩字。聖人因物之是而是之，因物之非而非之，我不與也。此所謂開物成務。」〔註70〕高攀龍認爲世間所謂「是非」只是「因物之是而是之，因物之非而非之，我不與也」即「聖人之喜怒，在物不在己」之「八元當舉，當舉之理在八元當舉而舉之，義也。四凶當罪，當罪之理在四凶當罪而罪之，義也」，此即「因物付物」之開物成務之意。高攀龍所謂「君子不從心以爲理，循物而爲義」之意，即如其所云：

> 大要舉事必於人心同然，苟其同然，即有不同、不足恤；苟非同然，即有同者，不足恃也。而察於同然處，須是一念不從軀殼上起，乃得之耳。以台臺之明，因物察則，如此等處儘堪著眼也。〔註71〕

〔註69〕高攀龍：〈理義説〉，《高子遺書・經解類》，（台北，臺灣商務印書館文淵閣四庫全書，民國72年），卷三，頁366。

〔註70〕高攀龍：《高子遺書・語》，（台北，臺灣商務印書館文淵閣四庫全書，民國72年），卷一，頁339。

〔註71〕高攀龍：〈荅楊大洪父母一〉，《高子遺書・書》，（台北，臺灣商務印書館文淵

高攀龍認爲一念不從軀殼上起即是人心同然之「理」，故「君子不從心以爲理」。而「因物察則」即是「循物爲義」。而高攀龍進一步說明「不從心而爲理，公也；循物爲義者，順也。」高攀龍又云：

> 天下原是一身，吾輩合并爲公，即天下如一氣呼吸。何謂合并爲公？
> 人人眞心爲君民也，君民心眞，則千萬人無不一，故曰：如一氣呼
> 吸，三晉得門下，得保障矣。屬吏最優、最劣，竊願一聞此二項，
> 不爽中人當不日而化，知門下心所同然也。〔註72〕

因爲天下之人皆一氣所生，所以言天下原是「一身」，而天下如一氣呼吸。但是天下之人形異而氣異，故有萬種不同，因此要「合并爲公」。「心眞」由眞心而發「心所同然」則可達到天下一氣呼吸之「公」之境地。因此「公」即是天下人之「心所同然」者。高攀龍云：

> 此章喫緊在「聖人與我同類者」一句。凡同類者無不相似，常人與
> 聖人相似在何處？只一點心之同然處也。然心之所同然，不輕易說
> 得的，只看口之於味，必須易牙之味，天下方同；耳之於聲，必須
> 師曠之聲，天下方同；目之於色，必須子都之姣，天下方同，不然
> 畢竟有然者、有不然者，說不得同嗜、同聽、同美也。心之理義何
> 以見得天下同然？須是悅心者方是。即如今人說一句話、處一件事，
> 到十分妥當的，方是人人同然；稍有不到，便不盡同。〔註73〕

高攀龍認爲「心所同然」者即是「心之理義」天下同然。而「心之理義」如何天下同然？高攀龍認爲「心之理義」下同然者即是「悅心」。「悅心」者爲何？「悅心」即是「口之於味，必須易牙之味，天下方同；耳之於聲，必須師曠之聲，天下方同；目之於色，必須子都之姣，天下方同」。所以「悅心」即是「同嗜、同聽、同美」者。但是耳、目、口、鼻是軀殼感官知覺運動，即是「人心」之「識」之作用，而人心之「識」各有所好固有然者、有不然者。故前有言「人心同然」是不從軀殼上起，言心卻不從軀殼上起者，即是從義理而發之「道心」，而「義理」即是指「心之理」之性。如焦循《孟子正義》注云：

> 孟子此章，特於口味指出性字。可知性即在飲食男女⋯⋯知嗜味好

閣四庫全書，民國 72 年），卷八下，頁 505。
〔註72〕 高攀龍：〈答劉心統二〉，《高子遺書·書》，（台北，臺灣商務印書館文淵閣四庫全書，民國 72 年），卷八下，頁 523。
〔註73〕 高攀龍：〈富歲子弟多賴章〉，《高子遺書·講義》，（台北臺灣商務印書館文淵閣四庫全書，民國 72 年），卷四，頁 404。

色，即知孝弟忠信禮義廉恥。理義之悅心，猶芻豢之悅口。悅心是
性善，悅口亦是性善。〔註74〕

當人心同然爲「公」之時，「人心」則爲「悅心」之「道心」，故飲食男女之
生理感官知覺運動之表現亦爲「性善」內涵之展現。而高攀龍續云：

所以理必曰窮理，義必曰精義，不到那至處，喚不得理義；不足以
悅心，不足以同於天下。夫人所以易於陷溺其心者何故？只原無悅
心之物，故外物皆得勝之，而牽引萬端。若到得自家悅心處、人心
同然處，便是聖人所先得處，此是凡聖對鍼合縫，更無毫髮差池。
孟子所謂性善，所謂人皆可爲堯舜，俱在此處認取，此處下手也。
〔註75〕

高攀龍言「所以理必曰窮理，義必曰精義，不到那至處，喚不得理義；不足
以悅心，不足以同於天下。」因此藉由格物窮理而無物，因此達到「心之理」
即「物之理」，天下萬殊之理於一理，人心即止於至善之天理境地，即所謂「誠
意」者，則「人心」即「道心」，而人心之理義即可以天下同然。而人之所以
易陷溺其心，即是因爲沒有「悅心」之故，無此「悅心」則無法達到天下一
身之「公」，則今人說一句話、處一件事，稍有不到，便不盡同，故外物皆得
勝之，而牽引萬端。因此高攀龍認爲格物窮理達到「萬物皆備於我」而我之
理義與天下同然，故可以「廓然大公，物來順應」之與物無對，故心不逐物
而心即「在腔子裡」因物付物。

高攀龍前有言「彼徒知昭昭靈靈者，爲心。而外天下之物是心爲無矩之
心，以應天下之物，師心自用而已，與聖賢作處，天地懸隔。」因爲「悅心」
即是「便是聖人所先得處，此是凡聖對鍼合縫，更無毫髮差池」，亦爲人皆可
爲堯舜之處。因此「師心自用」即是以「無矩之心」應天下之物，即「與聖
賢作處，天地懸隔」。「矩」即是理，因此「無矩之心」即「無理之心」，心無
「理義」即是發於軀殼之「人心」之「識」，而人心之「識」即各有所好，固
有然者、有不然者，因此會受之識造作與情識之外物影響，而不知「人心」
之中有同於「物則」之「善性」。高攀龍云：

〔註74〕 焦循：〈告子章句上〉，《新編諸子集成・孟子正義》，（台北世界書局，民國 67
年 7 月），卷十一，頁 451。
〔註75〕 高攀龍：〈富歲子弟多賴章〉，《高子遺書・講義》，（台北，臺灣商務印書館文
淵閣四庫全書，民國 72 年），卷四，頁 404。

　　　日陽明先生之復古本是矣。其說果與古本合邪？曰王先生之致良
　　　知，則明明德之謂也。然以明明德言，格致誠正皆其工夫，故綱正
　　　而目備。今以目作綱，而於明明德則曰：明德必在於親民，親民乃
　　　所以明其明德。夫齊治平非親民乎？格致誠正非明明德乎？《大學》
　　　明言，古之欲明明德於天下者，必先自明其明德矣。初不以親民爲
　　　明德也。至於說格物，曰：極力致其良知於事是物物之間，使是事
　　　物物各得其正，乃物格而非格物也。爲善去惡乃誠意，而非格物。
　　　又以誠意爲主意，格致爲工夫。大學故以三綱主意，八目爲工夫矣。
　　　是舉王先生古本序，一繹之其文義合邪否邪？〔註76〕

高攀龍反對王陽明所復之《大學》古本的「格物」說，因高攀龍以爲其說法未
爲合於古本之原義。進而闡釋自己對《大學》之「格物」的看法。高攀龍認爲
王陽明以「致良知」釋爲「明明德」並不妥當，高攀龍認爲《大學》之明明德
而言，格致誠正是修身之工夫，正是綱舉目張，由明明德進而親民而止於至善，
更是進程分明。但王陽明則顛倒之，認爲由「親民」故可以明德。此乃因王陽
明之「良知」是言形上心之先驗道德，故不須學不而不須格物窮理，則心中即
具天理至善，所以王陽明強調「致」之工夫，認爲由「致」之工夫，即可以自
覺其心之至善天理。但高攀龍之「心」是一形氣心，故會受「人心」之「識」
造作影響，故須由格形氣之物理，當窮理知止於至善，充實「人心」之道德意
識，「人心」之「意」誠，而恢復人初生之本然「人心皆道心」的狀態。

　　高攀龍云：「物格知至，實見得天人一，古今一，聖凡一，物我一。」
〔註77〕因爲「誠意」故心與理一，而心、物無對，故能「因物付物」。盡而
「正心」而使物當其則，處物呈理之各當，完成儒家「內聖」修養工夫。故
可達其治平天下之開物成務之「外王」事功。因此高攀龍不贊成王陽明所謂
「格」訓爲「正」是以其良知推至於事事物物中使其得其「正」，因爲事事
物物中本具道德天理，萬事萬物之變化其實在「人心」之造作，因此當格物
致知而人心知止誠意之後，即廓然大公而順事無情，則可以處物爲義、物各
付物，使物各得其正。因此「物各得其正」是「物格」之境，並非「格物」

〔註76〕高攀龍：〈大學首章廣義〉，《高子遺書・經解類》，（台北，臺灣商務印書館文
　　　　淵閣四庫全書，民國72年），卷三，頁353。
〔註77〕高攀龍：《高子遺書・語》，（台北，臺灣商務印書館文淵閣四庫全書，民國72
　　　　年），卷一，頁331。

之法。而陽明所謂「爲善去惡」，高攀龍認爲此乃「誠意」之工夫，因爲「人心」之「識」因爲過與不及而流於惡，當格物而物格，人心不逐外物與情識，則此爲「誠意」，因爲心之意誠，而其所發之情皆善也，此即可「爲善去惡」藉由「誠意」之道德判斷而自定、自悅此方向，自律地成就道德實踐。因此高攀龍言「誠意」是「爲善去惡」。高攀龍認爲藉由格物致知之使人心達到知止於至善，而道心顯而「誠意」也。藉由人之「誠意」的悅心，使心之理義天下同然，天下遂爲一身，一氣呼吸，一同成就道德功業，而天下之物與心之理義之「仁」渾然一體，皆爲吾輩所用，故「物各因其則」，「理呈於各當」，因此「物我」、「仁己」皆爲道德，此一氣化流行之太和世界，達到《大學》齊家、治國、平天下之格物之功。

第三節　知到自然力到

一、識仁只在此識

> 大學以明、親、止爲一物、一事，就中揭出本始，使人知所先後，而先於格物、致知。格物者，究竟到極至處，知本之所在，即明、親、止一齊在此，其義備於淇澳一段。蓋知本確是格物，而此段又確是知本，大學名言此謂知本，此謂知至，此段又明言此謂知本，不得紐合誠意中。老先生以知本爲致知大旨已了，文義久當自會。蓋攀龍是數年憤悱得之，非漫從也，如刻教不知在腸中幾盤旋矣，得一本字到手，更有何事。但此事頭面易見，肺腑難窮古人下格字、致字，萬分鄭重。老先生洞悟心靈，只體貼天理，便見天理與心靈又豈有兩物，妙在體貼兩字耳。只在一部大學中，懸空體不出，氾濫亦體不出也。〔註78〕

《大學》以明明德、親民、止於至善說明格物爲先，致知爲後之始末。格物究竟到極至處，知「本」之所在於己身，因天下無心外之事、無心外之理。因此高攀龍藉由《大學》重視「修身」爲格物致知之本。說明格物者，知本之所在即是致知，一致知則明德、親民、止於至善止是一事，並無先後本末之別。但

〔註78〕高攀龍：〈荅羅匡湖給諫三〉，《高子遺書‧書》，（台北，臺灣商務印書館文淵閣四庫全書，民國72年），卷八上，頁487。

是高攀龍認爲除此之外更應思索「本」字之眞正意義。高攀龍認爲「本」字所指的即是「身」字，此是經過數年憒怫、腸中幾盤旋而得之，故天理與心靈之關係即須由「本」之「身」來聯繫，所謂「體貼」指的是親自體貼實踐，因此高攀龍言「天理與心靈又豈有兩物，妙在體貼兩字耳」。高攀龍云：

> 兄之學必已得力，會詣一旦豁然貫通境界否？弟甲午粵之行，千里孤征燕，閒靜一之中，微有窺見五年於茲矣。雖於日用不無斷續，但覺此理充滿，活潑瞭然心目之間，身心有箇著落處，行事有箇把柄處。所苦者並非聖賢根器，又無小學工夫，而志學又遲卻孔子十年，以致氣習薰染，淘洗爲難，今亦無他法，只將義理浸灌栽培去耳。兄受質之淳，處困之甚，倍於弟，其得力必百倍於弟，不知其入處何如？此事甚大，日月漸去，幸速相研究也。〔註79〕

高攀龍認爲「心靈」與「天理」在於「體貼」而爲一，因此須在日用不無斷續，但覺此理充滿，活潑瞭然心目之間，身心有箇著落處，行事有箇把柄處。此即「豁然貫通」之境地。高攀龍是「以氣爲本」，因此形氣之身之躬行實踐是其理論之特色，因爲「天理」與「心靈」在格物理論中，可以言「心即理」之無心外之事、無心外之理，然而「心靈」與「天理」皆本具吾身之中，因此吾身即是最佳道場，經過格物致知學之修養過程，達到「內聖」之工夫，但高攀龍並不以此爲「性善」之保證，因爲「內聖」只是涵養操存之工夫，並未眞實具體展現在現實形氣世界中，因此高攀龍藉由吾身「體貼」之躬行踐形，則使無聲臭之道，即是眞實無妄地展現，因此齊家治國平天下「外王」之事才能達成。因此高攀龍言「只在一部大學中，懸空體不出，氾濫亦體不出也。」因此高攀龍云：

> 湛氏甘泉謂大學古本『自天子至於庶人』兩條後，有『此謂知本，此謂知之至也』二句。蓋以修身申格物，見格物乃以身至之義，而非聞見之知也。〔註80〕

高攀龍說明「格物」是以「身至」並非是人所認爲「聞見之知」的「知識」而已，因此高攀龍之「義理之知」即是具體之道德言行，並非無形抽象之道

〔註79〕高攀龍：〈與確齋二〉，《高子遺書・書》，（台北，臺灣商務印書館文淵閣四庫全書，民國72年），卷八上，頁478。

〔註80〕高攀龍：〈附錄先儒復大學古本及論格致未嘗缺傳〉，《高子遺書・經解類》，（台北，臺灣商務印書館文淵閣四庫全書，民國72年），卷三，頁354。

德義理而已。高攀龍言格物論牽涉到王陽明「心即理」與朱子「心統性情」兩個看似大相逕庭之思想系統。但高攀龍用「以氣爲本」之思想貫穿與融攝此兩大系統，並重新詮釋之。因爲「以氣爲本」之觀念，高攀龍重視形氣世界，因此其不再強調形上，所以反對王陽明以「良知」來「正」物之思想，因爲不從形氣之物出發之格物，是虛玄不實，其心之「虛靈知覺」不具實理，不能自制自律，而易受情識所用，而不自知。高攀龍認爲「道在氣中」萬物各具主體義，因此「物則」即是天然自有之至善天理，何須正之。高攀龍再藉由「情」論已發未發之「心統性情」思想，來說明格物中「人」對「物」之正確態度應如何？高攀龍認爲「人心」寂之時，心在物爲理，此即是經由格物使「人心」知止於至善，因而「誠意」，此乃「以氣爲本」之「心即理」之義。當「人心」感之時，心處物爲義，因物付物，因此理呈於各當，此乃高攀龍「正心」之義，因此先「正心」，物才能各得其正。表面上看來高攀龍思想體系看似尊朱貶王，其實高攀龍自有一套理論系統，將朱學與王學理論融攝在「氣」之實體中，成爲高攀龍強調形氣之「身」爲格物致知之「本」，「修身」爲格物致知之目的之學術基礎。高攀龍云：

> 君子於人之言也，必有以得其人之心，盡其人之說。體之於吾身，眞見其非，而後明吾之是，以正之務，可以建諸天地，質諸鬼神，以俟後聖，而無後愧。其人若陽明之攻朱子也。果爲得朱子之心，而有當於其說乎。吾觀其答顧東橋之書曰：朱子所謂格物云者，是以吾心求理於事事物物之中，如求孝之理於其親之謂也。求孝之理在於吾之心耶，抑在於親之身耶。假果在於親身，而親沒之後，吾心遂無孝之理與。見孺子之入井，必有惻隱之心，是惻隱之心果在孺子之身與，抑在吾心之良知與。是可見析心與理爲二之非矣。果若斯言也，朱子可謂天下之至愚，叛聖以亂天下者也。〔註81〕

高攀龍認爲君子於人之言一定是經過自己躬行不殆，而可告誡於人，因此可「得其人之心，盡其人之說」。當將君子之言體之於吾身，可以判斷事情是非，而後明吾之是，藉此使事物各得其正，並躬行實踐，則可以建諸天地，質諸鬼神，以俟後聖，而無後愧。而高攀龍藉由陽明〈答顧東橋之書〉中對朱子格物之看法說明自己格物致知之眞義。王陽明以爲朱子之「格物窮理」是求

〔註81〕 高攀龍：〈陽明說辨一〉，《高子遺書‧經解類》，（台北，臺灣商務印書館文淵閣四庫全書，民國 72 年），卷三，頁 372。

理於事事物物中，而不是內斂吾之本心。因此王陽明認爲朱子是「心」與「理」
爲二，遺內而循外。高攀龍認爲王陽明不明白「致知在格物」之義爲何？因
此王陽明是將心與理二分，而勉強言合者。高攀龍續云：

> 夫臣之事君以忠也，夫人知之，而非知之至也。孟子曰：欲爲臣，
> 盡臣道法舜而已，不以舜之所以事君事君，不敬其君者。夫不敬其
> 君，天下之大惡也。苟不如舜之所以事君，則以陷於天下之大惡而
> 不自知焉。所以去其不如舜，所以就其如舜者，當吾不至也。孟子
> 曰：事親若曾子者可也。夫至于曾子事親而始曰：可也。不然猶未
> 能事其親矣。則所以去其不如曾子，以求其如曾子者，又當何如也。
> 此人倫之至大，天理之極止之則也。此爲格物而至於物，則物理盡
> 者也。〔註82〕

所以高攀龍言「臣之事君以忠也，夫人知之，而非知之至也」，知道事君以忠
之道德義理並非知之至，因爲事君不如舜之所以事君。若以爲去其不如舜，
所以就其如舜者就是知之至，此乃陷於天下之大惡而不自知焉。再者，知道
曾子事親的孝之理，而知去其不如曾子，以求其如曾子者，只是知之始，而
非知之至。直至可以「事親若曾子」，才是知之至。因此高攀龍藉由孟子所言
「不以舜之所以事君事君，不敬其君者」、「事親若曾子」才是「人倫之至大，
天理之極止之則」的格物致知之終，說明「心即理」之義乃「理」本在吾心
之中，由吾身展現呈具體道德言行，即是「格物而至於物，則物理盡者也」，
才可稱作眞正「格物窮理」。

高攀龍云：

> 所謂因其已知之理，而益窮之，以求至乎其極也。今乍見孺子將入
> 井，皆有怵惕惻隱之心，此心何也，仁也。格物者知皆擴而充之，
> 達之於其所忍，吾不見吾不忍之眞心焉。一簞食一豆羹，生死隨之
> 而行道不受乎嘑爾，乞人之食不屑蹴爾，此何心也？義也。格致者
> 知皆擴而充之，達於其所爲，無不見吾不爲眞心焉，此之謂格物而
> 致知，故其心之神明，表裡精融，通達無間，而更無一毫人欲之私
> 得藏於隱微之地，以爲自欺之主。故意之所發無不誠，心之所存無
> 不正也。吾所聞於程朱格物致知之說，大略如此也。未聞其格孝於

〔註82〕 高攀龍：〈陽明說辨一〉，《高子遺書·經解類》，（台北，臺灣商務印書館文淵
閣四庫全書，民國 72 年），卷三，頁 372。

親之身，格忠於君之身，格惻隱於孺子，格不受不屑於行道乞人也，

以是而闢前人之說，譬如以病眼見天而謂天之不明，則眼病也。於

天何與，是可百世以俟聖人乎。〔註83〕

高攀龍進一步解釋何謂「知之至」之「因其已知之理，而益窮之，以求至乎其極」。高攀龍藉由孟子所言「見孺子將入井，皆有怵惕惻隱之心」之不忍人之心與「一簞食一豆羹，生死隨之而行道不受乎嘑爾，乞人之食不屑蹴爾」之義行表現，來說明「致知」是「知皆擴而充之，達於其所爲」之道德言行展現。唯有如此才能達到其心之神明，表裡精融，通達無間，而更無一毫人欲之私得藏於隱微之地，以爲自欺之主。若能如此則可以意之所發無不誠之「誠意」與心之所存無不正也之「正心」之境地。因此高攀龍云：

羅氏念菴謂莫非物也，而身爲本；莫非事也，而修身爲始。知所先

後，而後所止不疑。吾與天下感動交涉通爲一體，而無有乎間隔，

則物格知至得所止矣，知本故也。〔註84〕

因此「致知在格物」是因爲「物之理」與「心之理」同爲至善天理，藉由格物之理，使人認知義理本在吾身，順吾身之理躬行者，才是「致知」之知之至。以此來駁斥王陽明認爲朱子以吾心求事事物物之「格物」論是析心與理爲二，並藉此說明其「格物致知」在於吾身「體貼」故心靈與天理是一，而非如王陽明「虛靈知覺」多爲情識所用之虛妄與意之發不能自制的自欺之事。高攀龍云：

余觀聖人之教最先格物，格物者，格至善而已。至善者，天而已。

一徹永徹，一迷永迷，此吾人聖、狂界口，生死關頭。〔註85〕

高攀龍認爲「格物」主要在格「至善」，讓人明白何謂「至善」，而「至善」其實就是「昭昭之天」。高攀龍有言「天一也，無窮之天即昭昭之天。因「無窮之天」是常人所明白之事，並不須格物即可知，但「昭昭之天」是聖人先得之處，常人所不知，因此高攀龍認爲透過格物讓常人明白「天」與吾「身」只是一氣呼吸，吾身之性即是天理之極則，所以只人要透過「當身體貼」之

〔註83〕 高攀龍：〈陽明說辨一〉，《高子遺書・經解類》，（台北，臺灣商務印書館文淵閣四庫全書，民國72年），卷三，頁372。

〔註84〕 高攀龍：〈附錄先儒復大學古本及論格致未嘗缺傳〉，《高子遺書・經解類》，（台北，臺灣商務印書館文淵閣四庫全書，民國72年），卷三，頁354。

〔註85〕 高攀龍：〈格言〉，《高子遺書・經解類》，（台北，臺灣商務印書館文淵閣四庫全書，民國72年），卷三，頁363。

躬行實踐，「無窮之天」即是「昭昭之天」，而天人是一也。高攀龍云：

> 名性曰善，自孟子始。吾徵之孔子所成之性，即所繼之善也。名善
> 曰無，自告子始，吾無徵焉。竺乾氏之說似之。自陽明先生始以心
> 體爲無善無惡，心體即性也。今海內反其說而復之古者，桐川方本
> 菴先生、吾邑顧涇陽先生也。方先生爲天泉證道乃龍溪公之言託於
> 陽明先生者也。攀龍不敢知，竊以陽明先生所爲善，非性善之善也，
> 何也，彼謂有善有惡者，意之動，則是以善屬之意也。其所謂善第，
> 曰善念云而已。所謂無善第，曰無念云而已。吾以善爲性，彼以善
> 爲念也；吾以善自人生而靜以上，彼以善自吾性感動而後也，故曰：
> 非無所謂性善之善也。吾所謂善，元也，萬物之所資始而資生也，
> 烏得而無之，故無善之說不足以亂性，而足以亂教。善一之而已矣，
> 一之而一元，萬之而萬行，爲物不二者也。〔註86〕

高攀龍藉由孟子之「性善說」始可徵孔子所成之性，即所繼之善也。藉以駁
斥告子、佛氏與王陽明所言「明善爲無」之思想。高攀龍反駁陽明以「心體
爲無善無惡」與「心體即性」之說，高攀龍認爲王陽明是不明「善」者，因
此王陽明之「善」非孟子所言「性善」之善。王陽明認爲「有善有惡者，意
之動」，因此其「善」是屬於意之發。因此王陽明又言「無善第」，而「無善
第」即是無念，因此其「善」又屬於「念」。故王陽明之「善」是「有善有惡」
之意念表現，所以王陽明之「善」是在吾性感動而發者，因此「善」非「性
善」之「善」。高攀龍之「性善」之「善」是在人生而靜以上，心寂未感之時，
即《中庸》所言喜、怒、哀、樂之「情」之未發狀態下，才可見之。高攀龍
重申其「性善」之「善」是氣化生生之易萬物之所資始而資生之乾「元」，即
是《易傳》中所言「天地之大德曰生」之義，因此「善」烏得而無之，故無
善之說不足以亂性，而足以亂教。因爲「善」即是「元」，而「元」所指乃是
氣化生生之「仁」，而氣化所生之森羅萬象之物皆稟此仁德爲其本性。因此「善」
之本源是「氣化之生理」，但因爲此生理會隨著易之「爲物不二」地創生萬物，
而「理一」之本源，會「分殊」成爲萬理，所以高攀龍言「善一之而已矣，
一之而一元，萬之而萬行，爲物不二者也」。高攀龍續云：

> 天下無無念之心，患其不一於善耳，一於善即性也。今不念於善，

〔註86〕高攀龍：〈方本菴先生性善要序〉，《高子遺書・序》，（台北，臺灣商務印書館
文淵閣四庫全書，民國 72 年），卷九上，頁 546。

而念於無，無亦念也。若曰：患其著焉。著於善，著於無，一著也。
著善則拘，著無則蕩，拘與蕩之患，倍蓰無算，故聖人之教，必使
人格物，物格而善明，則有善而無著。今懼其著至夷善於惡而無之
人，遂將視善如惡而去之，大亂之道也，故曰：足以亂教。此方先
生所憂，而性善繹所以作也。善乎？先生之言曰：見爲善，色色皆
善，故能善天下國家；見色爲空，色色皆空，不免空天下國家。見
之異，則體之異，體之異則用之異，此毫釐千里之判也。嗚呼古之
聖賢曰止善，曰明善，曰擇善，曰積善，蓋懇懇焉。今以「無」之
一字，掃而空之，非不教爲善也，既無之矣，又使爲之，是無食而
使食也。人欲橫流，如何水建瓴而下，語之爲善，千夫隄之，而不
足；語之無善，一夫決之，而有餘，悲夫。〔註87〕

高攀龍藉由「格物」明白萬物中皆具此「性善」之「善」，此「善」是眞實存
在「萬物」之身，因此萬物一呼一吸之活動中，具體徵「性善」之「善」之
無所不在，因此「物格」則「善明」，「善」非「無」也。高攀龍言「見爲善，
色色皆善，故能善天下國家；見色爲空，色色皆空，不免空天下國家」，「性
善」之「善」是格物而知皆擴而充之具體實有之「人倫之極大，天理之極止
之則」，因此若人能行善爲善，色色之萬物皆是繼善成性，各正性命者，故能
使天下國家之人皆爲善。但是若將「善」視爲「無」而「空」之，則形色之
萬物皆爲「虛空」不實者，故天下國家亦是「空」，而何以善天下國家。故聖
賢希冀吾輩「明善」、「積善」、「擇善」，即是將「善」視爲具體實有之善言善
行，才能「擇」之、「積」之。高攀龍云：

　　只看聖人說「仁者，其言也訒」便把仁者欽欽翼翼的形像畫出來，
　　便把仁者一段欽欽翼翼的心事顯出來。司馬牛乃曰：其言也訒，斯
　　謂之仁矣乎？聖人是說仁者之言，司馬牛是說言者之訒，何啻天地
　　懸隔。凡聽言不會意者，類如此。若今人便對他說：言者是何物？
　　訒言者又是何物？都點在虛靈知覺上去了。〔註88〕

高攀龍認爲由「仁者，其言也訒」便刻畫出仁者欽欽翼翼之形像與心事。《論語·

〔註87〕高攀龍：〈方本菴先生性善要序〉，《高子遺書·序》，（台北，臺灣商務印書館
　　　　文淵閣四庫全書，民國72年），卷九上，頁546。
〔註88〕高攀龍：〈仁者其言也訒章〉，《高子遺書·講義》，（台北，臺灣商務印書館文
　　　　淵閣四庫全書，民國72年），卷四，頁394。

顏淵》云：「司馬牛問仁。子曰：仁者，其言也訒。曰：其言也訒，斯謂之仁已乎？子曰：爲之難，言之得無訒乎？」〔註89〕朱熹注：「訒，忍也，難也。」因此孔子因爲司馬牛之多言而噪，所以言「仁者，其言也訒」，希冀以仁者之言有所忍而不易發，告誡司馬牛，希望其言之時知其所忍，而不易發。孔子所言者是聖人之言，「仁者，其言也訒」此是仁者爲仁之方，其德之一端。而司馬牛所言者乃「言者之訒」之事，兩者天壤懸隔。高攀龍認爲藉由「說」來會意，都點在「虛靈知覺」上去了，不如藉由具體之「行」來實踐之。高攀龍續云：

> 聖人便質質實實說，爲之難。言之得無訒乎？這難字，不是謂天下事難做，故言不輕說，此一難字是千古聖人的心體，聖人看天下事，無一件是我能的；看君子躬行之事，無一件是有於我的，其難、其慎爲也。如此言也，如此輕浮恣肆之意，融化無存厚重凝密之體，造次不失，這便是仁。凡論語言仁，都是樸實頭，如此可見，爲仁只在言行上，別無玄妙。識仁只在此識。〔註90〕

聖人不輕說，故實實在在地言「爲之難」。「爲之難」是因千古聖人之「心體」是難見難言。但因「道在氣中」，因此天下之人只要依此身之秉彝善性而行，即是爲仁。而聖人看天下事，無一件是他能替天下人做的，因爲要靠天下之人自我實踐。再者，聖人看君子躬行之事，無一件是他做的，因爲君子致力交勉行善，故言聖人言其難、而慎爲也。但「如此言也，如此輕浮恣肆之意，融化無存厚重凝密之體，造次不失」，這便是仁。「仁」看似簡單輕易，其實則「難」也，雖然如此，但「仁」卻又是「樸實」無妄，真切在日用庸行中顯，因此高攀龍云「爲仁只在言行上，別無玄妙。識仁只在此識。」因此高攀龍認爲「善」是最真切具體之道德言行，不離吾人之日用庸行，因此「格物」須在此「格」，「識仁」須在此「識」。「明善」者知「善」非「無」亦非「念」也，只是人之善言善行之表現。

二、日用動靜之文洗心退藏之約

> 聖人言道，未嘗諱言無也。曰：上天之載，無聲無臭。夫無聲無臭者，不可言，言人倫庶物而已。聖人曰：即此是道，更別無道也夫。

〔註89〕朱熹：《四書集注‧論語》，（台北，世界書局，民國86年3月），頁394。

〔註90〕高攀龍：〈仁者其言也訒章〉，《高子遺書‧講義》，（台北，臺灣商務印書館文淵閣四庫全書，民國72年），卷四，頁394。

曰：即此是道，更別無道者，無之極也，學者不察也。天生蒸民，
有物有則，是故典日天序；禮日天秩；命日天命；討日天討，是之
謂天則，非人所能與也，以人與之爲私而已。聖人之學，物還其則，
而我無與焉；萬變在人，實無一事也，無之極也。今之言無者，異
於是，曰：無善無惡。夫謂無善無惡可矣。謂無善何也？善者，性
也；無善是無性也。吾以善爲性，彼以善爲外也。吾以性爲即人倫，
即庶物；彼以人庶物是善，而非性也，是岐體用，岐本末，岐內外，
岐精麤，心、迹而二之也。〔註91〕

高攀龍認爲儒家聖人亦言「無」，但是所謂「無」是指「道」無聲無臭之無形
無狀而不可言者。但是性善之「善」卻不可言無，因爲「性善」之「善」是
具體實有人倫庶物。因此「道」即是天生蒸民，有物有則，是故典日天序；
禮日天秩；命日天命；討日天討，是之謂天則，天生自然自有之理非人所能
與也，若以人與之則爲私慾而已。高攀龍云：

猶以爲形而下者，乘於氣機也，視、聽、持、行皆物也，其則乃性也。……
正謂軀殼上重重私欲耳。若一日克己復禮，則軀殼之己與天地萬物爲
一，豈有二耶。吾儒與佛氏名目多不同，如儒者說性，只在人物上，
未有人物只說天，未有天地只說太極，其實一也。〔註92〕

高攀龍認爲人之「視、聽、持、行」皆是物，而其則是人之善「性」。儒者說
「性」是在有人物之後言之，即是「離卻生無處見性」，而未有人物言性，只
言「天」，未有天地而言形上本體，則只說「太極」，故從未言「無」。而人倫
庶物天生即是「以善爲性」，因此有不善之處，是因爲人「軀殼上重重私欲」
所掩蓋「善」性之發。如高拱云：

仁乃心之全德，渾然天理，萬物皆備，無少欠闕。但爲己私障蔽，若
能一日克己復禮，則障蔽既去，本體自還，天下之仁皆歸焉。〔註93〕

因此只要「克己」之「私慾」，則可以讓「軀殼之己與天地萬物爲一」。因此
高攀龍云：

龍嘗讀聖賢書，見孔子言仁，便說復禮；孟子言浩然之氣，便說集

〔註91〕高攀龍：〈許敬菴先生語要序〉，《高子遺書‧序》，（台北，臺灣商務印書館文
　　　　淵閣四庫全書，民國72年），卷九上，頁546。
〔註92〕高攀龍：〈荅念臺三〉，《高子遺書‧書》，（台北，臺灣商務印書館文淵閣四庫
　　　　全書，民國72年），卷八上，頁479。
〔註93〕高拱：《高拱論著四種》，（北京，中華書局，1993年7月），頁168。

義。夫仁者與萬物爲一體；浩然之氣塞乎天地，可謂大矣，而拈出
一禮義字，便分毫走作不得，其嚴如此。今時之學非無見其大者，
只緣這些走卻，便爾落草，門下諸篇，迥別時說，何勝爲吾道之幸，
聊發所見大端，以望金玉之音。〔註94〕

高攀龍認爲孔子之「仁」即是孟子所謂「浩然之氣」，爲了達到此境地即須「克
己」之「軀殼之私」，故孔子言「復禮」而孟子言「集義」，其實只是一事，
因此可以藉由孔孟之「禮義」達到仁者與萬物爲一體而浩然之氣塞乎天地。
因此高攀龍又云：

聖門以禮教門弟子，皆使由禮求仁，禮與仁皆性也。何以禮之不？
即爲仁也。曰：克己與不克己已耳。何以謂之己？人在大化中有箇
身子，如大海中一冰，此冰是到死不化的，若化方知與含生之類同
一海水。不克己，即使能約禮，禮只是禮，故曰：博學以文，約之
以禮。僅可不畔於道，未知其仁也。〔註95〕

前有言「孔子言仁，便說復禮」因此高攀龍認爲孔子是以「禮」教門人弟子，
因此門人弟子即由「禮」求仁。即由「爲仁」之道德言行，言「仁」、「禮」，
「仁」、「禮」即是性。如高攀龍云：

孟子曰：君子以仁存心，以禮存心，仁者愛人，有禮者敬人，君
子存心只是仁禮，仁、禮只是愛敬，所以期至於法，今傳後之聖
人，斯二者而已矣。斯二者何從來也，從孩提來也，孩提知愛，
稍長知敬，莫知其所以然而然，所以爲良知、良能，是人之本心
也。〔註96〕

高攀龍以孟子言「愛」之「仁」與「敬」之「禮」即是「赤子」之良知良能，
由此可之「性」之「仁」「禮」由心表現成具體善行，才可言性。此即前所言
「性善」之善即最眞實之人倫庶物，故「善」不可言「無」。如高攀龍云：

何必道性善，是人人本色也；何以必稱堯舜，是性善實證也。試看
不學良知，不慮良能，塗之人有與堯舜針芒不合否，非七篇昭揭，

〔註94〕高攀龍：〈荅湯海若〉，《高子遺書・經解類書》，（台北，臺灣商務印書館文淵
　　　　閣四庫全書，民國72年），卷三，頁499。
〔註95〕高攀龍：〈克己復禮章〉，《高子遺書・講義》，（台北，臺灣商務印書館文淵閣
　　　　四庫全書，民國72年），卷四，頁393。
〔註96〕高攀龍：〈愛敬說〉，《高子遺書・經解類》，（台北，臺灣商務印書館文淵閣四
　　　　庫全書，民國72年），卷三，頁368。

則人人寶藏，千古沈埋。〔註97〕

因此「性善實證」是孔門是最樸實頭，故以「爲仁」言「禮」。然而仁如何可「爲仁」而「復禮」，則須由「克己」來入手。「己」即是吾身之軀，吾身與天地原是一氣所生，但是因爲人身軀殼有重重私慾，故不能同於天地之不朽，因此高攀龍言「如大海中一冰，此冰是到死不化的，若化方知與含生之類同一海水」，高攀龍認爲若吾輩知「己」即是「不化之冰」，進而昭昭實踐之爲仁，即是「克己復禮」。但若不「克己」軀殼之重重私慾，而只是「約禮」，則「禮」只是「禮」之生生氣機，而不是「性善」之「善」。高攀龍云：

> 弟年來認得學問要約處，止一性字耳。此處眞假干涉非細，若不將有生以後添出者，盡情放舍，不見其面目也。何日與年丈相對默然，一印斯理。〔註98〕

高攀龍認爲「約禮」之「約」是發於軀殼之「人心」之「識」，可以知止於「性」之「至善」。如此「約禮」才是性善之「善」。因此高攀龍又云：

> 孔顏當時博文只是詩書禮樂，約禮只是躬行實踐；吾輩今日將經書熟讀深味，就是博文；將聖賢所言一一體之於心，見之行事之實，就是約禮。至於所謂日用動靜之文，洗心退藏之約，自在其中，不必言也。〔註99〕

高攀龍認爲敦實肯切之「博文約禮」，是將「博文」之詩、書、禮、樂內斂求到吾身之性中，體之吾心，進而見之行事之實，此即「約禮」。故高攀龍認爲「日用動靜之文，洗心退藏之約」是不須說，因爲在日用庸行中即已表現無遺。因此高攀龍學術特色即是以「當身體貼」之躬行實踐，將格物窮理之「日用動靜之文」與心性修養之「洗心退藏之約」融攝在形氣之「身」中。因爲高攀龍認爲聖人是不任不廢聞見之知與良知，唯有如此人才得以進德修業，下學而上達。因此高攀龍言「博學以文，約之以禮。僅可不畔於道，未知其仁也。」因爲眞實之「仁」即「克己」而「約禮」，並積極「爲仁」不輟，充實「人心」良知義理，而非只有消極地「不畔於道」而已。因此高攀龍云：「道

〔註97〕　高攀龍：〈聖賢論贊・孟子〉，《高子遺書・經解類》，（台北，臺灣商務印書館文淵閣四庫全書，民國72年），卷三，頁378。

〔註98〕　高攀龍：〈與吳懷野〉，《高子遺書・書》，（台北，臺灣商務印書館文淵閣四庫全書，民國72年），卷八下，頁523。

〔註99〕　高攀龍：〈顏子喟然歎曰章〉，《高子遺書・講義》，（台北，臺灣商務印書館文淵閣四庫全書，民國72年），卷四，頁390。

有體用焉。其用可見，其體難明。其體可明，其用難盡。故君子致知力行，必交勉也。」〔註100〕「道」體是「無」因此不易見，而可見者是「道體」之性善實證，故由「致知力行」之行善。高攀龍云：

> 聖人之教莫先於禮，莫重於禮，禮體物不遺，仁義皆禮也。孔門善學者，莫如顏子，顏子之學，復禮、約禮而已。然夫子曰：不以禮讓，如禮何？言禮必以讓者，何也？辭讓之心爲禮之端，禮無形，讓乃禮也，餘則其文也。〔註101〕

何謂「體物不遺，仁義皆禮也」？因爲「仁」是「心在物爲理」；「義」是「心處物爲義者」，因爲合「仁」與「義」即是「禮」之「體物不遺者」。所謂「體物不遺」即是聖人「以貫之」之道，無一己之私，廓然大公而物來順應，即「聖人之喜怒，在物不在己」，聖人亦別無勞攘，只順事無情，物各付物。而高攀龍云：

> 聖人之道一以貫之，是故言天下之至賾，而不可惡也；言天下之至動，而不可亂也。彼外善以爲性，故物曰外物，窮事物之理曰徇外，直欲一掃而無之，不知心有未盡，不可得而無也；理有未窮心，不可得而盡也。今以私欲未淨之心遽遣之，使無其勢，必有所不能，則不得不別爲攝心之法，外人倫庶物而用其心。至於倫物之間，知之不明，處之不當，居之不安，將紛擾滋甚，而欲其無也，愈不可得矣。是故以理爲主，順而因之，而不有者，吾之所謂無也；以理爲障，逆而掃之，而不有者，彼之所謂無也。兩者根宗而少異，而精神血脈頓若燕越背馳，不可不察。〔註102〕

前有言佛氏與陽明以爲「庶物」是善，而「性善」之善是「無」，認爲「外善以爲性，故物曰外物」，當朱子言求心之理於事事物物，王陽明即解讀爲「循外」，欲掃除而無之。高攀龍卻認爲不知心有未盡，不可得而「無」也；理有未窮，心不可得而盡也。所以須格物而窮理盡心，以求得「體物不遺」之「一以貫之」之道。因「言天下之至賾，而不可惡也；言天下之至動，而不可亂」故倫物之

〔註100〕高攀龍：《高子遺書·語》，（台北，臺灣商務印書館文淵閣四庫全書，民國72年），卷一，頁337。

〔註101〕高攀龍：〈興讓堂記〉，《高子遺書·碑》，（台北，臺灣商務印書館文淵閣四庫全書，民國72年），卷十，頁626。

〔註102〕高攀龍：〈許敬菴先生語要序〉，《高子遺書·序》，（台北，臺灣商務印書館文淵閣四庫全書，民國72年），卷九上，頁546。

間，知之不明，處之不當，居之不安，皆由於「不克己」之私慾，因此將紛擾滋甚，而欲其「無」也，愈不可得矣。所以「無」指的是心「無事」，而欲心無事，只要以體物不遺而物還其則之「一以貫之」之道，便可以以理為主，順而因之，而無一己之私，是高攀龍之所謂「無」也。因此高攀龍認為「聖人之學，物還其則，而我無與焉；萬變在人，實無一事也，無之極也。」而非佛氏、王陽明之以理為障，逆而掃之，而「不有」之「無」。《高子遺書》云：

> 高子曰：天下之亂，亂於相爭；其治也，治於相讓。上不爭而下乃讓，士風興而民俗乃興。讓也者，舍我而從禮者也。我所欲言而非禮則讓；我所欲進而非禮則讓；我所欲得而非禮則讓；我所欲吝而非禮則讓。何以知其非禮也？吾性之莫為，而為者也。讓則安，不讓則不安，思即其所安，豈有爭乎。無爭之極，則無欲；無欲之極，則無我，至無我而學之，能事畢矣。故曰：克己復禮。聖人之教莫先於禮，亦莫重於禮。讓，乃禮也。民興於讓則天下治矣。〔註103〕

因此孔門以「禮」教人，即是希望「體物不遺」廓然大公，無一己之私，而順事無情，因物付物。所以高攀龍言：「克己復禮，便超凡入聖。」〔註104〕孔門善學者，莫如顏子，顏子之學，復禮、約禮而已。而言「禮」又言「讓」，「讓」即是辭讓之心所發之禮之端。而禮無形，「讓」乃禮之具體善行也。而「讓也者，舍我而從禮者也。」因此下之事若有爭端皆因不讓，不讓是因有「我」一己之私。天下之亂，亂於相爭；其治也，治於相讓。因此若能「我所欲言而非禮則讓；我所欲進而非禮則讓；我所欲得而非禮則讓；我所欲吝而非禮則讓。何以知其非禮也？吾性之莫為，而為者也。」則天下國家可以治，士風興而民俗乃興。因此讓則安，不讓則不安，思即其所安，豈有爭乎。無爭之極，則無欲；無欲之極，則無我，至無我而學之，能事畢矣。因此欲「無爭」須「無欲」，而欲「無欲」須「無我」，因此應以高攀龍前所言，所謂以理為主，順而因之，而無一己之私之「無」之修養工夫。因此「克己」即可以「復禮」，「復禮」則上不爭而下乃讓，民興於讓則天下治矣。因此聖人之教莫先於禮，亦莫重於禮。讓，乃禮也。高攀龍云：

〔註103〕高攀龍：〈興讓堂記〉，《高子遺書·碑》，（台北，臺灣商務印書館文淵閣四庫全書，民國72年），卷十，頁626。

〔註104〕高攀龍：《高子遺書·語》，（台北，臺灣商務印書館文淵閣四庫全書，民國72年），卷一，頁342。

克己復禮，禮即仁矣。此是聖人無我之學，一直上達天德事。惟顏
子可以語此，夫子恐其易視之，故曰：一日克己復禮，天下歸仁焉。
克、復於一日，天下即歸仁於一日，如呼吸，然最可以觀仁。夫子
又恐其難視之，故曰：爲仁由己，而由人乎哉。由己是旋乾坤的力
量，卻是決江河的機括，……夫子告以非禮勿視、聽、言、動，是
禮在視、聽、言、動之先，與視、聽、言、動爲一，非此即勿之，
非簡點於視、聽、言、動之謂也。大綱上，克己手勢重；細目上，
復禮工夫密，綱如開創，目如守成。顏子問目，正問守法，得視、
聽、言、動之說，便刻刻有事了。故曰：請事斯語。聖門爲仁法，
程如此。〔註105〕

《論語・顏淵》：「顏淵問仁。子曰：克己復禮爲仁。一日克己復禮，天下歸
仁焉。爲仁由己，而由人乎哉？顏淵曰：請問其目？子曰：非禮勿視，非禮
勿聽，非禮勿言，非禮勿動。」〔註106〕子曰「一日克己復禮，天下歸仁」此
即是高攀龍所言「一日克己復禮，則軀殼之己與天地萬物爲一，豈有二耶。」
如高拱云：

「歸」是歸還之歸，即所謂復也。「仁」乃心之全德，渾然天理，萬
物皆備，無少欠闕。但爲己私障蔽，乃有不仁耳。一日克己復禮，
則障蔽既去，本體自還，天下之仁皆歸焉。所謂「渾然天理，萬物
皆備，無少欠闕」者，固即此而在也。〔註107〕

高拱以爲「一日克己復禮」則可達天下之仁皆歸，而「渾然天理，萬物皆備，
無少欠闕」之境。而高攀龍前有言「禮」乃「讓」，「讓」則天下國家治，如
高攀龍云：

蔣氏道林謂大學之道必先知止，而其功則始於格物。格物也者，格
知身家國天下之渾乎一物也。格知身之爲本，家國天下之爲末也。
格知自天子至庶人壹是皆以修身爲本也。〔註108〕

高攀龍藉由格物可以「克己」而達天下國家渾乎一物，即所謂「軀殼之己與

〔註105〕高攀龍：〈克己復禮章〉，《高子遺書・講義》，（台北，臺灣商務印書館文淵閣
　　　　四庫全書，民國72年），卷四，頁393。

〔註106〕朱熹：《四書集注・論語》，（台北，世界書局，民國86年3月），卷六，頁136。

〔註107〕高拱：《高拱論著四種》，（北京，中華書局，1993年7月），頁168。

〔註108〕高攀龍：〈附錄先儒復大學古本及論格致未嘗缺傳〉，《高子遺書・經解類》，（台
　　　　北，臺灣商務印書館文淵閣四庫全書，民國72年），卷三，頁354。

天地萬物爲一」之境，而「軀殼之己與天地萬物爲一」即是「仁者，渾然與物同體」之境。因此高攀龍言「克己復禮，禮即仁」。因此應該克、復於一日，則天下即歸仁於一日，因此吾輩應該時時踐仁，因此高攀龍言「如呼吸，然最可以觀仁」。但是孔子恐人不知「爲仁」即是「克己復禮」，因此又言「爲仁由己，而由人乎哉」。《高子遺書》云：

> 吾邑陳子志行聞之欣然曰：夫學豈託之空言，將見之行事，此其爲行事之實乎？而問於攀龍曰：吾知如是之謂爲善也。子爲吾言善所從來？余曰：噫大哉子之問也。夫善，仁而已。夫仁，人而已。夫人合天下言之也，合天下之言，人猶之乎。合四體言身，吾於身有尺寸之膚，刀斧刲割，而木然不知者乎。吾於天下有一人顛連困苦，見之而木然不動於中者乎。故善者，仁而已矣；仁者，愛人而已矣。
> 志行曰：君子欲萬物各得其所，而不能使萬物各得其所，博施濟眾，堯舜猶病如力之不及，何曰：務博者，求諸人；仁者，取諸己；取諸己者，力所及也。吾取諸力之所及，天下人各取諸力之所及，何人、何我、何天，何小、何窮、何達，施不亦博乎，濟不亦眾乎。……
> 志行曰：善，吾今乃知大身是謂同善。〔註109〕

所謂「爲仁由己」，如高攀龍言「善」即是「仁」，而「仁」是「人心」，因爲「人心」有良知良能，故可以「知」可以「行」，因此見於行事之實之「爲仁」即是「善」。對個人而言，「仁」是求諸己者，即是孔子所言「爲仁由己」之義。但當天下人各取諸力之所及而「爲仁由己」，何人、何我、何天，何小、何窮、何達，施不亦博乎，濟不亦眾乎。而合天下之人而言，「善」之「仁」即是萬物各得其所之「博施濟眾」之「愛人」行爲。因此「天下渾乎一身」是謂「大身」，是謂「同善」。「天下渾乎一身」之「同善」即是「天下歸仁」之義。因此孔子強調「爲仁由己」，因「由己」是旋乾坤之力量，卻是決江河之機括，唯有人人「由己」才能達到「克己復禮，天下歸仁」之仁境。

三、知而行在行而知亦在

對個人之「爲仁」而言，即是在「克己」之「人心」之私慾而使「人心」發爲「視、聽、言、動」之「事」時合乎之「禮」，而達到「人心」皆「道心」

〔註109〕高攀龍：〈同善會序〉，《高子遺書·序》，（台北，臺灣商務印書館文淵閣四庫全書，民國72年），卷九上，頁560。

也。因此夫子告訴顏子以非禮勿視、聽、言、動。而高攀龍認爲「禮」是先於「視、聽、言、動」之「事」，因爲前有言高攀龍是以氣爲本之「心即理」，故「禮」是吾心之性之道德內涵，心未發爲「事」即存於吾心，因此心發爲「視、聽、言、動」之「事」之「行」時，「心」之理與「事」之理爲一，故心可以做道德判斷，因此不合於「禮」之「視、聽、言、動」之「事」即勿之而不爲。因此並非心外求於「視、聽、言、動」之「事」上作判斷，而是心自主自律判斷「事」中之「物則」，順而因之，依此而行。因此高攀龍又言：「恭、寬、信、敏、惠，可見仁都在事物上，離事無仁。」〔註110〕其實「物則」即吾心之仁，因此在心「行」此之時，心之理即事之理，所以「知行爲一」，而非陽明所謂「知行合一」者。大綱上，「克己」手勢重；細目上，「復禮」工夫密，綱如開創，目如守成。因此顏子問目，正問守法，得視、聽、言、動之說，便刻刻有事了。因此高攀龍又云：

> 聖人之學求仁而已，蓋余每讀論語，而疑之。仁，人心也。而何聖
> 人言仁，每言事，一日憬然思曰：嗟乎離事故無心，即如夫子告顏
> 子曰：非禮勿視、聽、言、動。告子張曰：恭、寬、信、敏、惠。
> 試體之日用，非禮而視不仁矣，非禮而聽不仁矣，非禮而言、動不
> 仁矣。不恭、不寬、不信、不敏、惠亦然，知不仁乃知人。夫吾之
> 心本宮、本寬、本信、本敏、惠；視、聽、言、動本無非禮，一一
> 還他本色，本不加毫末。故識其自然者，不可不勉其當然者；勉其
> 當然者，不可不識其自然者，此謂本體，此謂工夫。聖人下學而上
> 達，即工夫，即本體。同志之友試於此，求之以爲何如？〔註111〕

因爲「知行爲一」而得視、聽、言、動之說，便刻刻有事，因此高攀龍言「離事故無心」，「事」由心所發，「事」即是心之「行」。而孔子告顏子曰：非禮勿視、聽、言、動。告子張曰：恭、寬、信、敏、惠。試體之日用常行中，可知「非禮」而視不仁矣，非禮而聽不仁矣，非禮而言、動不仁矣。不恭、不寬、不信、不敏、惠亦然，知不仁乃知仁。而「仁，人心也」。因此吾心之生理之「仁」性中本具有恭、寬、信、敏、惠與視、聽、言、動之「禮」。因此人之心一行事，

〔註110〕高攀龍：《高子遺書・會語》，（台北，臺灣商務印書館文淵閣四庫全書，民國
　　　　72年），卷五，頁418。

〔註111〕高攀龍：〈書繼志會約〉，《高子遺書・題跋雜書類》，（台北，臺灣商務印書館
　　　　文淵閣四庫全書，民國72年），卷十二，頁711。

即能自主自覺的判斷自己之言行舉止是否合「仁」，而不仁即是不合吾心之中本具有恭、寬、信、敏、惠與視、聽、言、動之「禮」。因此「克己」而「復禮」之學之工夫是「一一還他本色，本不加毫末」。高攀龍云：

> 萬物總是一物，故一物皆備萬物。我亦一物也，萬物一我也，即萬爲一，故藏密處不容一些散漫。人被物欲牽誘，卻全散漫了，故須反身。反身而誠，即一即萬，取之逢原，何樂如之。即一爲萬，故推行處不容一些隔礙，人被物欲封閉，卻全隔礙了，故須強恕，強恕而行，即萬即一，渾然同體，何仁如之。反字、強字千觔萬兩，天地原是一闔一闢，故學問只是一闔一闢。〔註112〕

天創生萬物皆以「仁」之生理爲其「性」，因此「萬物總是一物，故一物皆備萬物。我亦一物也，萬物一我也，即萬爲一故藏密處不容一些散漫。」此即是「仁」與萬物爲一體之境。但是人之軀殼上重重私慾，因此人被物欲牽誘，而造成與物有對，逐物爲欲，故「仁」之生理全散漫了。因此高攀龍認爲應該「反身而誠」，「克己」之私而尋求發於義理之「道心」爲吾人身之主宰，才能恢復「即一即萬，取之逢原」之樂境。但是當吾人欲自律地由本體「反身而誠」之時，而欲推行「即一爲萬」時，本應不會有所隔礙，但因爲「人被物欲封閉」所以有困境，而此時則須要他律「強恕而行」學之工夫，有「分殊」之萬物即可以「即萬即一，渾然同體」，此即恢復天地創始之「仁」與物同體狀態。焦循云：

> 是時知識已開，故備知天下萬事，我本自稱之名，此我既指人之身，即指天下人之身。〔註113〕

焦循認爲格物窮理而知人物皆有此至善之「性」，而原本「我」只是自稱之名，即至「備知天下萬物」，則「我」與「天下」同爲「一身」。而人知物我是一，即知「誠」之本體即在形氣之身，其認爲人可以「強恕而行」躬行實踐，且其所施行皆實而無妄，故樂莫大焉。因此高攀龍有言：「故識其自然者，不可不勉其當然者；勉其當然者，不可不識其自然者，此謂本體，此謂工夫。聖人下學而上達，即工夫，即本體。」當人知道「自然」之狀態是人者渾然與

〔註112〕高攀龍：〈萬物皆備章〉，《高子遺書‧講義》，（台北，臺灣商務印書館文淵閣四庫全書，民國72年），卷四，頁407。

〔註113〕焦循：〈盡心章句上〉，《新編諸子集成‧孟子正義》，（台北，世界書局，民國67年7月），卷十三，頁520。

物同體，天下渾乎一身時，當氣化之常態，人不為物蔽之時，即應「反身而誠」努力不懈地為仁，以維持氣化之常萬物皆備於我之境。但是當氣化之變，人心有蔽之時，不能「廓然大公，順物無情」之時，則應該有學之修養而「強恕而行」。因為「反身而誠」知「萬物皆備於我」之「自然」狀態是「當然」而行；故當人心有蔽而不能順其「自然」而行時，人即知勉己修養，「強恕而行」其「當然」須行者。所以高攀龍云：

> 親切反身而誠，是無事時工夫；強恕而行，是有事時工夫。一不誠，
> 便不樂；一不恕，便不仁。反身是立本之事；強恕是致用之事，終
> 日如此，自當進益。〔註114〕

「反身而誠」是自律自覺、無時無刻不如此者，因此是「無時」之工夫。「強恕而行」則是當人心為物蔽之時，藉由格物窮理知止於至善而「克己」之私慾，故為「有時」之工夫。「反身而誠」知道物我是一，天下事理皆本於身者是「立本」之事。而知格物本於修身，進而「克己復禮」，達到齊家治國平天下，則是「致用」之事。

因此高攀龍云：「纔知反求諸身，是真能格物者也。」〔註115〕「反身而誠」即是格物豁然貫通之關鍵，因為格物是由格外物之物則，而欲求「至善」之天理，但是須透過「反求諸身」之求放心，而知「心之理義」即是至善天理，而知「心即理」之無物之境，進而能「物物」，而知「強恕而行」推至極至，達「太極無極」之「萬物皆備於我」之樂境。所以「萬物皆備於我」是自然之當然者，故「反身而誠」是「立本」之事；而透過「格物致知」的「學」之工夫，而知「萬物皆備於我」是當然之自然者，故「強恕而行」是「致用」之事。因此「反身而誠」是人自主自覺之自律本體即是引發「強恕而行」他律修養工夫者。所以高攀龍言聖人是「即工夫，即本體。」自律與他律工夫互相涵養，而即知即行者，故能有「下學而上達」之境界。高攀龍云：

> 聖學由知而入，這知字最關係學術大小、偏正都在這裡，惟聖人方
> 有全知，一徹俱徹，知之所及即仁、即莊、即禮，一以貫之。自聖
> 人以下，便要處處著力。仁不能守，是知及上帶來的病，見不透也；

〔註114〕高攀龍：《高子遺書·會語》，（台北，臺灣商務印書館文淵閣四庫全書，民國72年），卷五，頁414。

〔註115〕高攀龍：《高子遺書·會語》，（台北，臺灣商務印書館文淵閣四庫全書，民國72年），卷五，頁331。

泄之不莊是仁守上帶來的病，守不固也；動之不以禮，是莊敬上帶來的病，養不熟也。而統宗會元則在知之一字，此處透一分，以下病痛便減一分，所以謂知之一字關係最大。〔註116〕

高攀龍認爲聖學由「知」此自下手，因此「知」字最關係學術之大小、偏正。但是唯有聖人才有「全知」者。即是孔子所言「生而知之者，上也。」〔註117〕如高攀龍言：「聖人知在一處知，故萬理具備；行在一處行，故萬行具足。」〔註118〕因此常人皆應「處處著力」於「知」，而努力學習。《論語・衛靈公》云：「子曰：知及之，仁不能守之，雖得之，必失之。知及之，仁能守之，不莊以泄之，則民不敬。知及之，仁能守之，莊以泄之，動之不以禮，未善也。」〔註119〕因此高攀龍認爲一般人「仁守」出問題，皆是因爲不能「知及」而見之不透。而「泄莊」不能者，又是「仁守」守之不固。動之不以禮則是因爲「泄莊」養之不熟。因此由「知」之不透，進而影響到「動之不以禮」。因此統宗會元則在「知」之一字，此處透一分，以下病痛便減一分，所以謂知之一字關係最大。高攀龍云：

古今學術以此分歧，何者？除卻聖人全知，便分兩路去了，一者在人倫庶物實知實踐去；一者在靈明覺知默識默成去，此兩者之分。孟子於夫子微見朕兆，陸子于朱子遂成異同，本朝文清與文成便是兩樣，宇內之學百年前是前一路，百年後是後一路，兩者遞傳之後，各有所弊。畢竟實病易消，虛病難補，今日虛症見矣。吾輩當相與積弊，而反之於實，知及仁守，泄之以莊，動之以禮，一一著實做去，方有所就。〔註120〕

只有聖人才有「全知」者，但非聖人之「全知」者則分爲兩路，一者在人倫庶物實知實踐去；一者在靈明覺知默識默成去。因此兩路而有陸象山、陽明

〔註116〕高攀龍：〈知及之章〉，《高子遺書・講義》，（台北，臺灣商務印書館文淵閣四庫全書，民國 72 年），卷四，頁 396。

〔註117〕朱熹：《四書集注・論語》，（台北，世界書局，民國 86 年 3 月），卷八，頁 176。

〔註118〕高攀龍：〈講義・伯夷目不視惡色章〉，《高子遺書・講義》，（台北，臺灣商務印書館文淵閣四庫全書，民國 72 年），卷四，頁 403。

〔註119〕朱熹：《四書集注・論語》，（台北，世界書局，民國 86 年 3 月），卷八，頁 171。

〔註120〕高攀龍：〈知及之章〉，《高子遺書・講義》，（台北，臺灣商務印書館文淵閣四庫全書，民國 72 年），卷四，頁 396。

與朱子之進路不同，故高攀龍言宇內之學百年前是前一路，百年後是後一路，兩者遞傳之後，各有所弊。因爲「全知」之聖人是將人倫庶物實知實踐與靈明覺知默識默成之兩路「一以貫之」者，若有分則會有偏廢，而產生弊端。因此高攀龍認爲惟有恢復人倫庶物實知實踐與靈明覺知默識默成兩路同時並進，而從知及仁守，涖之以莊，動之以禮，一一著實做去，方有所就。因此「知」字雖關係學術之偏正、大小，但是只要「知」透，知修悟兩路是一，再一一實踐之，便能除蔽而有所成。因此高攀龍云：

> 心與理本未嘗不一，非陽明能合而一之也，猶之乎其論知行矣。夫
> 知行亦未嘗不合一，而聖人不必以合一言也。故有時對而言之，則
> 知及仁守是也；有時互而言之，則智愚賢不肖之過不及，而道之不
> 行、不明是也；有時對而互言之，則知至至之，知終終之是也；有
> 時偏而言之，則夫子嘆知德之鮮，孟子重始條理之智傳説，非知之
> 艱，行之惟艱是也；有時分而言之，則知及而仁不能守，有不知而
> 作者是也。吾故曰：聖人不必合一言之也，而知行未嘗不合，惟其
> 未嘗不合，故專言知而行在，專言行而知亦在，《大學》之先格物致
> 知也。以求其端，用力言之，然豈今日知之，明日行之之謂哉，必
> 欲以合一破先後之説也，則《大學》之言先者八，言後者八，皆爲
> 不可通之説矣，凡若此者總是強生事也。〔註121〕

高攀龍認爲「心與理未嘗不一」，非王陽明能合而一之也，因心與理是「本合則不容言合者」。如呂坤云：

> 知也者，知所行也；行也者，行所知也。知也者，知此也，行也者，
> 行此也，原不是兩個。〔註122〕

王陽明則欲將「心」與「理」合一，因此王陽明論乎「知」「行」亦是言「合」者。但是高攀龍認爲「知」、「行」和「心」與「理」之關係一樣，皆是「未嘗不一」者，故不可言「合」，所以「知到自然力到。」〔註123〕但是聖人爲了說解方便，因此將「知」、「行」關係分說成「有時對而言之，則知及仁守

〔註121〕高攀龍：〈陽明説辨三〉，《高子遺書・經解類》，（台北，臺灣商務印書館文淵
　　　　閣四庫全書，民國72年），卷三，頁374。

〔註122〕呂坤：〈談道〉，《呻吟語》，（台北，志一出版社，民國83年7月），卷一，頁
　　　　77。

〔註123〕高攀龍：〈伯夷目不視惡色章〉，《高子遺書・講義》，（台北，臺灣商務印書館
　　　　文淵閣四庫全書，民國72年），卷四，頁403。

是也。」因「知及」是指道德知識，而「仁守」即是道德實踐。所以對而言之是有知及而可行仁守之行。「有時互而言之，則智賢不肖之過不及」因爲有賢與不肖之過與不及之別，因此「行」即因「知」之透與不透，而有過與不即知表現，因此道就不顯。「有時對而互言之，則知至至之，知終終之是也」有時對而互言之則是「知之至」而「至之」，「知終」而「終之」而「有時偏而言之，則夫子嘆知德之鮮。孟子重始條理之智傳說，非知之艱，行之惟艱是也。」有時夫子心情不佳而感嘆很少人知道他的道德。「孟子重始條理之智傳說」而「重始條理之智」就是要開始重視三綱五常。所謂「非知之艱，行之惟艱是也」這是孟子引《尚書》中「非知之艱，行之惟艱」之語。而「有時分而言之，則知及而仁不能守，有不知而作者是也」。因此高攀龍把知行之關係分析的說明，有如此多種情況，但是這些情況是爲了說解而使「知」與「行」看似有分，但是「知行未嘗不合，爲未嘗不合，故專言知而行在，專言行知亦在」，因此《大學》所言「格物」即是「致知」，「致知」即是「格物」。以求其端，用力言之，然豈今日知之，明日行之之謂哉，必以合一破先後之說也。「格物、致知、誠意、正心」之「克己」即是「修身、齊家、治國、平天下」之「復禮」而天下歸仁也。所以《大學》之言先者八，言後者八，皆爲不可通之說矣，凡若此者總是強生事也。而高拱有云：

> 愚聞之孔子云：「知及之，仁不能守之，雖得之，必失之。」夫天下固有知及而仁不能守者焉，惟不能守，故並其所得而失之。若謂知即是行，不行不可以爲知，則是知及即是仁守，不能仁守，不可以爲知及也。與孔子之言不合，吾不敢從。〔註124〕

高拱認爲「知及」之「知」與「仁守」之「行」是一。故知即是行，不行不可以爲知，因此是知及即是仁守，不能仁守，不可以爲知及也。而高攀龍云：「仁不能守之，未仁也，仁則安，故云守。」〔註125〕「仁不能守之」是因爲「知及」而不能行，若能行仁則仁可守，心即安。此乃與高攀龍所謂《大學》所言「格物」即是「致知」，「致知」即是「格物」之「知行觀」不謀而合。

〔註124〕高拱：《高拱論著四種》，（北京，中華書局，西元1993年），頁117。
〔註125〕高攀龍：《高子遺書·語》，（台北，臺灣商務印書館文淵閣四庫全書，民國72年），卷一，頁335。

第七章　變化氣質

第一節　七情好善而惡惡

一、天理自然通暢和樂

　　「存天理，去人欲」一直是宋明理學家所關注之論題，昔日宋明理學家常以「道心」爲「天理」；「人心」爲「人欲」，但是前面高攀龍明說「人心、道心非有兩心」，因此其云：「理欲之界，截然各別，不可有一毫之混；聖凡之體，渾然無二，不可有一毫之歧。」〔註1〕何謂「聖凡之體，渾然無二」？高攀龍有云：「吾聞人得天地之性以生，有善而無惡，故人之七情好善而惡惡。」〔註2〕因爲高攀龍前有言「人至受形以後，天地之性已爲氣質之性矣，非天地之性外復有氣質之性也。」所以「人」皆得「天地之性」以生，故人身之本質是「有善而無惡」，因此形氣之身表現之「七情」者，皆是好善而惡惡之純然全善。因此高攀龍認爲「七情」是自然生理現象之，並不是昔日宋明理學家所認爲的惡的來源之「人欲」。在此論點的基礎之下，高攀龍對「天理」與「人欲」的定義爲何？高攀龍云：

　　　　凡天理自然通暢和樂，不通暢處皆私欲也。〔註3〕

〔註1〕　高攀龍：《高子遺書・語》，（台北，臺灣商務印書館文淵閣四庫全書，民國72年），卷一，頁338。

〔註2〕　高攀龍：〈龔舜麓六十序〉，《高子遺書・序》，（台北，臺灣商務印書館文淵閣四庫全書，民國72年），卷九下，頁585。

〔註3〕　高攀龍：〈與吳子徃一〉，《高子遺書・書》，（台北，臺灣商務印書館文淵閣四

「不通暢」之「私慾」，才是惡之「人欲」。何謂「私慾」？高攀龍曾言人心發於心之義理之「覺」者為「道心」，故「道心」表現之「七情」無過無不及之差，因此「七情」是天下同然而廓然大公者，此時「七情」即人皆同然之善之「悅心」，而天理之表現是通暢。再者，因為是人所同然之「悅心」，故和樂。如戴震云：

> 凡人行於一事，有當於義理，其心氣必暢然自得；悖於理義，心氣必沮喪自失。以此見心之理義，一同乎血氣之於嗜欲，皆性使然耳。
> 〔註4〕

戴震義贊同高攀龍所謂「天理自然通暢和樂」之說。其以為「心之理義」如同「血氣之於嗜欲」在本然之初皆是本性之作用。高攀龍以為使人皆和樂之「悅心」則是「天理」之至善之表現，而非惡之「私欲」。戴震又云：

> 欲者，血氣之自然；其好是懿德也，心知之自然，此即孟子所言性善也。〔註5〕

戴震認為「血氣」之欲是人之生理自然狀態，而非過猶不及的「私欲」之惡。「血氣」之欲就如同「心知」之自然狀態為「好是懿德」。「血氣」、「心知」兩者本然之狀態皆是順性之善之本質展現。高攀龍以為人心發於「軀殼」之「識」，而「識」之作用本來是自然之「七情」。但因「七情」無自覺之作用，故易受其他事物影響，因此會表現出己之「師心自用」的好惡感受，此時「七情」則會為一己之私而有「私慾」之過猶不及之情況產生，此即是高攀龍認為「惡」之來源。因此前有論及「人心」之「識」應為「道心」之「覺」所主宰，使「人心」之「識」之生理作用表現會順「道心」之「覺」而行，則「人心皆道心」只有一心，故無「天理」與「私欲」之別，而有割裂人生通暢和樂之危機。高攀龍云：

> 人生只有理、欲二途，有知識以來起心動念俱是人欲了。聖人之學全是用逆法，如何為逆法？只從矩，不從心所欲也。立者立於此，不惑者不惑於此。〔註6〕

庫全書，民國72年），卷八上，頁492。

〔註4〕戴震：〈理8〉，《戴震集·孟子字義疏證》，（台北，里仁書局，民國69年），頁272。

〔註5〕戴震：〈理15〉，《戴震集·孟子字義疏證》，（台北，里仁書局，民國69年），頁285。

〔註6〕高攀龍：〈六十而耳順二節〉，《高子遺書·講義》，（台北，臺灣商務印書館文

高攀龍認為人生表現只有「天理」與「私慾」兩種情況，非「天理」之表現者，即是惡之來源之「私慾」，其如此斷然二分，是為了強調使人通暢和樂之「天理」，對人生是何等重要。高攀龍說明「理」是「從矩」，而非從「心之所欲」，因為「矩」即是「性」，「性」即是人形氣之身本質之「天地之性」，因此人之「性」是「天理」之至善，只要順此「性」表現，皆是氣化之流行。而「心之所欲」卻是人之「私心」，並非天下同然之「悅心」。而「私心」是「人心」發於「軀殼」之「識」之作用。因此在有知識以後，就會隨「心之所欲」而起心動念。高攀龍認為「起心動念」非人心皆道心之「精一之心」，故會隨情勢流轉而淪為「私慾」，因此「起心動念」即是人流於惡之因。

高攀龍前曾強調人之良知、良能、天聰、天明，在人初生「赤子之時」為最自然狀態，「識」之作用未受外界情識之造作影響，此時人會順暢地「從矩」，而表現形氣之身本質之「天地之性」，但及其長也，則因個人氣質清濁、美惡之不同，故有人易受到知識造作與外在環境之物慾影響，則形氣之身「天理」表現之「道心」，會有「不通暢」，則為「私慾」。高攀龍之論點與孟子「性善」說看法相近，孟子云：

富歲子弟多賴，凶歲子弟多暴。非天之將才爾殊也，其所以陷溺其心者然也。〔註7〕

雖存乎人者，豈無仁義之心哉？其所以放失其良心者，亦猶斧斤之於木也：旦旦而伐之，則可以為美乎？其旦晝之所為，又梏亡之矣。梏之反覆，則其夜氣不足以存。夜氣不足以存，則其違禽獸不遠矣。人見其禽獸也，而已未嘗有才焉者，是豈人之情也哉？〔註8〕

仁，人心也。義，人路也。舍其路而弗由，放其心而不知求，哀哉！〔註9〕

由孟子三段話可知，孟子認為人之為惡在於外在環境使人「陷溺」、「梏亡」、「放失」其本心而不自知。因此孟子強調：「乃若其情，則可以為善矣，乃所

　　　淵閣四庫全書，民國72年），卷四，頁380。
〔註7〕 朱熹：〈告子上〉，《四書集注‧孟子》，（台北，世界書局，民國86年3月），
　　　卷六，頁366。
〔註8〕 朱熹：〈告子上〉，《四書集注‧孟子》，（台北，世界書局，民國86年3月），
　　　卷六，頁369。
〔註9〕 朱熹：〈告子上〉，《四書集注‧孟子》，（台北，世界書局，民國86年3月），
　　　卷六，頁372。

謂善也。若夫爲不善非才之罪也。」〔註10〕此與高攀龍認爲「赤子之心」即「天地之心」，而人之「七情」本是「好善而惡惡」之看法極爲相似。因爲高攀龍認爲人心本如赤子全然純善，但是因爲接受外在環境之刺激影響，而在有「知識」以來，會因爲「知識」造作，進而迷於外物，故「起心動念」，成爲「師心自用」之「私慾」，而不知其心之「覺」之道德意識，才是其天生本有者。但是高攀龍與孟子最大不同點，在於高攀龍提出更客觀之看法，因其以孔子「性相近」之角度，更重視現實氣化世界氣質之萬殊，因爲氣質之不同會影響「天地之性」之表現。

二、天地之性非學不復

此性包六合而無外，歷萬古而不搖，其壽不可算數計也，人人有之。

而局於形，亂於氣，誘於物，迷於欲，人人自失之。〔註11〕

高攀龍先肯定人皆有「天地之性」，此「天地之性」乃「包六合而無外，歷萬古而不搖」，不會因爲形體有死亡之時，而消散，此即前所言「忠義之士不曾亡滅」。但因人有形之後「天地之性」轉化爲「氣質之性」之本質，雖然「天地之性」是人皆有之，如同孟子言「性善」，但純善「天地之性」並不保證人皆爲善，因爲除了外在環境之「陷溺」、「梏亡」而使人「放失」本心之外，個人氣質不同更會影響「天地之性」表現，因此會「局於形，亂於氣，誘於物，迷於欲」，故人人自失其「天地之性」而不自知。

人會因爲「局於形，亂於氣」進而「誘於物，迷於欲」。前高攀龍有言人表現形氣之身之本質之至善天理，若「不通暢」則是「私慾」，然而能否「通暢」表現「本質」之「天地之性」，則會因爲形氣之「形軀」之氣質之清濁、美惡，而有所謂通暢之「天理」與不通暢之「私慾」之不同表現。因此高攀龍言：「形異而氣亦異，氣異而性亦異。弗虛弗靈，性弗著也。」〔註12〕「形異」而影響氣質清濁，故「氣異」，因此形氣之身有氣清質美與氣濁質惡者。若氣質濁惡者無法將心之虛靈明覺表現出來，當其「心」不虛不靈時，而此

〔註10〕 朱熹：〈告子上〉，《四書集注・孟子》，（台北，世界書局，民國 86 年 3 月），卷六，頁 365。

〔註11〕 高攀龍：〈冀舜麓六十序〉，《高子遺書・序》，（台北，臺灣商務印書館文淵閣四庫全書，民國 72 年），卷九下，頁 585。

〔註12〕 高攀龍：〈氣質說〉，《高子遺書・經解類》，（台北，臺灣商務印書館文淵閣四庫全書，民國 72 年），卷三，頁 366。

「不虛不靈」之心即無「覺」之作用，故會影響人「天地之性」表現通暢與否，而使形氣之身本質「天地之性」表現不顯。如薛瑄云：

> 氣質昏濁，則天地之性為其所蔽，故為氣質之性，善反之而變化其昏濁，則天地之性復明；若氣質本清，則天地自存，初無代於反之之功也。〔註13〕

薛瑄以為氣質昏濁，則「天地之性」為其所蔽，所以對道德表現有影響。故須要透過善反之「復性」來變化氣質，恢復「天地之性」之明覺。高攀龍亦認為個人之氣質，對人表現「天理」之本質，具有決定性之影響，此即是人受陰陽氣化客觀機率決定之命限。因此須要「變化氣質」讓「性」之本質順暢表現。高攀龍云：

> 夫子曰：性相近也。習染未深之時，未始不可為善，故曰相近。然而，質美者，習於善易，習於惡難。質惡者，習於惡易，習於善難。上智下愚則氣質美惡之極，有必不肯學於善，必不肯習於惡者也。故有形以後皆氣質之性也。天地之性非學不復，故學以變化氣質為主。……所謂變化氣質者，正欲人知得性善。〔註14〕

高攀龍認為夫子所謂「性相近」，是在強調雖然人之氣質清濁各有不同，但是人人本質皆為純然全善之「天地之性」。如顧炎武云：

> 「惟皇上帝降衷於下民，若有恆性。」「恆」即相近之義。相近，近於善也。……（孟子）但曰：「乃若其情則可以為善矣。乃所謂善也。」蓋凡人之所大同。〔註15〕

在赤子之時，因為形氣之身之生理表現是自然而然，並未受到知識與物慾影響，因此赤子是通暢表現其形氣本質之善，所以高攀龍言「在習染未深之時，未始不可為善」。何謂「習染」？因及其長，由「軀殼」所起之「識」，會與外在環境有所接觸，然而氣質清暢之「質美者」因容易表現出「天地之性」，因此而習於善，故不受外界環境影響，而不會迷於欲。而氣質濁惡之「質惡者」，因氣質濁而不能順利表現其「天地之性」，因此容易流於惡而不自覺。

〔註13〕薛瑄：《薛瑄全集·讀書續錄》，（山西，人民出版社，1990 年 8 月），卷七，頁 1448。

〔註14〕高攀龍：〈氣質說〉，《高子遺書·經解類》，（台北，臺灣商務印書館文淵閣四庫全書，民國 72 年），卷三，頁 366。

〔註15〕顧炎武：〈性相近也〉，《原抄本顧亭林日知錄》，（台北，文史哲出版社，民國 68 年），頁 206。

而夫子所謂「上智」則是生而知之故是必不肯學於惡者；「下愚」則是「困而不學」，故是必不肯學於善者。因此人生而有形之後，「天地之性」即會受到氣質美惡之影響，在表現「天地之性」時，會出現氣質清美通暢之「天理」與氣質濁惡不通暢之「私慾」的狀況。而吳廷翰云：

> 不移，便是上下二字。近，即學知、困知。相遠，則有由此而進爲上知者矣，有由此而流爲下愚者矣。惟在學、習二字，習有習於善、習於惡之別。學，則惟其善而已矣。〔註16〕

因此只有透過「學」於善之「習」之工夫，來修己克己，進而「變化氣質」，才恢復人生直而不罔之赤子狀態。所以「變化氣質」即是欲人知得人皆有之善。孫應鰲云：

> 性之本然，善而已矣。然性非懸空在天的，必具於人氣質之中。而氣質之稟，則不能無清濁純駁之殊，然本然善未嘗離也，故曰相近。至於習，則性本然之善都變化了，不惟善者習於善，不惟惡者習於惡相去之遠，雖善者習於惡、惡者習於善意相去之遠，故曰相遠。曰相近，見人不可不復性；曰相遠，見人不可不慎所習。慎習便能復性。〔註17〕

孫應鰲其贊同高攀龍所謂「以善爲性」，其以爲「氣質之性」中是以「善」爲其本質，雖然氣質之性中具有「善」之主體，此所言性「相近」之因。但是氣質之清濁純駁會影響「善」之表現，故其強調「習」，其認爲慎其「習」即可以「復性」。高攀龍云：

> 此無別法，即如門下所謂知而不能者，習之而已。人安得邊，能以習而能，論語開卷示一學字，即示一習字，又示一時字，學而習，習而時，自凡人作聖賢，不過三字，立下見效者也。即如念欲習於懲室，懲室過二三次便省，力便有味，豈患不能耶。〔註18〕

夫子開宗明義即在「學」，而「學」之有成與否？則在一「習」字，因爲「學而習」、「習而學」修養之工夫才會穩固，若只有「學」而不「習」於其中，「學」

〔註16〕吳廷翰：《吳廷翰集・吉齋漫錄》，（北京，中華書局，1982年2月），卷上，頁27。

〔註17〕孫應鰲：《四書近語》，《陽明學研究叢書・孫應鰲文集》，（貴州，教育出版社，1990年），頁283。

〔註18〕高攀龍：〈荅陳似木三〉，《高子遺書・書》，（台北，臺灣商務印書館文淵閣四庫全書，民國72年），卷八下，頁536。

只是短暫之工夫，但若只有「習」而無「學」之確定方向，「習」只是漫無目標之慣性作用，達不到變化氣質之功。王廷相云：

> 造化生人，古今異乎？」曰：「天賦相近，何以太遠哉？習性之日爾殊。古也樸，今也日文；古也直，今也日巧。神鑿而靈散也久矣，鳥巢之卵焉得探而取之？《六經》之教，救其習之日降而已矣。〔註19〕

王廷相認為元氣之一氣流行生生萬物並無古今之異，因此「天賦相近」，但為何「古也樸，今也日文；古也直，今也日巧」？此之決定因素在於「習性之日爾殊」。故同為「氣本論」之王廷相也藉由孔子「性相近」之論點說明學而「習」之重要。而許衡云：

> 受生之初，所稟之氣，有清者，有濁者，有美者，有惡者。得其清者則為智，得其濁者則為愚；得其美者則為賢，得其惡者則為不肖；若得全清全美，則為大智大賢，其明德全不昧也。身雖與常人一般，其心中明德，與天地同體，其所為便與天地相合，此大聖人也。若全濁全惡，則為大愚大不肖，其明德全昧，雖有人之形貌，其心中堵塞，與禽獸一般，其所為顛倒錯亂，無一是處，此大惡人也。若清而不美，則為人有智而不肖。若美而不清，則為人好善而不明。……清美之氣所得的分數，便是明德存得的分數。濁惡所得的分數，便是明德堵塞了的分數。〔註20〕

由許衡之論點可知初生稟受之氣的清、濁、美、惡決定人性之智、愚、賢、不肖，此皆是陰陽偏勝之客觀機率決定一切之作用，在現實上所凝結成不同之種種狀態。而「明德」之表現會因氣質清濁，而有通通暢和樂與窒礙難行之別。而吳廷翰亦云：

> 習雖由人，足以知性，何也？蓋人性必有此仁而後肯習於仁，人性必有其義而後肯習於義。性之全者不待習而若習者然，其多且厚者習之易，少且薄者習之難。習之難易，即其性之薄厚多寡。至於不習者，必其性極偏蔽而使然也，而仁義幾於無有，然後決不肯習於善而終於下愚也。故曰：習由人，而足以知性者，此耳。〔註21〕

〔註19〕王廷相：〈問成性篇〉，《王廷相哲學選集·慎言》，（台北，河洛出版社，民國63年12月），頁20。

〔註20〕許衡：〈答丞相問論大學明明德〉，《叢書集成·許魯齋集》，（台北，新文豐出版，民國74年），頁187。

〔註21〕吳廷翰：《吳廷翰集·吉齋漫錄》，（北京，中華書局，1982年2月），卷上，

吳廷翰認為「習」之難易與性之清濁美惡之薄厚多寡有關，而「習」雖然由人，但從「習」之難易可知其「氣質」可否使其仁義內在之善暢表達。而此處所言「習」指其「學」之動力，並非學之成效，因為「萬物各具主體」，各有其發展之獨特性與價值。

三、賦質各別成德亦殊

> 若論本性，則人性皆善，何以云十室之邑必有忠信？若論生質，聖人之質創古一見，何以云十室之邑必有如某？蓋常人所以高視聖人者，見得聖人聰明睿智絕世無比，以為聖人是天生的，決不可學，不知聖人卻看的這聰明睿智在各人用的如何？桀紂之不善，原未嘗無絕人之資，全算不得帳。常人所以卑視自家者，見得自家質樸老實、無知無能，以為這是無用處的，如何做得聖人？不知聖人卻看得這是天生人的原來本色。隨他大聖大賢，不過是還他原來本色，不曾有別樣伎倆。〔註22〕

高攀龍認為若論人之本性，則形氣之人之本質皆為「天地之性」故是純粹之至善。《論語・公冶長》云：「子曰：十室之邑必有忠信如丘者焉，不如丘之好學也。」〔註23〕但是夫子言「十室之邑必有如某」，此並非言形氣之人之「本質」，而是在論形氣之人之「生質」，亦即前所言氣質美惡之論題。如薛瑄云：

> 元亨利貞，天之命也；仁義理知，人之性也，四者惟人與天合，而得其全。就人中細分之，又有氣質清濁、有全之全者，有全之半者，有全之少者，有皆不能全者，其品蓋不可勝計。〔註24〕

薛瑄亦明白指出人得於天之命「元亨利貞」而有人性之「仁義理智」。但就形氣之人來說，細分還有氣質清濁之不同。雖然高攀龍言人「生質」之清濁美惡。但朱注：「十室，小邑也。忠信，如聖人生質之美者也。夫子生知而未嘗不好學，故以此言勉人。言質美者易得，至道難聞。學之至，則可以為聖人；不學則不免為鄉人而已。」由上可知夫子在此章所要表達是「學」之變化氣

頁 25。

〔註22〕高攀龍：〈十室之邑〉，《高子遺書・講義》，（台北，臺灣商務印書館文淵閣四庫全書，民國 72 年），卷四，頁 384。

〔註23〕朱熹：《四書集注・論語》，（台北，世界書局，民國 86 年 3 月），卷三，頁 91

〔註24〕薛瑄：《薛瑄全集・讀書錄》，（山西，人民出版社，1990 年 8 月），卷五，頁 1149。

質之重要性，因為氣質清暢之美並不難得，故其言「十室之邑必有如某」。但是若是論「學」之修養，則無人能及夫子，固有聖人與鄉人之別。高攀龍認為人之「生質」之清濁美惡雖會影響「天理」之表現是否通暢和樂。但是其以為「學」之工夫最為關鍵。因此高攀龍云：

> 步步順矩，故步步逆欲，到五十而知天命，方是順境，故六十而耳順矣，七十而順心矣。由此觀之，聖凡之判只在順逆二字。凡人自幼與人欲日順一日，故與天理日逆一日。天理者人所故有，原是順的；人欲者，人所本無原，是逆的，此一點機括只在學與不學而知其故有。〔註25〕

因為天理是人所固有，人欲之私是後天所加，因此高攀龍認為若人能遵照己身本質之「矩」而行，則「私慾」就會減一分，因此只要一直「順矩」就會「逆欲」，而達到夫子所謂「五十而知天命」、「六十而耳順」、「七十而順心」之順境。而順理與逆欲的機關即在於「學」字，因為學而知「天理」之通暢和樂。

　　高攀龍指出人之本然乃有成聖「天地之性」之「本質」，但是常人不自知，所以以卑視自家者，見得自家質樸老實、無知無能，因此以為這是無用處的，而認為聖人之「本質」天生即是聰明睿智，是平凡人學不來，但是其實人皆有「天在人身」之天聰、天明，因此聖人所重視者則是此天聰、天明之睿智如何恰當展現。但常人卻將人皆有純善「本質」「天地之性」之天聰、天明，視為會隨形異而氣異之「生質」的聰明睿智。因此聖人透過「學」而順暢表現其「本質」之「天聰天明」之睿智，而常人卻誤認為「本質」之「天聰天明」之睿智，是自己「生質」中所缺少「聰明睿智」，因此將其本有之「天聰、天明」視為氣質之「聰明睿智」，而不知「學」。因此人心「覺」之作用為「軀殼」之「識」所主導，而自暴自棄，進而質美者習於善易，質惡者不明己身之善，而淪為更惡。聖人與惡人越差越遠，兩者所異者，在一「學」之工夫，而非「生質」之差異造成此迥然不同之結果。高攀龍云：

> 仁者，先難而後獲。先生曰：天理必與人欲相逆，纔去做難的事，是向天理上行，然人欲隨之又要獲了，先難後獲，方純是天理。顏子克己若紅爐點雪，不必言難，天下歸仁友。從獲上說，樊遲根器

〔註25〕高攀龍：〈六十而耳順二節〉，《高子遺書・講義》，（台北，臺灣商務印書館文淵閣四庫全書，民國72年），卷四，頁380。

大不同，故曰：先難後獲。〔註26〕

夫子告訴樊遲，求仁須先難而後獲，因為難於克己之私慾，但若一日克己，則求仁就近焉。因此才去做難的克己之事，其事同時即在行天理而「獲」仁矣。但是若對顏淵而言，因其根器較佳，故夫子告知一日克己復禮，則天下歸仁。高攀龍藉由顏淵與樊遲根器之不同，來說明氣質清濁不同之人，其「學」之工夫之進路與階段各有不同，但是其目標仍是「變化氣質」達到「復性」之境。如戴震云：

> 才者，人與百物各如其性以為形質而知能遂區以別焉。……據其為
> 人，物之本始而言謂之性，據其體質而言謂之才。由成性各殊，故
> 才質亦殊。才質者，性之所呈也。舍才質安睹所謂性哉。〔註27〕

戴震以為人之「才」是性之呈現者。而由「成性各殊」可知「才質」有別。因此高攀龍云：

> 聖人之道大矣，學者學焉，而得其性之所近，故賦質各別，成德亦
> 殊。至於前聖、後聖若合符節之處，則不容毫釐差池也。以毫釐差，
> 乃千里謬矣。〔註28〕

高攀龍認為「性之所近」，故人有與聖人同然之「本質」，因此皆可以透過「學」之機闢改變其「生質」達到「復性」之善的機會。但是又因為現實上人之「生質」之賦質各別，因此「學」之過程不同，進路不同，所呈現道德之方式亦不相同。如戴震又云：

> 蓋才質不齊，有生知安行，有學知利行，且有困知及勉強行。其生
> 知安行者，足乎智，足乎仁，足乎勇者也；其學知利行者，智仁勇
> 之少遜焉者也；困知勉強行者，智仁勇不足者。〔註29〕

戴震以為因「才質」有「有生知安行」、「學知利行」、「困知及勉強行」，故三者表現亦不同，而展現出「智仁勇」之「足」、「少遜」與「不足」之狀況。就如同高攀龍所言「賦質各別，成德亦殊」，此並非貶低人之形氣「生質」，反而因

〔註26〕高攀龍：《高子遺書·會語》，（台北，臺灣商務印書館文淵閣四庫全書，民國72年），卷五，頁419。

〔註27〕戴震：〈才〉，《戴震集·孟子字義疏證》，（台北，里仁書局，民國69年），頁307。

〔註28〕高攀龍：〈朱子節要序〉，《高子遺書·序》，（台北，臺灣商務印書館文淵閣四庫全書，民國72年），卷九上，頁540。

〔註29〕戴震：〈誠1〉，《戴震集·孟子字義疏證》，（台北，里仁書局，民國69年），頁319。

為「生質」不同，而造成「成德亦殊」，「成德亦殊」反使世界萬有不同，森羅萬象，因此各形氣皆有其存在之價值，藉此共組成一豐富道德之氣化世界。

第二節　仁義良心便是浩然之氣

一、志帥氣者

> 澄之則清便為理，淆之則濁便為欲。理便是存主於中的，欲便是梏亡於外的。如何能澄之使清，一是天道自然之養，夜氣是也；一是人道當然之養，操存是也。操者何，志也；志，帥氣者也。〔註30〕

高攀龍前有言「天理」是人順暢地將其形氣本質「天地之性」能「通暢和樂」表現出來，而如何使「天理」之表現通暢，而高攀龍言「澄之則清便為理，淆之則濁便為欲」，故透過「學」之工夫，可變化氣質，而達到恢復本然純善之狀態。高攀龍進而說明「理」是人心本然狀態之未發之「中」，此即「心在腔子裡」的「在中」之義，而「欲」則是心不在身中，即是前所言「起心動念」，心「局於形，亂於氣，誘於物，迷於欲」，而梏亡於身之外。然而如何使氣質變清暢，以不干擾人表現其「天地之性」？高攀龍提出兩種工夫，第一種是「夜氣」之「天道」自然之養，第二種則是「持志」之「人道」當然之養。而「志」即是帥氣者，因此高攀龍承襲孟子之言，提出「養氣」之修養工夫。故高攀龍又言：

> 心正則氣清，氣清則心正，亦非有二也。孟子說不動心工夫在養氣；說養氣工夫在持志，持其志便不梏於物，是終日常息也。常人無終日之功，須假終夜之息。夜氣者，氣以夜而息，息至平旦稍稍清明，故曰平旦之氣；梏之反覆，則終夜不足以息，故曰夜氣不足以存然，則息之義大矣哉。氣息則清，氣清則為仁義良心，心存則為浩然正氣也。今人以呼吸為息，大謬矣。息者，止息也，萬念營營一齊止息，胸中不著絲毫，是之謂息。真能持志，集義者，自能通乎晝夜而息也。〔註31〕

〔註30〕高攀龍：〈牛山之木章〉，《高子遺書・講義》，（台北，臺灣商務印書館文淵閣四庫全書，民國72年），卷四，頁405。

〔註31〕高攀龍：〈雖存乎仁者節〉，《高子遺書・講義》，（台北，臺灣商務印書館文淵閣四庫全書，民國72年），卷四，頁405。

如何「澄之則清便爲理」？即是高攀龍所言「心正則氣清，氣清則心正，亦非有二也。」因爲前有言「氣之精靈爲心，心之充塞爲氣」，所以心即是氣，非有二也。故「心正」則形氣之身之氣質就會變清暢，人心之「覺」的氣之精靈則可以虛靈通暢地表現「天地之性」。何謂「心正」？「心正」即是孟子所言「不動心」，「不動心」即是「心在腔子裡」之未發之「中」，「中」則爲「精一之心」。高攀龍有云：

> 精者，精明不昏昧也；一者，純一不散亂也。惟此心精明純一，則
> 允復於喜怒哀樂未發之中，而人心皆道心矣。〔註32〕

「精」乃「精明不昏昧」，即是形氣之心保持虛靈知覺而不迷失。「一」是「純一不散亂」即形氣之心在身中，而不起心動念，不受「識」之造作而逐於外物。故「不動心」乃允復於喜怒哀樂未發之「中」的「精一之心」，而此時「人心」之「識」爲「道心」之「覺」所主宰，因此形氣之人心表現皆是「天地之心」之道心之道德展現，故形氣之身其一舉一動表現皆爲全然道德。吳廷翰云：

> 聖人之學，精一而已矣。精者，察識之眞，人心道心皆必有以審其幾
> 焉。一者，持守之嚴，人心道心皆必有以守其正焉。如是，則人心之
> 危者有以節制之而安，道心之微者有以擴充之而著，是爲有得乎不偏
> 不倚之本體，而自無過不及之差矣，豈非信能執其中乎？〔註33〕

吳廷翰認爲聖人之學只是「精一」之「中」，而如何達到「精一」？高攀龍有云：

> 心無出入，所持者，志也。〔註34〕

「心無出入」即「不動心」之義，而可持「心」之出入者是「志」，因此高攀龍說明「養氣」之工夫在「持志」。而「持志」即是使心不梏於物，終日常息也。此即前所言「人道」當然之養的「養氣」工夫。

因「夜氣」乃人心因休息而不受外物影響，氣以夜而息，息至平旦稍稍清明，故曰「平旦之氣」。因此「平旦之氣」是人之形氣之身氣質最清明通暢之時，即是由形軀所發之「識」不受外界誘惑，恢復原本最初之狀態，只是生生作用，而因「人心」止息，故「道心」最「顯」。因此存養此「平旦之氣」，

〔註32〕高攀龍：〈中說〉，《高子遺書・經解類》，（台北，臺灣商務印書館文淵閣四庫全書，民國72年），卷三，頁363。

〔註33〕吳廷翰：《吳廷翰集・吉齋漫錄》，（北京，中華書局，1982年2月），卷上，頁32。

〔註34〕高攀龍：〈三勿居說〉，《高子遺書・箚記》，（台北，臺灣商務印書館文淵閣四庫全書，民國72年），卷二，頁345。

可使形氣之身充滿道德意識，以面對白天終日不止息之營營萬念，作出最恰當之判斷，而不隨物流轉。而高攀龍認爲常人無終日之功，即常人無法堅持終日皆持其志，因人形軀之身終有氣餒之時，故須假終夜之息，來保持不動心，此即高攀龍所謂「天道」自然之養的重要性。

　　但若是人只依靠「夜氣」的天道自然之養是不足夠的，因爲人在白天總是不斷受到外物誘惑而梏之反覆，因此就算終夜養其「平旦之氣」亦不足以停息人心之起心動念，故曰「夜氣不足以存然」。所以要再加上「人道」當然之養，雙管齊下，以保證人心不逐欲而「心在腔子裡」。因此高攀龍說「息之義大矣哉」。如孫應鰲云：

> 何以復處見天地之心？聖人之心清明在躬，志氣如神。程子曰：聖人無復，故未嘗見其心。是也，失此清明則昏，昏則擾亂。故孟子曰：人之異於禽獸幾希。好惡相近之間，所謂幾希也。夜氣所息，復此幾希也。幾希復，則夜氣即平旦之氣，平旦之氣即旦晝之氣，以能息也。幾希不復，則夜氣不能不失于平旦，平旦之氣不能梏于之所爲，以不能息也。息與爲別，能息則爲即是息，不能息則息亦是爲，能息就見本心。故曰：復見其天地之心。〔註35〕

孫應鰲強調「息」即是復吾人與禽獸「幾希」之差的「天地本心」。若知「息」則「則爲即息」故旦晝之氣亦如「夜氣」之「平旦」。而何謂「息」？高攀龍言「息」即止息也。但非今人所認爲的「一息呼吸」。而其所欲止息者，爲營營萬念，讓它一齊止息，使胸中不著絲毫是之謂息。當人心止息即是「持志」而「不動心」，因此人心止息則氣質之身即通暢表現「天地之性」，不受外界影響而陷溺、梏亡、放失，因此「持志」使人心止息，即是「集義」之工夫。而「集義」則可以通乎晝之「人道」當然之養之「持志」與夜之「天道」當然之養之「平旦之氣」。因此高攀龍又云：

> 其病皆從不知義來，故其心爲蔽陷離窮之心，其言爲詖淫邪遁之言，其害至滅裂於政事，而爲大亂之道，孟子知言精義之學也。此義從何來？天地之間，道者，體也；義者，用也。道義者，天地之志也，所以帥剛大之氣；剛大者，天地之氣也，所以配道義之志。〔註36〕

〔註35〕孫應鰲：《淮海易談》，《陽明學研究叢書・孫應鰲文集》，（貴州，教育出版社，1990 年），頁 57。

〔註36〕高攀龍：〈不動心章〉，《高子遺書・講義》，（台北，臺灣商務印書館文淵閣四

高攀龍先說明為何要「集義」？因為「不知義」，故人會蔽陷離窮之心，其言為詖淫邪遁之言，其害至滅裂於政事，而為大亂之道。因此孟子有言「我知言我善養無浩然之氣。」〔註37〕高攀龍藉由孟子「不動心章」之「知言養氣」來說明何謂「集義」？高攀龍先論即「義」之本源。高攀龍認為天地之間「道」為天地之「體」，而「義」即天地之「用」。而高攀龍云：

> 明道曰：人心必有所止，無則聽於物，此不動心之道也。心是定他不得的，越要定他，越不可定，惟是止於事，則宇定，物各付物之謂也。格物者，格知物則各還其則，物各付也。〔註38〕

由前所言「觀天地知身心」可知，我之體即物之體之「仁」即是天地之「道」，而渾然與物同體故因物付物，日用間物還其則之「義」即是天地之「用」。焦循《孟子正義》云：

> 持其志，可喜則喜，可怒乃怒，即義也。即不妄以喜怒加以人。〔註39〕

由此可知焦循認為「持志」即可以因物付物，即高攀龍言「聖人喜怒在物不在己」之意。

高攀龍所謂「知言」即是前所言格物窮理，而人心知止於至善，明白物與我皆具有仁之體為其形氣之身的本質，即是天理之「天地之性」。高攀龍云：

> 人心須常息。息，止息也。息則生矣。復於未發之謂息，但自反照，群妄了，不可得，習之久而自能復也。〔註40〕

高攀龍認為人心應常止息，止息於「未發之中」，此即前所謂人心知止於至善。進而與物無對，可以做出正確之是非道德判斷，故不為詖淫邪遁之言蒙蔽，而害天下。因此格物窮理可「誠意」而「知言」，「知言」即可以表現因物付物而「正物」的「義」之「用」。高攀龍進一步再說明如何「知言」而「養氣」？

高攀龍有言：「人心原是不動的，所以動者，道義不足以貞其志，志不足帥其氣也，故不動心全在志、氣上。志是箇主意，主意一定，匹夫亦不可奪。」

庫全書，民國72年），卷四，頁399。
〔註37〕朱熹：《四書集注·孟子》，（台北，世界書局，民國86年3月），卷三，頁242。
〔註38〕高攀龍：《高子遺書·語》，（台北，臺灣商務印書館文淵閣四庫全書，民國72年），卷一，頁335。
〔註39〕焦循：〈公孫丑章句上〉，《新編諸子集成·孟子正義》，（台北，世界書局，民國67年），卷三，頁116。
〔註40〕高攀龍：〈書友扇〉，《高子遺書·題跋雜書類》，（台北，臺灣商務印書館文淵閣四庫全書，民國72年），卷十二，頁718。

〔註41〕因爲人心本然狀態是「不動」，而人心會動於私慾，是因爲「道義」不足，所以要「集義」。而「道義」不足即是前所言「平旦之氣」不足，因此要「養氣」。但是「養氣」工夫中「夜氣」是「天道」自然之養，因此不須人一絲參和，只要順其自然即可。而另外「持志」之「人道」當然之養，就決定於人自身之表現，此即是高攀龍所言「集義」之意。因此人應「集義」以存養道義，可以貞定其志，而帥其氣，故可養其「浩然之氣」，而使心不動於私欲。而「志」爲何可帥「氣」？而「志」爲何物？高攀龍云：

> 神者何也？在心爲志，在形爲度，肖其度者，肖其神也。〔註42〕

因此「志」即「神」在形氣之人「心」者。前有言「神」即是「人之神明」，其具有虛靈知覺之神用。而「神」即是天地之氣生生作用之「易」。而高攀龍言「道義者，天地之志也，所以帥剛大之氣；剛大者，天地之氣也，所以配道義之志。」由此可知「道義」爲「天地之志」之內涵，「天地之志」即是「天地之氣」生生之易生化不測之「神」，故「天地之志」之「體」即「天地之氣」生德之「仁」之「道」。而「天地之氣」其「易」之「神」之「天地之志」的「用」，此乃生化出各具「天地之性」之主體的道德萬事萬物，此即「天地之志」的「義」之神「用」。

高攀龍言「剛大者，天地之氣也。」而「剛大之氣」即「天地之氣」。因此「易」之「神」之「天地之志」才可帥「天地之氣」來創生萬物。故「天地之志」可以帥「天地之氣」。其再言「剛大者，天地之氣也，所以配道義之志」因「天地之志」之內涵爲「道義」，所以兩者合而言之，則稱爲「道義之志」。「天地之氣」之內涵與「道義之志」之內涵同爲「道義」，於是「天地之志」其內涵之「道義」是「體」、「用」，而「天地之氣」之「道義」亦是「體」、「用」，故「天地之志」即「道義之志」，所以「天地之氣」可以配「道義之志」。

二、集義即氣

> 故集義乃生氣也。集義，集字取鳥集於木之意；集於義便撼搖不動，即志即義，集義即氣，非別有氣生也。〔註43〕

〔註41〕高攀龍：〈不動心章〉，《高子遺書‧講義》，（台北，臺灣商務印書館文淵閣四庫全書，民國72年），卷四，頁399。

〔註42〕高攀龍：〈書名公玉宇卷〉，《高子遺書‧題跋雜書類》，（台北，臺灣商務印書館文淵閣四庫全書，民國72年），卷十二，頁7716。

〔註43〕高攀龍：〈不動心章〉，《高子遺書‧講義》，（台北，臺灣商務印書館文淵閣四

高攀龍前有言「持志」即「集義」之「養氣」工夫。所以「志」帥「氣」之「持志」，即「集義」之「養氣」工夫。因此高攀龍言「集義乃生氣」，所以「集義」就是可以「生氣」。所生之「氣」即是前所謂的「道義」也，因此「道義」則可以使人心不動搖。而「集義」之語義為何？「集義，集字取鳥集於木之意，集於義便撼搖不動。」高攀龍引《說文》中言「集」本指鳥棲息在樹上，所以有「停止」之意。而高攀龍將前所言人心「止息」之語意，延伸成人心因止息而「撼搖不動」，故「撼搖不動」即指「道義」之「志」是不會改變。

高攀龍前有言「天地之志」能帥「天地之氣」即是「集義」，此是就本體論之「天地之志」易之生生「神」用帥「天地之氣」生化「道義」之形氣萬物之「集義」而「養氣」。若就個人而言，由「觀天地則知身心」故形氣之人亦是依照此模式來「集義」生氣。因為「天地之氣」易之「神」之「天地之志」在人者，此即人心之「志」，因為「天地之志」之內涵為「道義」，所以人心之「志」之內涵亦為「道義」。因為「天地之志」之內涵為「道義」，故「天地之志」則不改變。個人之「集義」即是「持志」使人心止息。

高攀龍言「集於義便撼搖不動，即志即義。」因「搖撼不動」之人心之「志」乃由「集義」而來，故人心之「志」即「義」，「義」即人心之「志」。其又言「集義即氣，非別有氣生也。」因為人心之「志」乃配「形氣之身」，人心之「志」既「集義」，則「集義」會生道義之「氣」，所以「集義即氣」。故「集義」即是道義之「氣」，道義之「氣」即是「集義」，而非「集義由氣所生」。

高攀龍言「集義即氣，非別有氣生也。」與前「集義乃生氣」之意相同，因為「非別有氣生」之「氣生」乃「由氣所生」也。但「集義」與「氣」為同一事，故曰「非別有氣生」。再者，「集義生氣」之「生氣」乃言「生生之氣」，所以「生生之氣」和「集義即氣」乃同質之物，皆為「氣」。由此可知，「集義」即「生生之氣」，因此「集義」能「生氣」、「養氣」。而「集義，集字取鳥集於木之意，集於義便撼搖不動」，因此「生生之氣」又為「撼搖不動」，而源源不絕。因此人期勉自己自覺地「持志」、「集義」而養其「道義之氣」，而可浩然其體。高攀龍云：

> 義襲，襲字取衣襲於外之意，若不能集義縱有一事兩事偶合於義，
> 卻如義來襲於我，而我掩取之合於此，又不合於彼，其不合處乃不
> 慊於心，而氣索然矣。既謂之義，故必有事焉。必有事者，勿忘之

庫全書，民國 72 年），卷四，頁 399。

謂也；勿正心者，勿助長之謂也。除卻告子以爲無益而舍之，又有
一等助長以害之者，其爲不知義一也。〔註44〕

高攀龍再說明「義襲」並非「集義」。何謂「義襲」？「義襲」如衣服披在身
上，乃偶而有之，所以「義襲」並不好，會使道義之「氣」索然。所以吾輩
知道「義襲」使「義」成爲偶然，而非「仁義內在」之必然之「性」。吾輩由
「義襲」可知一樣會有「氣襲」，「氣襲」即是道義之「氣」亦是偶然有之，
此即所謂之「光景」。如《高子遺書》云：

彥文問曰：夫子靜中光景何如？曰：念頭頗少，但應接多了，便浮
氣不定。伊川先生云：定心氣，心氣最難定。〔註45〕

「光景」即是「持志」而「念頭頗少」但是「心氣」不定之狀況。此即操存
未固，卻自以爲「持志」已成，此即是「心氣」未定之「氣襲」。而「義」與
「氣」本應該永遠存在，但因爲「義襲」與「氣襲」而使義與氣皆索然矣。
因爲「義」與道義之「氣」本一體，若「義」變成偶然，則道義之「氣」就
會索然消失。高攀龍又云：

養之何如？曰：直而已矣。直之謂集義，直之謂有事，直之謂勿正、
勿忘、勿助長也。忠餘鄒子以「三勿」名其居，而問說於龍，僅以
對客者對。夫鄒子之以是名居，是有其志於性者也，是不忍於自橋
而自戕者也夫。然請自勿忘，始勿忘，而後知所謂有事，所謂正、
助。〔註46〕

高攀龍認爲「養氣」即是「直」之「集義」。而「集義」即前所言「持志」之
操存工夫。高攀龍再詳細地說明何謂「直」之「集義」？「直」之「集義」
即是「必有事」之「勿正」、「勿忘」、「勿助長」之「三勿」工夫。何謂「勿
正」、「勿忘」、「勿助長」？高攀龍云：

必有事焉，是集義。集義是直養，操則存者，必有事之謂；舍則亡
者，忘之謂也。〔註47〕

〔註44〕 高攀龍：〈不動心章〉，《高子遺書·講義》，（台北，臺灣商務印書館文淵閣四
庫全書，民國72年），卷四，頁399。
〔註45〕 高攀龍：《高子遺書·會語》，（台北，臺灣商務印書館文淵閣四庫全書，民國
72年），卷五，頁413。
〔註46〕 高攀龍：〈三勿居說〉，《高子遺書·經解類》，（台北，臺灣商務印書館文淵閣
四庫全書，民國72年），卷三，頁370。
〔註47〕 高攀龍：《高子遺書·語》，（台北，臺灣商務印書館文淵閣四庫全書，民國72
年），卷一，頁335。

「集義」即是人道當然之養的「直養」工夫，而「直養」即是「操存」者，所操存者即是人心之「志」，所以「操存」即是「持志」。「持志」即是將人心之「志」貞定在「性善」之上，即是前所言「知性善而後可言學」之因。而高攀龍又言「忘」即是孟子所言人心「放失」之蔽。焦循《孟子正義》云：

> 必有事焉而勿止，謂必有事於集義而不可止也。何以不止？心勿忘則不止。心何以勿忘？時時以不得於言者求諸心，即時時以不得於心者求諸心，使行無慊於心，則心勿忘而集義也。〔註48〕

焦循亦認為「勿忘」即時時以不得於言者與不合於心者求諸心，此即高攀龍所言「反躬」而「覺」之「求放心」，亦即孟子所謂「知言」集義而「養氣」。而高攀龍前有言人已經「持志」而「集義」但是仍有心氣未定之「光景」，即是因為「直養」之工夫已經做足，但是最重要之「本心」卻不知反求，因此只有「工夫」而無「本體」，因此仍舊只是修養中之「光景」。

所以高攀龍認為修養應該先始於「勿忘」之求放心，再作「勿正」、「勿助長」之直養集義之工夫。因為「勿忘」之求放心是無時之工夫，即是天道自然之養也。若人人能無時無刻皆讓人心本體在身中，則「心即無所出入」不易流於詢外而遺內。若氣質清美者，作此修養工夫，即可以不蔽其本心。但若氣質太濁惡，則須再加上「有時」之「勿正」、「勿助長」直養工夫，但是最重要之「勿忘」求放心之自覺作用仍是不可拋棄，因為「勿忘」之工夫是「直養」工夫之本，由「勿忘」而知「勿正」、「勿助長」，進而「直養」其身之蔽。因為「勿忘」即是道心之「覺」之工夫，「覺」之自律工夫可以引導「人心」之「識」透過「學」來變化其身之氣質，達到復性之功。所以高攀龍云：

> 一靈者，萬古之物也。一靈者，天地所以生生也。無萬古之物則無百年之物，無百年之物亦無萬古之物，是故君子慎所以修之，不使乖戾之氣戕其生生之物。夫然後一靈者壽，而七尺者亦壽。乖戾者，生生之反也，人率憑其戾氣戕其生機，非獨學習失也。蓋亦氣質使然，故質美則性易徹，質濁則性難開，學習以修治其質而已。〔註49〕

〔註48〕 焦循：〈公孫丑章句上〉，《新編諸子集成・孟子正義》，（台北，世界書局，民國 67 年 7 月），卷三，頁 120。

〔註49〕 高攀龍：〈浦震宇先生七十序〉，《高子遺書・序》，（台北，臺灣商務印書館文淵閣四庫全書，民國 72 年），卷九下，頁 589。

「一靈者」即是「易」之「神」之萬古之物，而「神」在人者，即是人心之「志」之百年之物，而人心之「志」本與「易」之「神」同爲道德之仁之生生作用。如孫應鰲云：

> 仁者，天地生物之心，而人得之以爲心者也。〔註50〕

但是因爲「乖戾之氣」會戕其生生之物，因此君子才要愼重修養。何謂「乖戾之氣」？第一，即是前所言「知識」之造作，故高攀龍言「學習」者失之其「生生之物」。第二，即是形氣之「氣質」之清濁美惡，亦會戕害其「生生之物」。故其曰：「蓋亦氣質使然，故質美則性易徹，質濁則性難開，學習以修治其質而已。」高攀龍云：

> 孔子不言養氣，然三戒卻是養氣妙訣。戒色則養其元氣；戒鬥則養其和氣；戒得則養其正氣。孟子言持志，戒是持志也。〔註51〕

> 顏子用志不分，只在性、情上學，不在性、情上學，聖人不謂之學；身通六藝之人，豈不各有所好，聖人不謂之好學。〔註52〕

高攀龍認爲夫子雖不言「養氣」，但其所言「戒色」者，即是孟子所謂「持志」，「持志」即是養其元氣。因此夫子雖不言「養氣」，但「養氣」之工夫蘊涵其中。而孔門之顏淵「用志」乃在「性情」上學，因爲「志」要貞定於「性」上，此即高攀龍所謂「勿忘」之工夫，然後才在「情」之上作克己復禮「有事」之「直養」之人道當然之養。而高攀龍認爲「博學」之通六藝之人，並非「好學」。而高攀龍進而云：

> 所謂博學者，隨時隨處只學此一事，志專在此。故云：篤志問專在此。故云：切問思專在此。故云：近思只是求仁。故曰：仁在其中。
> 〔註53〕

《論語·子張》云：「子夏曰：博學而篤志，切問而近思，仁在其中矣！」〔註54〕朱注：「然從事於此，則心不外馳，而所存自熟，故曰：仁在其中矣。」

〔註50〕孫應鰲：《四書近語》，《陽明學研究叢書·孫應鰲文集》，（貴州，教育出版社，1990年），頁248。

〔註51〕高攀龍：《高子遺書·會語》，（台北，臺灣商務印書館文淵閣四庫全書，民國72年），卷五，頁415。

〔註52〕高攀龍：《高子遺書·會語》，（台北，臺灣商務印書館文淵閣四庫全書，民國72年），卷五，頁412。

〔註53〕高攀龍：《高子遺書·語》，（台北，臺灣商務印書館文淵閣四庫全書，民國72年），卷一，頁342。

〔註54〕朱熹：《四書集注·論語》，（台北，世界書局，民國86年3月），卷十，頁192。

因此高攀龍所謂「博學」，其實乃「篤志」求仁，使心之涵養成熟，即前所言「格物」非學而識之「玩物」，而是以仁「一以貫之」。高攀龍再言何謂「篤志」求仁？高攀龍云：

> 兄此行討一入頭，是暮年大享用也，此事只在篤志，真信聖人朝聞夕可，不聞不可也。一念竦然即此，竦然之刻便是放心，收回之刻當下認取。自後放即收回以直養之而已，無他事也。所謂放，即收回者纔覺放，便已回，更別無收。所謂以直養之者，不入纖微事也。覺其放者，乾知也，乾知大始，如閃電無踪；直養者，坤能也，坤作成物，如住宅可守。弟有靜坐，說是守之之法，書以請正，萬不可做有作有為工夫，一涉有為即是假法，決不見道。蓋此事本體原是無極，故工夫不得有為，合工夫之謂本體，合本體之謂工夫，二之則不是矣。辱兄清問，以弟所知者，備采擇可也。〔註55〕

高攀龍認為「篤志」求得「仁」，則可以朝聞道而夕死矣。而何以「篤志」求仁？即為前所言「求放心」之勿忘工夫，若能一念竦然即是求得其放失之心，只要當下任取即可。若再放失則要加上「直養」之有事工夫，以確保「心在腔子裡」。若一放失其心，即一念竦然，此即是「收」，更別無所謂「收」與「放」之謂也。再者所謂「直養」工夫即「勿正」、「勿助長」之不加纖毫之事。

　　高攀龍所謂「一念悚然」之「勿忘」，即「乾知」之工夫，此乃所謂「閃電無踪」之「悟」之自律自覺之「本體」。而「直養」之「勿忘」、「勿助長」，即是「坤能」之「坤作成物」之他律修身之「工夫」。而「本體」乃無極者，即前所言「心體」為「易」之「無思無為」，故工夫不可「有為」，「有作有為」之工夫即不能恢復其「為思無為」之心體。故其言「合工夫之謂本體，合本體之謂工夫，二之則不是矣」。因此「修」、「悟」本是一，不應分「修」、「悟」兩者，即如前所謂「人心、道心非有兩心」也。高攀龍云：

> 操存愈固，夜氣愈清，夜氣愈清，操存愈固，此是天人相合處。平旦、幾希正見道心之微；操存、舍亡正見人心之微。若養之純熟，莫知其鄉之心，便是仁義良心，更無出入可言，仁義良心便是浩然之氣，亦無晝夜之別矣。〔註56〕

〔註55〕 高攀龍：〈答安我素二〉，《高子遺書・書》，（台北，臺灣商務印書館文淵閣四庫全書，民國72年），卷八上，頁480。

〔註56〕 高攀龍：〈牛山之木章〉，《高子遺書・講義》，（台北，臺灣商務印書館文淵閣

「修」之「直養」與「悟」之「勿忘」其實是一，因此操存愈固，夜氣愈清，夜氣愈清，操存愈固。若能如此，則可以恢復人生最初赤子之「天人相合」之狀態。因此「平旦之氣」與「人禽之異」只在「集義」之差，可以見到「道心」之「覺」爲微，而「操存」與「舍亡」可見「人心」之「識」是如何危殆不安。因此須將「修」、「悟」工夫視爲一體，兩者相輔相成，才可養之成熟，達到道義成性，而可有莫知其鄉之心。所謂「莫知其鄉之心」即「仁義良心」，當達到「莫知其鄉之心」之「仁義良心」，即是養氣工夫之最極至之「浩然之氣」也。當人有「浩然之氣」即可以通乎晝夜，故其氣質粹美，生生之機流露盈溢，而不再有氣餒之時，故「一靈者壽，而七尺者亦壽」，其「百年之物」即是「萬古之物」，所以「忠義之士」不曾亡滅。

第三節　靜時與動時一色

一、心無一事之謂敬

> 吾輩須各各認得這箇己，這箇己以靈於萬物，並於天地，不可輕看了他，他原來是一私不染，萬物具備，天然完全，何故要修？只緣有生以後爲氣稟所拘，自家局小了他，爲物欲所蔽，自家污壞了他，失了他原初本色，故須要修。〔註57〕

高攀龍說「己」是靈於萬物者，由前所知人與禽獸之差異即在於能否「集義」，而「集義」之工夫即是指吾人形氣之心，因此「己」即是形氣之心。因爲形氣之心其本質是「天地之性」，因此本來是萬物具備、天然完全。但爲何需要修？因爲有生以後爲形氣之軀殼之「氣稟」拘局了他，自家局小了他，因此容易爲物欲所蔽。進而自家污壞了他，失了他原初本色。故需要「修」。如孫應鼇云：

> 人得天地生物之心爲心，渾是一團天理，便渾然與物同體，有何私慾？但人爲氣拘物蔽，不見與物同體之本，然只從自家軀殼起念，然後有私慾。有一分人欲，便沒了一分天理；去得一分人欲，便全得一分天理。私慾者，我也。有我之私，即己也。天理者，禮也。

四庫全書，民國 72 年），卷四，頁 405。

〔註57〕 高攀龍：〈君子修己以敬章〉，《高子遺書・講義》，（台北，臺灣商務印書館文淵閣四庫全書，民國 72 年），卷四，頁 396。

此心之理，即禮也。若能克去有我之私慾，以復還天理之本，然則
天地生物之心渾然在我而無虧矣。〔註58〕

孫應鰲以爲「人得天地生物之心爲心」，因此人心本同於天地。但是因爲氣拘
物蔽而爲「己」之「有我」之私慾，因此要透過「修」去己之私而恢復「天
地生物之心渾然在我而無虧」。高攀龍又云：

凡人心下膠膠擾擾，只緣不敬，若敬便豁然無事了，豈有敬而著箇
敬在胸中爲障礙之理。如今大會中離離肅肅，心下潔潔淨淨，便是
修己以敬的樣子，一刻如此便做了一刻君子，一日如此便做了一日
君子，詩曰：聖敬日躋。只要日日躋陞去。〔註59〕

高攀龍認爲因爲自家污壞了他，失了他原初本色，故人心即膠膠擾擾。而人
心會膠膠擾擾則是源自於「不敬」。因此高攀龍云：「無雜念慮，即眞精神，
去其本無，即吾固有。」〔註60〕所以「離離肅肅，心下潔潔淨淨」即是「敬」。
而高攀龍云：

不知敬之即心，而欲以敬存心，不識心亦不識敬。〔註61〕

因此高攀龍認爲「敬」即是「心」之內涵，因此「欲以敬存心」是不識「心」
者，此表示「心」之「性」中即有「敬」，因此「心」順「性」之「敬」表現
即可，但若氣拘物蔽，則需透過他律修養之「敬」之工夫，恢復順性即可表
現「敬」的「眞心」之狀態。因此「敬」之工夫是學之修養之基礎，而非存
於「心」者。如何達到「敬」？高攀龍云：

凡靜坐之法，喚醒此心，卓然常明，志無所適而已。志無所適，精
神自然凝，復不待安排，勿著方所，勿思效驗，出入靜者，不知攝
持之法，惟體貼聖賢切要之言，自有入處。〔註62〕

高攀龍認爲由「靜坐」來喚醒此心，使其卓然常明，則可以達到「志無所適」。

〔註58〕 孫應鰲：《四書近語》，《陽明學研究叢書‧孫應鰲文集》，（貴州，教育出版社，
1990 年），頁 248。

〔註59〕 高攀龍：〈君子修己以敬章〉，《高子遺書‧講義》，（台北，臺灣商務印書館文
淵閣四庫全書，民國 72 年），卷四，頁 396。

〔註60〕 高攀龍：《高子遺書‧語》，（台北，臺灣商務印書館文淵閣四庫全書，民國 72
年），卷一，頁 335。

〔註61〕 高攀龍：《高子遺書‧語》，（台北，臺灣商務印書館文淵閣四庫全書，民國 72
年），卷一，頁 333。

〔註62〕 高攀龍：〈復七規〉，《高子遺書‧經解類》，（台北，臺灣商務印書館文淵閣四
庫全書，民國 72 年），卷三，頁 358。

而何謂「志無所適」？《論語‧里仁》云：「君子無適也，無莫也，義之與比。」
〔註 63〕因此君子之「志」無適、無莫，只是「義」之與比則可。此即前所言
「持志」使心無出入，而渾然與物同體之意。若心與物為體則無適、無莫，
故無私慾，而無思無為之「心無一事」。高攀龍又曰：「心即精神，不外馳即
內凝，有意凝之，反梏之矣。」〔註 64〕若心之精神內凝而無所出入，而在腔
子裡，則心即前所言「無雜念慮」之「真精神」。但是內凝之功則為「勿正」、
「勿助長」此不待安排而無為之自然凝者，才是使「志無所適」之方，否則
反而「梏之」。高攀龍又云：

> 默坐澄心體認天理者，謂默坐之時，此心澄然無事，乃所謂天理也。
>
> 要於此時默識此體云爾。非默坐澄心又別有天理，當體認也。〔註 65〕

高攀龍云：「心無一事之謂敬。」〔註 66〕因此靜坐之法可以「默坐澄心」，使
心澄然無事，而心澄然無事即是「敬」，而人之「己」一敬，即是天理，而此
時則要默識此天理之「體」。如何藉由靜坐之法達到「心澄然無事」而可以體
認天理之體？高攀龍云：

> 夫靜坐之法，入門者藉以涵養；初學者，藉以入門。彼夫初入之心
> 妄念謬結，何從而見平常之體乎，平平常則散漫去矣。故必收斂身
> 心，以主於一，一即平常之體也。主則有意存焉，此意亦非著意，
> 蓋心中無事之謂一，著意則非一也。不著意而謂之意者，但從衣冠
> 瞻視間，整齊嚴肅，則心自一，漸久漸熟，漸平常矣。故主一者，
> 學之成始、成終者也。〔註 67〕

高攀龍認為藉由靜坐之法可以達到修己以敬。而靜坐之法即是初學者藉以入
門，入門者藉以涵養之方。剛靜坐之時，人心妄念謬結，並無法見「平常之
體」。何謂「平常之體」？「主一」之「一」即平常之體。而「一」者何也？
高攀龍云：

〔註 63〕朱熹：《四書集注‧論語》，（台北，世界書局，民國 86 年 3 月），卷二，頁 82。

〔註 64〕高攀龍：《高子遺書‧語》，（台北，臺灣商務印書館文淵閣四庫全書，民國 72
　　　　年），卷一，頁 335。

〔註 65〕高攀龍：《高子遺書‧語》，（台北，臺灣商務印書館文淵閣四庫全書，民國 72
　　　　年），卷一，頁 337。

〔註 66〕高攀龍：《高子遺書‧語》，（台北，臺灣商務印書館文淵閣四庫全書，民國 72
　　　　年），卷一，頁 333。

〔註 67〕高攀龍：〈書靜坐說後〉，《高子遺書‧經解類》，（台北，臺灣商務印書館文淵
　　　　閣四庫全書，民國 72 年），卷三，頁 359。

> 程子曰：主一者，謂之敬；一者，謂之誠。主則有意在，是誠者本
> 體也，敬者工夫也。不識誠亦不識敬，不識敬亦不識誠。〔註68〕

高攀龍認爲程明道所言之「一」即「誠」也。而「誠」即本體，故「誠」之
本體如前所言默坐澄心，使心澄然無事，而體認「天理」。

高攀龍以爲「主一」即收斂身心之「敬」，而「敬」則爲他律修養工夫；
「誠」之體則爲自律工夫。而「主」則有「意」在，但此「意」即是「誠」
體，而非「著意」之「意」，故高攀龍言「主則有意存焉，此意亦非著意」。
所謂「不著意而謂之意者」乃從衣冠瞻視間，整齊嚴肅，則心自一，漸久漸
熟，漸平常矣。如高攀龍云：

> 若是實修須是整齊嚴肅，著不得些怠惰放肆；須是主一無適，著不
> 得些胡思亂想；須是無眾寡、無大小、無敢慢，著不得些輕忽厭倦，
> 其初雖不免用力，到習之而熟，自有無限風光。〔註69〕

高攀龍認爲「整齊嚴肅」、「主一無適」乃實修之工夫。需要認眞作去自有風
光。因此高攀龍又云：

> 學有無窮工夫，心之一字，乃大總括，心有無窮工夫，心之一字乃
> 大總括，心有無窮工夫，敬之一自乃大總括。〔註70〕

因爲「敬」即是心最重要之修養工夫，所以高攀龍曰「故主一者，學之成始、
成終者也。」高攀龍云：

> 然修之之法，卻甚簡易截直，只爭箇敬不敬爾。敬則心便在這裡，
> 耳便聰、目便明、四體便恭謹、應試便條理，這箇己便是修的。不
> 敬，心便不在，耳便不聰、目便不明、四體便頹放、應事便乖謬，
> 這箇己便不是修的。只爭這些子，當下便分聖凡，何嘗天淵相隔，
> 聖人說箇修己以敬，徹上徹下，全體在此，大用在此，只要人見得
> 透，信得及。〔註71〕

高攀龍認爲「修己」之工夫，其實非常簡易直截，只在「敬」之「主一無適」

〔註68〕高攀龍：《高子遺書‧語》，（台北，臺灣商務印書館文淵閣四庫全書，民國72
　　　　年），卷一，頁333。

〔註69〕高攀龍：〈君子修己以敬章〉，《高子遺書‧講義》，（台北，臺灣商務印書館文
　　　　淵閣四庫全書，民國72年），卷四，頁396。

〔註70〕高攀龍：《高子遺書‧語》，（台北，臺灣商務印書館文淵閣四庫全書，民國72
　　　　年），卷一，頁333。

〔註71〕高攀龍：〈君子修己以敬章〉，《高子遺書‧講義》，（台北，臺灣商務印書館文
　　　　淵閣四庫全書，民國72年），卷四，頁396。

而已，但是其所收到之功效，則非常具體。因爲人之一「敬」而「無適」，雖無加無尙其「誠」之「天理」，即表露無遺，故天在人之「耳本聰」、「目本明」、「四體恭重」全然體現。此即「聖人說箇修己以敬，徹上徹下，全體在此，大用在此，只要人見得透，信得及」。高攀龍云：

> 人心戰戰兢兢，故坦坦蕩蕩何也？以心中無事也。試想臨深淵、履
> 薄冰，此時心中還著得一事否。故如臨如履所以形容戰戰兢兢，必
> 有事焉之象，實則形容坦坦蕩蕩澄然無事之象也。〔註72〕

高攀龍有言：「無妄之謂誠，吾適之謂敬，有適皆妄也。」〔註73〕高攀龍認爲「無適」之「敬」即「誠」，若「有適」則「妄」，而「無妄」即誠。因此高攀龍以爲當人心「戰戰兢兢」心「主一」之「敬」時，則可「心中無事」，而「心中無事」即「坦坦蕩蕩」。人如臨深淵、履薄冰，此時心中還著得一事否？只是心「主一」之「敬」的「戰戰兢兢」爲「有事」之象，即前所謂他律「勿正」、「勿助長」之工夫也；而「一」之「誠」則是心「坦坦蕩蕩」的「無事」之象，即前所言「勿忘」之自律工夫。其實「誠」、「敬」兩者是一。因此高攀龍云：

> 以本體爲工夫，以工夫爲本體，不識本體皆差工夫也，不做工夫皆
> 假本體也惟誠、敬即工夫，即本體。誠無爲、敬無適，以識本體，
> 故未嘗費纖毫之力也。起因如此，結果如此，未有假因成眞果者。
> 門下所見甚的可喜。〔註74〕

高攀龍認爲「工夫」之「敬」與「本體」之「誠」須相輔相成，才是所謂「眞修」與「眞悟」，因此「誠」即「敬」，「敬」即「誠」，本體即工夫，工夫即本體。「誠」即「無事」而無爲者，「敬」即「有事」而無適者，故未嘗費纖毫之事，只是人之初生之起因如此，結果如此。高攀龍云：

> 人有此身，即有此心，不知有其心，則不知有其身；人有此心，即
> 有此性，不知有其性則，不知有其心；人有此性，即有此覺，不知
> 有其覺，則不知有其性，覺斯敬矣，敬斯性矣。覺者，乾道；敬者，
> 坤道，何以言之？夫人知覺不知其所由來，不知其所由來者，天也。

〔註72〕高攀龍：《高子遺書・語》，（台北，臺灣商務印書館文淵閣四庫全書，民國72
　　　　年），卷一，頁334。
〔註73〕高攀龍：《高子遺書・語》，（台北，臺灣商務印書館文淵閣四庫全書，民國72
　　　　年），卷一，頁333。
〔註74〕高攀龍：〈答薛用章一〉，《高子遺書・書》，（台北，臺灣商務印書館文淵閣四
　　　　庫全書，民國72年），卷八下，頁532。

所以覺者，由不敬也，由不敬而覺，覺斯敬矣。〔註75〕

高攀龍由「身心是一」說明「乾道」之「誠」與「坤道」之「敬」是一。因為人有「身」而有此「心」，故「身心是一」。而人有「心」即有此「性」，而「性」即是人心發於義理之「覺」，若不知「覺」者，則不知其身有此「天地之性」之本質。前有言人心「坦坦蕩蕩」之「誠」即「戰戰兢兢」之「敬」，故言「覺斯敬」。而人一「敬」即可以默坐澄心，體認天理之至善之「性」，所以言「敬斯性」。高攀龍又云：

> 覺者，敬也；敬者，身也。今人四體不端，見君子而後肅然端焉。所以不安者，非由見君子而然，其性然也。見君子而性斯顯耳。故心覺而身敬者，坤承乾也，乾坤合德，則形性渾融，久而熟，凡而聖矣。故君子不以一日使其躬傀焉，不克終日聰明睿智，皆由此出，學不務此，萬事俱鄙矣。〔註76〕

高攀龍以為「覺斯敬」而「身敬」。即君子知「四體不端」而「肅然端」，此乃因「心不安」，由「不安」即反躬之「覺」，故「性斯顯」。因此「心覺而身敬」。而「誠」而「覺」之「乾道」與「敬」之「坤道」，坤承乾也，乾坤合德，則形性渾融，久而熟，凡而聖矣。故高攀龍言：「整齊容貌，心便一合內外之道。」〔註77〕

二、靜時與動時一色

> 人之生也直，直便是性。《易》言「敬以直內」。必敬方能直，聖人下字極妙，直字便將箇罔字對了。罔者，冥然無覺，悍然不顧，如投火之蛾，入網之魚，有不死者，乃幸而免耳。不罔便直，又曰：既知習，便可知性，不是除了這習更別有箇性，即如喜、怒、哀、樂終日習於其中而不知，不知只是習，知得便是性。知者，知其未發也，未發的模樣，便是發的節。若喜、怒、哀、樂發時，一如未發模樣，豈不太和元氣。所以吾輩的工夫只在未發培養深厚，令四

〔註75〕 高攀龍：〈書趙維玄扇〉，《高子遺書·題跋雜書類》，（台北，臺灣商務印書館文淵閣四庫全書，民國72年），卷十二，頁719。

〔註76〕 高攀龍：〈書趙維玄扇〉，《高子遺書·題跋雜書類》，（台北，臺灣商務印書館文淵閣四庫全書，民國72年），卷十二，頁719。

〔註77〕 高攀龍：《高子遺書·語》，（台北，臺灣商務印書館文淵閣四庫全書，民國72年），卷一，頁333。

者之來，搘拽不動方是性學。〔註78〕

《易‧文言》云：「直，其正也；方，其義也。君子敬以直內，義以方外，敬義立而德不孤。」〔註79〕故高攀龍云：「人之生也直，敬以直內而已。人之生也直，本體也。敬以直內，工夫也。」〔註80〕高攀龍認為「直」即是人之本體，而「敬」則是本體之守，有守方能「直」。因「敬以直內」乃他律工夫。而不「敬」則不「直」，不「直」即「罔」。何謂「罔」？「罔」即「無覺」，「無覺」為不「敬」，「不敬」悍然不顧，如投火之蛾，入網之魚，有不死者，乃幸而免耳。如《論語‧雍也》云：「人之生也直，罔之生也倖而免。」〔註81〕

　　高攀龍前有言「七情」即有好善惡惡之能力，即「七情」中具「性」之「覺」，故「性」在「情」中。如戴震云：

血氣心知，性之實體。〔註82〕

人生而後有欲，有情，有知；三者血氣心知之自然也。……天下之事，使欲之得遂，情之得達，斯已矣。〔註83〕

因此高攀龍言「喜、怒、哀、樂終日習於其中而不知」，但若一「知」此「性」在「情」中，則「知」此「喜、怒、哀、樂未發」之「中」。「中」即「性」，故「中」即「覺」，「覺」則「敬以直內」。若不「覺」則只是自然之「習慣」，而不具道德義。而吾輩學之工夫在於「喜、怒、哀、樂」之發如未發模樣，即人心皆道心。若可以達到此境，此即是「性學」。高攀龍云：

凡人所謂心者，念耳。人心夜繫縛在念上，故本體不現，須一切放下，令心與念離，便可見性。放之念，亦念也。如何得心與念離？放退雜念，只是一念，所謂主一也，習之久，自當一旦豁然。學者不識痛癢，便謂自家已是了。何不從靜中體認，已湛然太虛否，無昏無散否；動中體察，已斬然直否，無將無迎否，若猶未也，豈可

〔註78〕高攀龍：《高子遺書‧會語》，（台北，臺灣商務印書館文淵閣四庫全書，民國72年），卷五，頁411。

〔註79〕朱熹：《周易本義‧坤》，（台北，大安出版社，民國88年7月），卷一，頁44。

〔註80〕高攀龍：《高子遺書‧語》，（台北，臺灣商務印書館文淵閣四庫全書，民國72年），卷一，頁333。

〔註81〕朱熹：《四書集注‧論語》，（台北，世界書局，民國86年3月），卷三，頁98。

〔註82〕戴震：〈天道1〉，《戴震集‧孟子字義疏證》，（台北，里仁書局，民國69年），頁287。

〔註83〕戴震：〈才2〉，《戴震集‧孟子字義疏證》，（台北，里仁書局，民國69年），頁308。

不大愧恥，大發奮，迅忍自瞞昧虛過一生乎。〔註84〕

高攀龍認爲人心有雜念時，本體則不顯，故須有「敬」之主一而「無適」之工夫，達到心與念離，便可見性。再習於其中，久之而熟，自當豁然而悟。但因爲今之學者不自覺其「心」雜念慮，而不知修養其身。而高攀龍提出如何達到放退「雜念」？高攀龍認爲應該在心寂然不動之「靜」時，體認己之「氣質之性」是否「湛然太虛」「無昏無散」？即是體認自己未發時是否爲「中」之「精一之心」。在心感而逐通之動時，察識自己是否「斬然直」、「無將無迎」，即是發而中節不爲物役。而如何在「靜」中體認「湛然太虛」否？高攀龍云：

> 如儒者說性，只在人物上，未有人物只說天，未有天地只說太極，
> 其實一也。知性則知天，人生而靜以上，未嘗不可說；用力敏疾則
> 念清，人生而靜以後，未嘗不可復，學問之道無他，復其性而已矣。
> 弟觀千古聖賢心法，只一敬字捷徑。無弊何謂敬，絕無之盡也，有
> 毫釐絲忽在便不是，有敬字在亦不是，易曰：直其正也。直心正念
> 而已，直心即是正念，正念即是直心，卓卓巍巍，惺惺了了，至於
> 熟焉，習心化而無事矣。〔註85〕

高攀龍言儒者說性，只在人物上言，離卻生無處見性。而未有人物只說天，未有天地只說太極，其實一也。而知性則知天，人生而靜以上，未嘗不可說；用力敏疾則念清，人生而靜以後，未嘗不可復。因此學只在恢復與天合德之「性」。而高攀龍說「復性」之方即是「敬」，因「敬」即是《易》之「直其正」之義。故「敬」之「直心」即是「正念」，而「正念」即是「念清」的復性工夫。《高子遺書》云：

> 彥文問曰：喜、怒、哀、樂未發，便是敬以直內否？發而皆中節，
> 便是義以方外否？先生曰：然。〔註86〕

高攀龍認爲「敬以直內」之工夫即是在「喜、怒、哀、樂未發」時作，此即前所所言「靜坐」之工夫。而「敬以直內」後，在情之發時，即可以發而中節，便可以與物無對而「義以方外」。如呂坤云：

〔註84〕高攀龍：〈示學者〉，《高子遺書・經解類，（台北，世界書局，民國86年3月），卷三，頁360。

〔註85〕高攀龍：〈答念臺三〉，《高子遺書・書》，（台北，臺灣商務印書館文淵閣四庫全書，民國72年），卷八上，頁479。

〔註86〕高攀龍：《高子遺書・會語》，（台北，臺灣商務印書館文淵閣四庫全書，民國72年），卷五，頁413。

義，合外內之道也，外無感，則義只是渾然在中之理，見物而裁制
之，則爲義。義不生於物，亦緣物而後見。告子只説義外，故孟子
只説義內，各説一邊以相駁，故窮年相辨而不服。孟子若説義雖緣
外而形，實根吾心而生。物不是義，而處物乃爲義也。〔註87〕

因此高攀龍言「敬以直內」則可「義與方外」。高攀龍云：

《中庸》不是懸空說道理，是從人身上顯出來的。學者要識中庸，
須是各各在自家身上當下任取。何者爲中？即吾之身心是也。何者
爲庸？即吾之日用是也。身心何以爲中？只潔潔淨淨，廓然大公，
便是中。能廓然無物，即身心是中也。日用何以謂之庸？只平平常
常，物來順應，便是日用，不是庸能順事無情，即日用是庸也。到
這裡一絲不掛是箇至極處，上面更無去處了。故曰：中庸其至矣乎。
此是人生來天然本色，古如是，今如是，聖如是，凡如是，停停當
當，箇箇如此。〔註88〕

高攀龍說明「敬以直內」與「義以方外」即《中庸》之法。高攀龍先言《中庸》
不是懸空說道理，是從人身上顯出來，因此人要識「中庸」，須在個人身上體認。
因此「中」即是吾之身心；「庸」即吾之日用。身心何以爲「中」？即是「敬以
直內」而達到潔潔淨淨，廓然大公，而能廓然無物。日用何以謂「庸」？只是
「義以方外」平平常常，物來順應，順事無情。此即人生之天然本色，古如是，
今如是，聖如是，凡如是，停停當當，箇箇如此。高攀龍又云：

然人卻生來箇箇迷昧了，原有兩種病，一是向外不向裡，一是只知
增不知減。此兩種病生出千病萬病，賢智之過，愚不肖之不及，皆
坐此病，所以民鮮能久矣。然則中庸遂爲絕德乎？非也。只去得病
痛，淨盡還他原來本色，便是中庸，初無難事也。〔註89〕

人生本色即「中」即「庸」，但是人罔而不知，因此有弊病。其一，乃是不知
「敬以直內」，只向外不向裡求「中」。其二，如此則不能「義以方外」，只知
逐物而增，卻不知不加纖毫「減」之工夫。因此賢智之過與愚不肖之不及，

〔註87〕呂坤：〈談道〉，《呻吟語》，（台北，志一出版社，民國83年7月），卷一，頁80。
〔註88〕高攀龍：〈中庸之爲德章〉，《高子遺書·講義》，（台北，臺灣商務印書館文淵閣四庫全書，民國72年），卷四，頁385。
〔註89〕高攀龍：〈中庸之爲德章〉，《高子遺書·講義》，（台北，臺灣商務印書館文淵閣四庫全書，民國72年），卷四，頁385。

即非「中」非「庸」之情況產生。若知得去此兩種病痛，則可還其停停當當之天然本色。高攀龍云：

> 靜坐之法不用一毫安排，只平平常常，默然靜去，此平常二字，不可容易看過，即性體也。以其清靜不容一物，故謂之平常。畫前之易如此，人生而靜以上如此，喜、怒、哀、樂未發如此，乃天理之自然，須在人各各自體貼出，方是自得。靜中妄念強除不得，眞體既顯，妄念自息；昏氣亦強除不得，妄念既靜，昏氣自清。只體認本性原來本色，還他湛然而已，大抵一著毫意不得，著一毫見不得，纔添一念便失本色。〔註90〕

因此高攀龍認爲靜坐之法即是平平常常，默然靜去，不增纖毫。而此「平常」即不睹不聞而不易見之「性體」，故須由「敬」之工夫來恢復「直」之「性體」。此「直」之性體乃「喜、怒、哀、樂未發」之「仁、義、禮、智」，而「仁、義、禮、智」即形氣之人身本質之「天地之性」，因此高攀龍言「清靜不容一物」，謂之「平常」。亦因人人皆有此天理自然之「直」的性體，故須在人各自體貼出，方是自得。因此「靜」中並無法強除妄念，只要身「敬」即可「覺」，一「覺」則眞體之「性」便顯，妄念自然止息。高攀龍以爲昏氣亦強除不得，當妄念自然止息，則妄念既靜，昏氣自清。因此靜中「敬以直內」而體認「本性」之原來本色，即是還其湛然。高攀龍又云：

> 由靜而動亦只平平常常。湛然動去，靜時與動時一色。所以一色者，只是一箇平常也。故曰：無動無靜，學者不過借靜坐中認此無動無靜之體云爾。靜中得力，方是動中眞得力；動中得力，方是靜中眞得力。所謂敬者此也；所謂仁者此也；所謂誠者此也，是復性之道也。〔註91〕

由前「靜坐之法」之「敬以直內」則由靜而動亦只平平常常。因「平平常常」故湛然動去，靜時與動時一色，此即喜、怒、哀、樂發而中節，故一如未發模樣之「太和元氣」。故「一色」即是此動靜如一之「平常」眞體。

高攀龍認爲由「靜坐」來體認天理，主因是靜中不易見之「性」體較顯，

〔註90〕高攀龍：〈靜坐說〉，《高子遺書・經解類》，（台北，臺灣商務印書館文淵閣四庫全書，民國72年），卷三，頁359。

〔註91〕高攀龍：〈靜坐說〉，《高子遺書・經解類》，（台北，臺灣商務印書館文淵閣四庫全書，民國72年），卷三，頁359。

此即「靜中得力」。但是因「靜中得力」則動中即可「義以方外」，故言「靜中得力，方是動中眞得力」。高攀龍又以爲當動中「義以方外」則「性」體最眞，故「動中得力，方是靜中眞得力」。故身「敬」而「覺」我身渾然與物同體之「仁」即「誠」之本性，知「誠」之本色，則「復性」矣。吳廷翰云：

> 主靜之靜，只以無欲言之爲當。蓋五性感動而善惡分、萬事出者，以有欲故也。有欲則爲動。聖人定之以中正仁義而主靜，無欲故也。無欲則爲靜。蓋有欲則雖靜亦動，無欲則雖動亦靜。〔註92〕

吳廷翰認爲「無欲」即「動靜是一」，「動靜是一」者是聖人中正仁義之主靜，即高攀龍靜坐之法「敬以直內」達未發之中。而其又言：「主靜字只好作敬字看。」〔註93〕而「靜」即「敬」，而「靜」之意比「敬」多點宇宙論意味。因此其又云：「主敬爲言，乃靜字得力處。敬該動靜，可見主敬必兼動靜，乃爲正當。」〔註94〕故高攀龍主張「主靜」，而由「敬」修己以「直內」之性之本體。故高攀龍云：「本體即工夫者，中庸而已，聖人於乾之九二言之。工夫即本體者，敬、義而已，聖人於坤之六二言之。」〔註95〕「本體」即由「敬以直內」而如「乾」之生生至善；「工夫」則是由「義以方外」之物還其則而如「坤」之承載萬物。高攀龍又云：

> 壬子方實信《中庸》之旨，此道絕非名可形，程子名之曰天理，陽明名之曰良知，總不若中庸二字爲盡。中者，停停當當；庸者，平平常常。有一毫走作便不停當，有一毫造作便不平常，本體如是，工夫如是。天地聖人不能究竟，況於吾人豈有涯際，勤務敦倫，謹言敏行，兢兢業業斃而後已云爾。〔註96〕

高攀龍認爲《中庸》之旨，即中庸所謂不可須臾離之道是不可形名。但學者

〔註92〕吳廷翰：《吳廷翰集・吉齋漫錄》，（北京，中華書局，1982 年 2 月），卷上，頁 14。

〔註93〕吳廷翰：《吳廷翰集・吉齋漫錄》，（北京，中華書局，1982 年 2 月），卷上，頁 15。

〔註94〕吳廷翰：《吳廷翰集・吉齋漫錄》，（北京，中華書局，1982 年 2 月），卷上，頁 15。

〔註95〕高攀龍：《高子遺書・語》，（台北，臺灣商務印書館文淵閣四庫全書，民國 72 年），卷一，頁 340。

〔註96〕高攀龍：〈困學記〉，《高子遺書・經解類》，（台北，臺灣商務印書館文淵閣四庫全書，民國 72 年），卷三，頁 357。

為示人而勉強稱呼之。程明道稱之為「天理」，王陽明稱之為「良知」，但是高攀龍卻認為「中庸」之名最符合其宗旨。因為「中」即吾之身心，而吾之身心即「中」之無過猶不及之表現，故人心皆道心。而「庸」即吾之日用，只是平平常常，不添加一絲一毫，物來順應，廓然大公，日用間物還其則。故高攀龍以為本體如是、工夫如是，即中即庸。如王廷相云：

> 聖人之學有養有為，合動靜是一。〔註97〕

> 動靜者，合內外而一之道也。〔註98〕

王廷相以為聖人之學是「修養」之「內省」而「靜」與行道之「外顯」而「動」，其實為一。而高攀龍亦言吾人之身有涯際，因此更須勤務敦倫，謹言敏行，兢兢業業斃而後已。

第四節　修有萬殊悟為一本

一、居敬窮理只是一事

> 主一之謂敬，無適之謂一，人心如何能無適？故須窮理，識其本體，所以明道曰：學者須先識仁，識得仁體以誠敬存之而已。故居敬窮理，只是一事。〔註99〕

高攀龍前有言「主一」即是「志而無適」之「敬」之工夫。而此處高攀龍更進一步說人心能無適，在於「窮理」而識其本體之「仁」，此即明道所謂「學者須先識仁，識得仁體以誠敬存之而已」。因此高攀龍說「居敬窮理，只是一事」。「識仁」又如何「無適」？高攀龍又云：

> 識得仁體，以誠敬存之。存之之道，必有事焉。而勿正心，勿忘、勿助長，未嘗費纖毫之力，可謂明白矣。今之重攝持者，惟恐不須防檢等語，開恣肆之端；重解悟者，惟恐誠敬存之之語，滋滯之弊何耶。〔註100〕

〔註97〕王廷相：《王廷相集》，(北京，中華書局，1989年9月)，頁857。
〔註98〕王廷相：《王廷相集》，(北京，中華書局，1989年9月)，頁774。
〔註99〕高攀龍：《高子遺書·語》，(台北，臺灣商務印書館文淵閣四庫全書，民國72年)，卷一，頁333。
〔註100〕高攀龍：《高子遺書·語》，(台北，臺灣商務印書館文淵閣四庫全書，民國72年)，卷一，頁333。

因高攀龍云：「惡念易除，雜念難除，惡念盡是誠意，雜念盡是正心。」〔註101〕因此「惡念」只需用「誠」之「覺」之工夫，一念悚然即「誠意」，惡念即除。而「雜念」即前所言「心」爲物役，故雜念須再加上克治之「敬以直內」而「正心」之他律工夫。因此識得仁體之後，欲使人心眞正「無適」，則須由「誠」、「敬」兩工夫相輔相成。然而「誠」之工夫即前所言「求放心」；「敬」之工夫即「持志」之集義也。因此「誠」與「敬」之工夫合而言之，就是「勿忘」、「勿正」、「勿助長」。高攀龍云：

> 心存則是，心不存則非；知性則是，不知性則非。何謂心存則是？心欲如是，則如是矣。何謂知性則是？知性知本如是，則心欲如是矣。……存心之謂居敬，知性之謂窮理，此二門者，萬善所自出，……故學貴務本。〔註102〕

因此高攀龍又言心存誠敬即知性，心若不知存誠敬則不知性故非。當一誠敬則可知性，因此知性則是，不知性即不以誠敬存其心故非。若以誠敬存心而「知性」，故其心知所欲皆是。因此高攀龍言「存心之謂居敬，知性之謂窮理」此二門即是萬善所自出者。而學貴務本。而何謂「本」？高攀龍云：

> 令先慈久病不起，涵淳至性哀痛。可知有修身一著，可報罔極也。學問起頭要知性，中間要復性，了首要盡性，只一性而已。性以敬知，性以敬復，性以敬盡，只一敬而已。讀書，窮此者也。靜坐，體此者也。會友，明此者也。心無所適，便是敬，時時習之，熟則自妙，其他皆大擔閣，大障礙也。〔註103〕

高攀龍說明「修身」爲本。高攀龍云：「千變萬化，有一不起化於身者乎？千病萬痛，有一不起病於身者乎？此處看得透，謂之格物，謂之知本，故曰此謂知本，此謂知之至也。」〔註104〕因爲千變萬化與千病萬痛皆是由「氣稟」之身所發之「識」造作而來，故有我之私慾。如薛瑄云：

> 人之千病萬病，只爲「有己」。爲「有己」，故計較萬物。惟欲己富，

〔註101〕高攀龍：《高子遺書·箚記》，（台北，臺灣商務印書館文淵閣四庫全書，民國72年），卷二，頁346。

〔註102〕高攀龍：〈與顧新蒲〉，《高子遺書·書》，（台北，臺灣商務印書館文淵閣四庫全書，民國72年），卷八上，頁496。

〔註103〕高攀龍：〈與許涵淳〉，《高子遺書·書》，（台北，臺灣商務印書館文淵閣四庫全書，民國72年），卷八下，頁532。

〔註104〕高攀龍：《高子遺書·語》，（台北，臺灣商務印書館文淵閣四庫全書，民國72年），卷一，頁331。

> 惟欲己安，惟欲己樂，惟欲己生，惟欲己壽，而人之貧賤、危苦、
> 死亡，一切不恤。由是生意不屬，天理滅絕，雖曰有人之形，其實
> 與禽獸奚以異！〔註105〕

薛瑄亦以為千病萬痛皆是由「氣稟」之身的「私慾」所發，因此此學問之起頭在「知性」而知止於至善。而「知性」即是《大學》格物窮理而「識仁」之工夫。學問中間要「復性」，《大學》與《中庸》皆有「復性」之功。《大學》即格物窮理而「知性」識「仁」之與物同體，故因物付物；《中庸》則言「敬以直內」則可順事無情「義以方外」。兩者意義皆同，其本皆在於「身」，故皆以修身為其工夫。而前高攀龍說「存心」之「居敬」即是「知性」之「窮理」。《大學》之窮理「知性」即是《中庸》之居敬「存心」。因此高攀龍言「性以敬知，性以敬復，性以敬盡，只一敬而已」因為「敬」之工夫即是修「身」之本，而修身者，不論《大學》或《中庸》都是其「修身」而「知性」，故可以與物無對，而日用之間物還其則之「正心」去除雜念而「心無所適」之工夫。所以「讀書，窮此者也。靜坐，體此者也。會友，明此者也。」而高攀龍云：「絕四是克己。」〔註106〕前有言高攀龍認為《大學》主要在言「克己」修身以知止於至善之性。如其所言：「克己復禮，便超凡入聖。」〔註107〕而此處又言「絕四」即《大學》之「克己」修身工夫。何謂「絕四」？高攀龍云：

> 《中庸》言固執何也？毋意、必、固、我，所以擇善也，擇善而拳
> 拳服膺，更不入於意、必、固、我，所謂固執也。擇善固執方是絕
> 四，故曰：無適、無莫，義之與比。〔註108〕

《中庸》云：「子曰：舜其大知也與。舜好問而好察邇言，隱惡而揚善，執其兩端，用其中於民，其斯以為舜乎？」〔註109〕《中庸》藉由舜之表現說明其治民擅用中庸之道無過與不及。《中庸》云：「子曰：回之為人也，擇乎中庸，

〔註105〕薛瑄：《薛瑄全集·讀書錄》，（山西，人民出版社，1990年8月），卷三，頁1081。

〔註106〕高攀龍：《高子遺書·語》，（台北，臺灣商務印書館文淵閣四庫全書，民國72年），卷一，頁342。

〔註107〕高攀龍：《高子遺書·語》，（台北，臺灣商務印書館文淵閣四庫全書，民國72年），卷一，頁342。

〔註108〕高攀龍：〈絕四章〉，《高子遺書·講義》，（台北，臺灣商務印書館文淵閣四庫全書，民國72年），卷四，頁389。

〔註109〕朱熹：《四書集注·中庸》，（台北，世界書局，民國86年3月），頁28。

得一善拳拳服膺，而弗失矣。」〔註110〕《中庸》言夫子認爲顏淵爲人之道在於擇乎中庸之道，而「中庸」者善也，因此顏淵得善必拳拳服膺，躬行不輟。以上兩段是《中庸》論及舜與顏淵此兩聖人皆擇乎「中庸之道」而躬行不殆之例證。因此《中庸》云：

> 誠者，天之道也。誠之者，人之道也。誠者不勉而中，不思而得，
>
> 從容中道。聖人也，誠之者，擇善而固執之者也。〔註111〕

由此可知《中庸》認爲即使是聖人雖氣質清暢但仍然是「誠之者」，須透過勉而中，思而得者，故聖人仍致力修身擇善，取得「中庸之道」，而後固執其中，拳拳服膺以達道。而高攀龍說《中庸》之擇善固執者在「絕四」之毋意、必、固、我。即可達「中庸」之「善」，進而可以拳拳服膺，習之而熟，而不再入於「意」。而高攀龍言「絕四」即是前所言「敬」之主一以達到「志所無適」之「無適、無莫，義之與比」。高攀龍云：

> 吾輩學問只要復性，吾性蕩平正直，合下與天地同體。自有軀殼以來
> 便有箇我，便將極廣大的拘局，做塊然一物；將極靈妙的障蔽，做蠢
> 然一物。從我身上起出意來，只會要長要短，順之則喜，逆之則怒；
> 只會見長見短，同之則喜，異之則怒，終日起來，但是作好作惡，偏
> 黨反側去了。從我起意，從意成我中間遞生，固必只此四者滾過一生。
> 自家真性時時現前，如隔山了，不知爲何物也。聖人直下便絕此四者，
> 何以絕之，只一箇毋字而已，此毋字只是箇醒字，一醒便毋了何者。
> 今人錯認這箇意是我的心，故終身沈迷而不返，若猛然自醒這箇不
> 是，便當下豁然這箇毋字方是我的真心，必須體認這箇，明白方立得
> 主宰，方得心君出頭，所謂立天下之大本也。〔註112〕

高攀龍明白說出《中庸》擇善固執之「絕四」即其復性之工夫。而爲何要「絕四」？因爲元氣凝爲形氣，而有「軀殼」之身，有此「身」以來便有箇「我」之形體，此形氣之「氣稟」會拘局蕩平正直，合下與天地同體之「性」的表現，而將極虛靈可以以氣之直上際下，而與天無極之「眞心」障蔽，做蠢然一物，而不知反求自覺。因此高攀龍認爲《中庸》擇善固執之「絕四」的復

〔註110〕朱熹：《四書集注・中庸》，（台北，世界書局，民國86年3月），頁29。

〔註111〕朱熹：《四書集注・中庸》，（台北，世界書局，民國86年3月），頁42。

〔註112〕高攀龍：〈絕四章〉，《高子遺書・講義》，（台北，臺灣商務印書館文淵閣四庫全書，民國72年），卷四，頁389。

性之工夫，即可「立天下之大本也」。而高攀龍認爲《中庸》之「絕四」而「覺」之「誠」的工夫，主要動機亦是由「修身」爲本來著手。

　　《論語‧子罕》：「子絕四，毋意、毋必、毋固、毋我。」〔註113〕朱注：「絕，無之盡者。意，私意。必，期必也。固，執滯也。我，私己也。四者相爲終始，起於意，遂必留於固，而成我也。」由此可知有此身以後，容易流於私慾而不能廓然大公，而因物付物之義以方外。所以喜怒在「己」不在「物」，因此不尊重萬物之各具主體之「仁」，而以自己好惡爲標準，因此人心容易流於物役，而有不通暢和樂的情況產生。因爲朱注有云「四者相爲終始」，所以高攀龍以「意」爲代表，因爲由起於意，遂必留於固，而成我也。高攀龍認爲「絕四」的「毋」之工夫只是一個「醒」字，「醒」即是「猛然自醒」而「當下豁然」知此「毋」即是我之「眞心」。因此「毋」字即是《中庸》所謂「誠」之教。高攀龍云：

　　程子曰：意必固我，既亡之後，復於喜、怒、哀、樂未發之前，此
　　爲復性。〔註114〕

高攀龍以明道之言說明《中庸》之「絕四」即是要復於喜、怒、哀、樂未發之前，喜、怒、哀、樂之「情」本能好善惡惡，因爲有「覺」之作用，而「覺」即是「性」。因此「絕四」即是《中庸》之「復性」工夫。由此可知《中庸》入手仍是以「修身」爲基礎，只是其工夫在於「勿忘」之求放心之「覺」爲主。高攀龍云：

　　明自誠而發見者，性之本體也。誠自明而悟入者，教之工夫也。中
　　庸專明性、教二字。〔註115〕

因此《中庸》具有「明自誠而發見者，性之本體也」由「誠者」的天道之「乾知」而順性表現，而悟之自律的「性」之工夫；亦具有「誠自明而悟入者，教之工夫」由「誠之者」的人道之「坤能」，而修身達道之他律的「教」工夫。但今人不察以爲《大學》與《中庸》是不同之兩路，其實一也，故《大學》之「克己復禮」而「反身而誠」，即是《中庸》之「絕四」而「誠」，兩者皆爲修「己」而發，進而悟道也。故《大學》與《中庸》本體工夫兼具。

〔註113〕朱熹：《四書集注‧論語》，（台北，世界書局，民國86年3月），卷五，頁116。

〔註114〕高攀龍：《高子遺書‧箚記》，（台北，臺灣商務印書館文淵閣四庫全書，民國72年），卷二，頁345。

〔註115〕高攀龍：《高子遺書‧語》，（台北，臺灣商務印書館文淵閣四庫全書，民國72年），卷一，頁340。

二、大學修身爲本即中庸天下大本之本

> 曰：知本爲知至是矣。知至爲知止何也？曰：大學修身爲本之本，
> 即中庸天下大本之本，無二本也。故修字不是輕易說是格至誠正著
> 實處；本字不是輕易說是心意知物著實處，本在此矣，止在此矣。
> 明德者此，新民者此，至善者此，無二物也。〔註116〕

高攀龍認爲「知本」即是「知至」之止於至善。而《大學》言「修身」爲本，
其實就是《中庸》所言「天下大本之本」，因此並無所謂《大學》與《中庸》
兩路之聖人之道。如《高子遺書》云：「彥文問曰：大學『至善』二字，即中
庸也。先生曰：然。」〔註117〕吳廷翰論《大學》與《中庸》之關係其實是一，
如其云：

> 只是一個學，一個工夫，自格物以至於平天下，自戒懼以至於致中
> 和，一而以矣。〔註118〕

高攀龍又云：

> 顯言知本，天下國家之本，在身之本也；微言知本，中也者，天下
> 之大本之本。〔註119〕

高攀龍認爲《大學》爲「顯言知本」者，因爲其明言，天下國家之本，在「身」
之本也。而《中庸》則是「微言知本」者，因爲《中庸》雖有言修身，但是
其起頭處是以「中」言「天下之大本之本」。因此常人皆以爲《大學》乃爲修
身之工夫，而《中庸》言「性」之教。高攀龍前有言「中」即是吾之身心。
因此高攀龍認爲「中」即是吾之身之主體，因此《中庸》之「教」之工夫在
於使人「絕」軀殼之「意」而達到「復性」。所以《大學》之「修」即「格至
誠正著實處」；《中庸》之「本」即「心意知物著實處」。因此《大學》之「修」
在「身」，《中庸》之「本」也在「身」，所以《大學》、《中庸》之「本」即是
吾之身也。因此「本」在吾身，止即止在吾「身」，所止，所本者即是吾身之

〔註116〕高攀龍：〈大學首章廣義〉，《高子遺書‧經解類》，（台北，臺灣商務印書館文
　　　　淵閣四庫全書，民國72年），卷三，頁352。

〔註117〕高攀龍：《高子遺書‧會語》，（台北，臺灣商務印書館文淵閣四庫全書，民國
　　　　72年），卷五，頁419。

〔註118〕吳廷翰：《吳廷翰集‧吉齋漫錄》，（北京，中華書局，1982年2月），卷下，
　　　　頁51。

〔註119〕高攀龍：《高子遺書‧語》，（台北，臺灣商務印書館文淵閣四庫全書，民國
　　　　72年），卷二，頁346。

本質之純善之「天地之性」。所以明德者此，新民者此，至善者此，《大學》
與《中庸》所學無二物也。高攀龍云：

> 《大學》格致，即《中庸》明善，所以使學者辨志定業，絕利一源，
> 分剖爲己爲人之界，精研義利是非之極，要使此心光明洞達，無毫
> 髮含糊疑似於隱微之地，以爲自欺之主。不然，非不欲止欲修，而
> 氣稟物欲拘蔽萬端，皆緣知之不至也。工夫喫緊沉著，豈可平鋪放
> 在，說得都無氣力。〔註120〕

高攀龍認爲「《大學》格致，即《中庸》明善，所以使學者辨志定業，絕利一
源」，因《大學》、《中庸》並無二本，皆是「分剖爲己爲人之界，精研義利是
非之極」，以「修身」而之止於至善，因不知止於至善，則己身氣稟物欲拘蔽
而爲自欺之主。高攀龍云：

> 竊觀《中庸》一書，自誠明之性也。《大學》一書，自誠明之教也。
> 中庸下手慎獨，即誠、即明；大學下手格物，即明、即誠，無二物
> 也。〔註121〕

《大學》是「顯言知本」故其下手在「格物」，由「明」之「顯」而悟「誠」之
微。因此「格物愈博，則歸本愈約，明則誠也。」〔註122〕朱注《中庸》章句云：
「此書始言一理，中散爲萬事，末復合唯一理，放之則彌六合，卷之則退藏於
密，其味無窮，皆實學也。」〔註123〕由朱注之「退藏於密」可知《中庸》是「微
言知本」所以由「慎獨」言「誠」之「密」，由「密」而即誠、即明。

高攀龍又言《中庸》自誠明之性與《大學》自誠明之教無二物，何也？
高攀龍藉由「誠明之說」來說明之。《高子遺書》云：

> 誠明之說，昔有問者云：《中庸》何以首言「慎獨」，便在誠身上做
> 起；《大學》何以首言「格物」，又在明善上做起？攀龍曰：中庸言
> 自誠明之性，大學言自明誠之教，由今思之只是弄口。至崔後渠先
> 生定古本大學以誠意章内自淇澳至此謂知本一段，移在所謂誠其意

〔註120〕黃宗羲：〈中丞李見羅先生材〉，《明儒學案・止修學案》，（北京，中華書局，
1985 年），卷三一，頁 668。

〔註121〕高攀龍：〈與南皋二〉，《高子遺書・書》，（台北，臺灣商務印書館文淵閣四庫
全書，民國 72 年），卷八上，頁 475。

〔註122〕高攀龍：《高子遺書・語》，（台北，臺灣商務印書館文淵閣四庫全書，民國
72 年），卷一，頁 332。

〔註123〕朱熹：《四書集注・中庸》，（台北，世界書局，民國 86 年 3 月），頁 1。

者之前，從理順昭然知本、格致之義，而格致未嘗缺傳也。〔註124〕

《大學》言由「顯」言知本而爲「明誠之教」，因此由「明」善之「格物」做起。而《中庸》由「微」言知本而爲「誠明之性」做起。但是高攀龍認爲這只是「弄口」，其實一也。因爲《大學》由「明」而「誠」與《中庸》由「誠」而「明」其實皆是以修身爲本，所著重者皆是「誠」之「性」體，因此出發點與目皆相同，只是說法上令人以爲有分。

所以吾個人以爲《大學》與《中庸》皆言「愼獨」即是最佳說明。《大學》云：

> 所謂誠其意者，毋自欺也。如惡惡臭，如好好色，此之謂自謙。故君子必愼其獨也。

高攀龍前有言「絕四」之「毋」即「醒」之「覺」，而「覺」即「性」即「敬」即「誠」。因此《大學》之「誠意」即「毋」自欺。由此段可見「誠意」之根基在於「愼獨」，而「愼獨」實爲人向善、向惡之重要關鍵。《中庸》云：

> 道也者不可須臾離也，可離非道也。是故君子戒愼乎其所不睹，恐懼乎其所不聞，莫見乎隱，莫顯乎微，故君子愼其獨也。〔註125〕

「獨」即是不可須臾離之「道」，此即人之「性」。而「性」是「不睹不聞」，因此君子懷戒愼恐懼之情，而保和此「獨」之性體。劉宗周云：

> 不睹不聞，天之命也；亦睹亦聞，性之率也。即睹即不睹，即聞即不聞，獨之體。〔註126〕

劉宗周認爲「獨」乃「不睹不聞」之天命本體，亦爲形氣之人率其性而行之一舉一動之「亦睹亦聞」道德實踐。因此獨體爲「即睹即不睹，即聞即不聞」，既是天命之體，亦爲人所不可須臾離之道。然而「獨」之義在於人所不知，己所獨知，因此在隱暗處與細微小事上，都不敢大意而謹言愼行。《大學》云：

> 小人閒居所以爲不善，無所不至。見君子而後厭然，揜其不善，而著其善。人之視己，如見其肺肝然，則何益矣。此謂誠於中而形於外，故君子必愼其獨也。〔註127〕

〔註124〕高攀龍：〈荅南皋二〉，《高子遺書・書》，（台北，臺灣商務印書館文淵閣四庫全書，民國72年），卷八上，頁475。
〔註125〕朱熹：《四書集注・中庸》，（台北，世界書局，民國86年3月），頁26。
〔註126〕劉宗周：《劉宗周全集》，（台北，中央研究院中國文哲研究所籌備處，民國86年6月），第一冊，頁461。
〔註127〕朱熹：《四書集注・大學》，（台北，世界書局，民國86年3月），頁10。

《大學》所言「愼獨」乃是要人在獨處之時，亦能「誠於中」而保持「獨」之純粹湛然。不應如小人閑居獨處時，不爲善，只在人能見其處爲善，此非眞善。而小人不善之因乃是不知「愼獨」。因此《大學》與《中庸》之「愼獨」工夫即是「誠意」之工夫，當誠其意於未發之中的「獨」，即可「正心」之物還其則而行「義」於外。黃錦鋐先生在〈大學的「誠意」、「格物致知」和「愼獨」的關聯性〉一文中云：

> 格物就是通曉六藝，而六藝之通曉即謂之致知，然通曉的關鍵，必以誠意爲主，誠意則以愼獨爲先，「格物致知」、「誠意」、「愼獨」三者有密切的關聯性。「誠意」是「愼獨」的結果，「格物致知」又是「誠意」的表現，而「誠意」先決條件要「毋自欺」反是「格物致知」的原則，彼此牽引，互爲因果。所以《大學》作者在解釋「誠意」在於「格物致知」，又再說「愼獨」是「誠意」的基本工夫，其原因在此。〔註 128〕

黃錦鋐先生認爲「誠意」是格物通曉之關鍵，即是朱子所謂「豁然貫通」之義。而高攀龍云：

> 天下之理無內外、無鉅細，自吾之性情以及一草一木，通貫只是一理，見有彼此，便不可謂盡心知性。聖賢之教隨人指點，見問者欲專求性情，故推而廣之，曰：一草一木一皆有理，不可不格。會得此意，則與《中庸》鳶飛魚躍者，何以異哉。〔註 129〕

高攀龍認爲格物「豁然貫通」之因在於「吾之性情以及一草一木，通貫只是一理」故可以「一以貫之」。而所貫者即是「仁」之性體，而「仁」之性體即是《中庸》之「誠」，因此高攀龍言會得此意，與《中庸》「鳶飛魚躍」，何以異哉。

由此上可知「誠意」是《大學》之「豁然貫通」與《中庸》之「鳶飛魚躍」主因，而藉由黃錦鋐先生之言可知「愼獨」才是最根本之基礎，若回歸到高攀龍之前言「修身」爲《大學》與《中庸》之「本」，則「愼獨」之義大矣哉。因此高攀龍有云：

〔註 128〕黃錦鋐：〈大學的「誠意」、「格物致知」和「愼獨」的關聯性〉，（台北，《孔孟月刊》，民國 59 年 7 月），第八卷，第十一期，頁 13。

〔註 129〕高攀龍：〈答顧涇陽先生論格物一〉，《高子遺書・書》，（台北，臺灣商務印書館文淵閣四庫全書，民國 72 年），卷八上，頁 466。

　　凡人可至於聖人者，只在愼獨，獨者，何也？本然之天明也，人所
　　不知而已，所獨知也。是即知其爲，是非即知其爲非，匪由思而得，
　　匪由慮而知，即此是天，即此是地，即此是鬼神，無我、無人、無
　　今、無古，總是這箇，知得這箇可畏，即便是敬，不欺瞞這箇，即
　　便是誠，一一依這本色，即便是明。這裡打對得過，便可建天地、
　　質鬼神。俟聖人於百世，詩云：溫溫恭人，如集於木，惴惴小心，
　　如臨於谷，愼之也。〔註130〕

「愼獨」之「獨」即是「本然之天明」之「性體」，是即知其爲，非即知其爲
非，匪由思而得，匪由慮而知之「誠者」。而鬼神、無我、無人、無今、無古
皆只是此「性體」，此乃高攀龍所謂「天地之性」。然而工夫所在則是「愼」
字，如詩云：「溫溫恭人，如集於木，惴惴小心，如臨於谷，愼之也。」此如
高攀龍前所言「如臨如履所以形容戰戰兢兢，必有事焉之象，實則形容坦坦
蕩蕩澄然無事之象也。」〔註131〕因此「愼」之即「獨」之「覺」也，其實只
是一事。若知得此「天地之性」即「敬」、即「誠」、即「明」，一以貫之也。
因此高攀龍云：「格物、知至實見得天人一、古今一、聖凡一、內外一。主一
工夫自妙矣。」〔註132〕「格物知至」是《大學》之「修身」工夫而「主一」
而「敬」，則是《中庸》「敬以直內」之方法。其實兩者同然，皆在求「中」
之「誠」也，而其求「中」之根本即是「愼獨」。因爲「中」即是吾人之身心，
欲求「中」，即須由吾之身心下手，然而「身」又爲千病萬痛之本源，故以「修
身」之「愼獨」爲本，而「中」之「天地之性」自然唾手可得。如羅近溪論
「誠」，其云：

　　故學者果能識得誠自己誠，己外無誠；妄由己生，己外無妄，則一
　　是百是，而存養省治，方是灞柄在手。即如今日吾儕，合志同方，
　　徐徐而食，食畢而起，且坐且談，莫非本體，亦莫非工夫。固無善
　　狀，亦無過舉，而何談彼己之可分，而眞妄之可辨哉？時時如此透
　　徹，便是萬物我備，便是學以致道，即此學字，殆亦從人強名之耳。

〔註130〕高攀龍：〈書友人扇〉，《高子遺書・題跋雜書類》，（台北，臺灣商務印書館文
　　　　淵閣四庫全書，民國72年），卷十二，頁718。
〔註131〕高攀龍：《高子遺書・語》，（台北，臺灣商務印書館文淵閣四庫全書，民國
　　　　72年），卷一，頁334。
〔註132〕高攀龍：《高子遺書・語》，（台北，臺灣商務印書館文淵閣四庫全書，民國
　　　　72年），卷一，頁331。

〔註 133〕

羅近溪認爲「誠」即是「己」，因此「誠」即在吾身之中，因此其言徐徐而食，食畢而起，且坐且談，莫非本體，亦莫非工夫。弱勢得此「誠」，則「萬物我備」。高攀龍云：

> 所謂愼獨也，獨者，本體；愼者，工夫。本體天道，工夫人道，人道下學，天道上達。達者，悟也；學者，修也。修有萬殊，悟爲一本。〔註 134〕

高攀龍說明「愼獨」。「獨」者即是吾身之本質的「天地之性」之道德本體。「愼」即是「工夫」即前所言「如臨如履」戰戰兢兢之狀，然而人一「戰戰兢兢」則其心即「坦坦蕩蕩」，因前有言心知有念而「不敬」，當一知「不敬」即「覺」之悟矣。所以人一反躬，則人心皆道心。「本體」即「誠者」之「天道」之「乾知大始」之自然之養，「工夫」即「人道」之「坤作成物」之當然之養。「人道」是人下學進而「復性」以上達「天道」本體純然道德。而高攀龍云：

> 悟、修二者並無輕重，即如仁、義、禮、智四字，言仁、智處皆是悟；言禮、義處皆是修。悟則四字皆是修，修則四字皆是悟，眞是半斤八兩。〔註 135〕

高攀龍云：「仁與智藏諸用，禮與義顯諸仁。」〔註 136〕所以仁與智是本體之悟的自律工夫，因此「仁與智藏諸用」；而克己復禮與義以方外皆是修之他律工夫，故是顯於外來表現仁智本體者。但是若人一「悟則四字皆修」。如前高攀龍有言「毋」之「絕四」之工夫其實只是一「醒」字。而「修則四字皆是悟」，如高攀龍前所言格物則「識仁」，則「克己復禮」而「天下歸仁」。高攀龍云：

> 天下萬事皆有箇本源，從其本而求之，則雖難而實易，從其枝葉而求之，雖易而實難，義理無窮，學問亦無窮，此是言其讀書入頭處，

〔註 133〕羅近溪：《盱壇直詮》，（明萬曆三十七年己酉曹胤儒刊本，台北，廣文書局，民國 66 年），下卷，頁 32。

〔註 134〕高攀龍：〈柬吳覲華〉，《高子未刻稿》，（鈔本，台北，國家圖書館善本書室），卷六。

〔註 135〕高攀龍：《高子遺書・會語》，（台北，臺灣商務印書館文淵閣四庫全書，民國 72 年），卷五，頁 411。

〔註 136〕高攀龍：《高子遺書・箚記》，（台北，臺灣商務印書館文淵閣四庫全書，民國 72 年），卷二，頁 345。

　　諸友若誠實用力，則旬日之間，便各有所疑，學以能疑而進，有疑

　　而師友決之，便沛然矣。〔註137〕

高攀龍前有言「修有萬殊，悟爲一本」，因爲「悟」只一「性」字。但「修身」
之法卻有很多，例如其高攀龍有言「格物」、持志「養氣」、「靜坐」等。而高
攀龍言「天下萬事皆有箇本源」即「悟爲一本」之義。因此求學問之法，應
該從「本」而求，則非求其「枝葉」之萬有不齊者，才可以提綱挈領，獲得
功效。因此有《中庸》與《大學》修身之法的差別，但其結果只爲求「身」
中之「本」。如吳廷翰云：

　　《大學》是直去的工夫，故有次序；《中庸》是橫貫的工夫，故無次

　　序。〔註138〕

吳廷翰以爲《大學》、《中庸》其實是一。而兩者之分別只在「工夫」有分。
高攀龍云：

　　其入手處，則程先生每喜人靜坐，朱先生每教人讀書，此意眞妙。

　　錯認其意者，便溺章句，便耽寂靜，失之遠矣。弟看來，吾輩每日

　　用功，當以半日靜坐，半日讀書，靜坐以思所讀之書，讀書以考所

　　思之要，樸實頭下數年之功，不然浮浮沈沈，決不濟事也。兄以爲

　　何如？幸相與覓，便反覆印證朱夫子曰：日月去矣，大事未明，可

　　懼也，吾輩不可不念。〔註139〕

高攀龍說明「修」之法有萬殊，因此「修」之入手處亦有不同。程明道教人
由「靜坐」入手，而朱子則是由「讀書」之「格物窮理」入手。而人以爲是
兩路，故不明其意。尊崇朱子者便終日讀書，而沉溺章句；追尋明道者，便
終日靜坐而耽於沉靜，皆失之遠矣。高攀龍認爲應該「半日靜坐，半日讀書」，
靜坐以思所讀之書，讀書以考所思之要。高攀龍云：

　　大率程之學粹，朱之學博，程之學以誠爲主，以涵養爲功，以無將

　　迎、無內外爲定性，其元氣之會，如日祥雲渾然天成。朱之學主敬，

　　以立本窮理以致知，反躬以實踐，其表章之勤，如迴欄揚波，浩然

<hr>

〔註137〕高攀龍：〈讀書法示揭陽諸友〉，《高子遺書·經解類》，（台北，臺灣商務印書
　　　　館文淵閣四庫全書，民國72年），卷三，頁360。
〔註138〕吳廷翰：《吳廷翰集·吉齋漫錄》，（北京，中華書局，1982年2月），卷下，
　　　　頁51。
〔註139〕高攀龍：〈與邊確齋〉，《高子遺書·書》，（台北，臺灣商務印書館文淵閣四庫
　　　　全書，民國72年），卷八上，頁477。

東注。〔註140〕

高攀龍所宗之「程朱」,「程」所指乃爲「明道」,因爲「明道」學問主「誠」。而其《高子遺書》中亦常引明道之言來論述己之思想。所以「程」非世人常言「程朱」之「程伊川」,而是「程明道」。

高攀龍認爲程明道之主靜而「誠」之工夫是以涵養爲功,以無將迎、無內外爲定性,因此明道之法同於《中庸》自誠而明之法。而朱子「主敬」,以以立本窮理以致知,反躬以實踐,其同於《大學》自明而誠之教。兩者看似進路不同,只因修法不同,但而其實其悟法皆同爲「誠意」也。故《大學》、《中庸》兩者皆是本體工夫皆具,「修悟是一」。高攀龍云:

> 除卻聖人全知,便分兩路去了,一者在人倫庶物實知實踐去;一者在靈明覺知默識默成去,此兩者之分。……宇內之學百年前是前一路,百年後是後一路,兩者遞傳之後,各有所弊。畢竟實病易消,虛病難補,今日虛症見矣。吾輩當相與積弊,而反之於實知及仁,守泄之以莊,動之以禮,一一著實做去,方有所就。〔註141〕

高攀龍認爲百年前「全知」之聖人即是「修悟是一」,故無弊也。而百年之後人們,卻分成一者在人倫庶物實知實踐去;一者在靈明覺知默識默成去,因此實病易消,虛病難補。如吳廷翰亦云:

> 近世講學太多,言語太支離,門戶太分析,益生浮靡,或薄而入異端,尤所不喜。《漫錄》所述,盡之矣。至其間要領,則以「氣即是理」,「性大於心」,《大學》之格致誠正修齊治平,與《中庸》之戒慎恐懼有直截橫貫工夫,本是一理,不須附會穿鑿,務近而實遠,求明而反晦。《叢言》乃發明《漫錄》之未盡者,而兼有用世之所未究者。〔註142〕

而高攀龍又云:

> 與兄別來略窺得路徑,聖人之學閑邪以存誠,此理真是易簡,然卻與世學所謂易簡者不同。乾之易也以健,坤之簡也以順,益以健順

〔註140〕高攀龍:〈三時記〉,《高子遺書・碑》,(台北,臺灣商務印書館文淵閣四庫全書,民國72年),卷十,頁621。

〔註141〕高攀龍:〈知及之章〉,《高子遺書・講義》,(台北,臺灣商務印書館文淵閣四庫全書,民國72年,卷四,頁396。

〔註142〕袁爾鉅:《吳廷翰哲學思想・附錄・吳廷翰行實》,(北京,人民出版社,1988年),頁212。

而易簡，非以易簡廢工夫。若以易簡爲心，便入異端去矣。世儒亦
多有見得誠的意思，只是無克己閑邪工夫，故純是氣稟物欲，用事
皆作天性，以妄爲誠，種種迷謬，此格物至知，大學最先用力也。
格致亦別無説，只是分別得天理人欲，界分清楚透徹，正閑邪之要
也。〔註143〕

高攀龍云：「感而遂通者，原是寂然不動，本無一物也。以此復性，以此盡性，
故曰：易簡而天下之理得矣。」〔註144〕由此可知高攀龍主張「修悟是一」，即
聖人之學「閑邪以存誠」的「易簡」之法。「易」即是「天道」自然之養的「乾
知」，因「乾元」即是天賦與人之純善本質，因此人可以順此「乾元」之善而「健」。
「簡」即是不增纖毫，「人道」當然之養之保身工夫。但是今之儒者卻誤會「易
簡」之義，以爲「易簡」即可以廢「修養工夫」，而因爲不重視確實之「敬」的
「修身」工夫，因此將「雜念」視爲本心，所以微虛見之「妄」此即是光景也。
因有此「光景」故生出種種迷謬。羅近溪言何謂「光景」，其云：

人生天地之間，原是一團靈氣，萬感萬應，而莫究其根源，渾渾淪
淪而初無名色。只一心亦自是強立。後人不省，緣此起個念頭，就
會生做見識。因識露個光景，便謂吾心實有如是朗照，實有如是澄
湛，實有如是自在寬舒。不知此段光景原自妄起，必隨妄滅。即來
應事接物，還是用著天然靈妙渾淪的心。此心儘在爲他做主幹事，
他卻嫌其不具光景形色，回頭只去想念前段心體，甚至欲把捉中身
以爲純一不已，望顯發靈通以爲宇泰天光，用心愈勞，而違心愈遠。
〔註145〕

宗三先生解釋此「光景」之說，其云：「良知本身亦最足以使吾人對此良知本
身起一種光景。良知自須在日用間流行，但若無眞切工夫矣支持之，則此流
行只是一種光景，此是光景之廣義；而若不能使良知眞實地具體流行於日用
之間，而只懸空地去描繪它如何如何，則良知本身亦成了光景，此是光景之
狹義。我們既須拆穿那流行的光景（即空描畫流行），亦須拆穿良知本身的光

〔註143〕高攀龍：〈與逯確齊〉，《高子遺書・書》，（台北，臺灣商務印書館文淵閣四庫
全書，民國72年），卷八上，頁477。

〔註144〕高攀龍：〈爲善説〉，《高子遺書・經解類》，（台北，臺灣商務印書館文淵閣四
庫全書，民國72年），卷三，頁362。

〔註145〕羅近溪：《盱江羅近溪先生全集》，（明萬曆十四年戊午劉一焜浙江刊本，台北，
國家圖書館善本書室），卷六，頁44。

景（空描畫良知本身）。這裡便有真實工夫可言。」〔註146〕因此《大學》要人格物致知以明「善」之「誠」體。即可以分別得天理人欲，界分清楚透徹。高攀龍云：

> 聖門所貴默識，正謂需識得此體，此豈以靜而有，動而無耶，既識得，則惺惺了了，自然知是必行，知非必去矣。若用處一差，即是本體不徹，而所謂見者，乃虛見也，虛見之謂光景也，如靜中觀喜、怒、哀、樂未發氣象，此爲未見道者。引而致之，正令於心無所著，時默識其體，此見性之捷法也。真見得天命之性，則真見得道不可須臾離，雖欲不戒懼、慎獨，不可得矣。戒懼、慎獨不過一靈炯然不昧，知是必行，知非必去而已。所以然者，何也？此見物事不著一毛，惟是知是必行，知非必去，斬斬截截，潔潔淨淨，積習久之，至於動念必正，方是此件，不然只是見得他光景，不爲我有。試體行不慊心之時，還是此件否耶？〔註147〕

高攀龍認爲若不識「動靜一色」之本體，而欲以「靜」時用靜坐見性之「悟」的方法，來默識本體，其所見之「性」只是「虛見」有妄之「光景」。因此高攀龍認爲應重視「戒懼、慎獨」之修身工夫，達到「一靈炯然不昧」才是可真見本「性」。真「見性」即可知是必行，知非必去，確實做去，進而斬斬截截，潔潔淨淨，積習久之，至於動念必正。

三、養德養身是一件事

> 凡了悟者，皆乾也；修持者，皆坤也。人從迷中忽覺其非，此屬乾知。一覺之後，遵道而行，屬坤能。……無乾知則無坤能，無坤能亦無乾知，譬之於穀，乾者，陽發生耳，根苗花實皆坤也。蓋乾知其始，坤成其終，無坤不成物也。故學者了悟在片時，修持在畢世，若曰：悟矣。一切冒嫌疑，毀藩籬。曰：吾道甚大，奈何爲此拘，居者，有生無成，苗不秀，秀不實，惜哉。〔註148〕

〔註146〕牟宗三：《從陸象山到劉蕺山》，（台北，臺灣學生書局，民國89年5月），頁287。

〔註147〕高攀龍：〈答耿庭懷〉，《高子遺書‧書》，（台北，臺灣商務印書館文淵閣四庫全書，民國72年），卷八上，頁488。

〔註148〕高攀龍：〈乾坤說〉，《高子遺書‧經解類》，（台北，臺灣商務印書館文淵閣四庫全書，民國72年），卷三，頁369。

高攀龍認爲「了悟」之自律工夫即是「迷中而覺其非」，此即爲「乾」；「修持」
之他律工夫一覺之後，「尊道而行」，此即爲「坤」。高攀龍言必稱堯舜之「以
善爲性」，所以「性」之善不足以稱頌，因人皆有此善性爲其身之本質。故高
攀龍重視躬行實踐，因唯有實踐之善行，才是「性善實證」。所以「無乾知則
無坤能，無坤能亦無乾知」，此即高攀龍前所言「養成之性」。因穀種之性，
即「乾元」之善，但需透過「坤作成物」之實踐工夫，使穀種根苗花實，久
之而熟。如高攀龍云：

> 學也者，去其欲，以復其性也。必有事以復其無事也，無事則樂，
> 樂則生，生則久，久則天，天則神，而浩於天地之間。〔註149〕

「坤作成物」之實踐工夫習之久則可以去「私慾」之不通暢和樂處，因此形
氣之身即可以「無事」而順暢地展現身之本質的「天地之性」，此爲氣化流行，
悅心自然生機流暢，故「浩然於天地之間」。因此高攀龍云：

> 士有志，何所不可爲。況今所爲者，乃是孩提無知識時所具足，反
> 以有知識後，昧之者也。今借無知識反於孩提無知時本色，故曰：
> 復其初。門下弱體，一切放下，不用一些知識，胸中無物，皆眞精
> 神也。養德、養身是一件事，靈源反則靈機浚，理學與舉業，亦是
> 一件事也。〔註150〕

高攀龍認爲吾輩有志之士，其求學問之目的，皆在恢復孩提赤子時無知識之
造作，而純然全善之「無知」本色，因此應該一切放下，讓胸中毋一事，只
是平平常常，此即「眞心」之眞精神。其言「養德、養身是一件事」，其意乃
是當人靈源反而恢復赤子之善，而有德，則其眞心之顯其質美而生機盈溢而
浚，故言「理學與舉業，亦是一件事」。因「理學」即是養德之法，而「養德」
即是「養身」，形氣之身睟面盎背，故行德之生機自然源源不斷，而根心生色
也。高攀龍云：

> 聖賢之書，不是教人專學作文字，求取富貴，乃是教天下萬世做人
> 的方法，今人都不曾依那書上做得一句，所以書自書我自我，都不
> 相關，都無意味。學者讀書須要句句反到自己身上，體認明德如何

〔註149〕高攀龍：〈東林會約序〉，《高子遺書‧序》，（台北，臺灣商務印書館文淵閣四
　　　　庫全書，民國72年），卷九上，頁559。
〔註150〕高攀龍：〈荅陳似木二〉，《高子遺書‧書》，（台北，臺灣商務印書館文淵閣四
　　　　庫全書，民國72年），卷八下，頁536。

模樣。我又如何明之，如何能新民，如何爲至善。我又如何止之，
都要在身上認得，親切若見，未眞行住坐臥放在心裡思量，又如日
用之間，聖人分明説：入則孝，便思量去盡孝道；説出則弟，便思
量去盡悌道；説言忠信，説話便要忠信；説行篤敬，便行要篤敬。
但依那書上勉強做得一兩句，便漸漸我與書相交涉，意味漸漸浹洽，
一面思索體認，一面反躬實踐，這纔是讀書。〔註151〕

高攀龍認爲人讀書應該要具具反到自己身上來，因爲依那書上勉強做得一兩
句，便漸漸我與書相交涉，意味漸漸浹洽，一面思索體認，一面反躬實踐，
這纔是讀書。因此並非書自書，我自我，兩者不相交涉，此即陷溺字義，而
不知讀書所爲何事。其實「理學」之目的即在「養德」修身，因此「都要在
身上認得」在自己一言一行之行、住、坐、臥中展現。因此入則孝，便思量
去盡孝道；説出則弟，便思量去盡悌道；説言忠信，説話便要忠信；説行篤
敬，便行要篤敬。此即「坤作成物」而根苗花實之功。劉宗周亦云：

君子之學，愼獨而已矣。無事，此愼獨即是存養之要。有事，此愼
獨是省察之功。獨外無理，窮此之謂窮理，而讀書體驗之。獨外無
身，修此之謂修身，而言行踐履之，其實一事而已。知乎此者之謂
復性之學。〔註152〕

劉宗周言「愼獨」乃其畢生之學，而其亦言「養德」之讀書窮理即是「養身」
之修身言行踐履。其明言此爲「復性」之學。故高攀龍言「讀書」應是實實
在在之眞學問，而非經自經，卦自卦，心與經不互明也，因此有只鑽研的經
義之「俗儒」。高攀龍云

存心必由靜坐而入；窮理必由讀書而入；靜坐、讀書必由朋友講習
而入。從事於斯，其益無方，其藥無方，非天下大福人不得與於斯，
是入德要訣，即舉業要訣也。〔註153〕

高攀龍言「存心必由靜坐而入；窮理必由讀書而入」，這即是前所言「修」之
工夫入手處有所不同，但是高攀龍又言「靜坐、讀書必由朋友講習而入」，爲

〔註151〕高攀龍：〈讀書法示揭陽諸友〉，《高子遺書・經解類》，（台北，臺灣商務印書
館文淵閣四庫全書，民國72年），卷三，頁360。

〔註152〕劉宗周：《劉宗周全集》，（台北，中央研究院中國文哲研究所籌備處，民國
86年6月），第一冊，頁461。

〔註153〕高攀龍：〈書扇〉，《高子遺書・題跋雜書類》，（台北，臺灣商務印書館文淵閣
四庫全書，民國72年），卷十二，頁718。

何如此？因其云：

> 講學者，講其所行者也。不行則是講而已矣，非學也。〔註154〕

《論語·述而》云：「德之不修，聞義不能徙，不善不能改，是吾憂也。」〔註155〕夫子亦與高攀龍有相同之看法。因爲夫子所憂者有四，首重在「德之不修」，但若德修則憂於「學之不講」，所以其所憂者，在於德修之後未眞躬行實踐，而可以講其所行也。如王廷相云：

> 講得一事即行一事，行得一事即知得一事，所謂眞知。徒講而不行，
> 則遇事終有眩惑。〔註156〕

因此高攀龍提出「不行則是講而已矣，非學」。所以「講學」是入德舉業之要。吳廷翰云：

> 今人好說大本、一貫，也只是個鶻突不明白的學問，何曾知那大本、一貫？不知大本一貫，從何便得？此聖人事，須是聖人纔能立天下之大本，纔說得「一以貫之」。而今說得太易了，使人疑惑不信，故反求之高遠，茫茫蕩蕩的全無實地。不如且只低頭理會「博學而篤志，切問而近思」，「言忠信，行篤敬」，久而成熟，徹上徹下，大本一貫，不出乎此矣。〔註157〕

吳廷翰認爲聖人是以大本「一貫」之修養工夫，眞修篤行，久之而熟，即可下學上達矣。高攀龍云：

> 今之學者每好言悟，夫悟誠足重矣，非悟則無默識，非默識則何以學，何以教，何以不厭不倦。然悟者，虛靈之偶轍，本體之暫現也。習心難忘，本眞易昧，故非眞修不足以實眞悟，若使天下萬世之念不切，好善惡惡之意不誠，徒執一見，自作快活，假饒身心安頓得下，恐非千聖血脈也。知年丈辨之審矣。弟懼謬誤正在臨歧不審，年丈何以教之。〔註158〕

〔註154〕高攀龍：《高子遺書·語》，（台北，臺灣商務印書館文淵閣四庫全書，民國72年），卷一，頁343。

〔註155〕朱熹：《四書集注·論語》，（台北，世界書局，民國86年3月），卷四，頁101。

〔註156〕王廷相：《王廷相集》，（北京，中華書局，1989年9月），頁478。

〔註157〕吳廷翰：《吳廷翰集·吉齋漫錄》，（北京，中華書局，1982年2月），卷下，頁53。

〔註158〕高攀龍：〈與劉雲嶠二〉，《高子遺書·書》，（台北，臺灣商務印書館文淵閣四庫全書，民國72年），卷八上，頁490。

高攀龍認爲唯有「眞悟」才得以「默識」，而今人不知何謂「眞悟」，而已虛見之「妄」爲「誠」之悟。而何謂「眞悟」？因爲「悟」是虛靈之偶轍，本體之暫現，因此並不牢靠，虛透過躬行實踐，進而習之久而難忘，才是「眞悟」，因此「眞悟」即其前所言之「講學」之講其行。因此高攀龍又言夫子若非「眞悟」而「默識」，則何以學，何以教，何以不厭不倦。故言「非眞修不足以實眞悟」。因此高攀龍云：

> 此心廣大無際，常人局於形，囿於氣，縛於念，蔽於欲，故不能盡。
> 盡心則知性，知性則知天，天無際，性無際，心無際，一而已矣。
> 〔註159〕

因此心本自廣大與天等同，但是因爲氣稟所拘局，因而小看他，以爲吾身只爲一有限生命，而其鼻息呼吸有終止之日的蠢然之物。但透過「修身」之工夫，恢復本然之性，而「悟」得「誠體」，再進而盡其心而躬行實踐，達到「眞悟」之境地，則可以「天無際，性無際，心無際，一而已矣」。因此高攀龍云：

> 聖人之道如此而已矣。要在人默而識之，默而識之曰悟；循而體之曰修，修之則彝倫日用也，悟之則神化性命也。聖人所以下學而上達，與天地同流，如此而已矣。此教所以賢愚胥益，爲能開物成務，惠天下萬事於無窮也。〔註160〕

高攀龍認爲聖人之道即是「眞修」而「實眞悟」，「眞悟」才得以默識。而於行、住、坐、臥中躬行實踐之「眞修」才得以「眞悟」。因此聖人「修之則彝倫日用也，悟之則神化性命也」。此即是「誠之者」的聖人其下學上達，過化存神與天地同流而天機流暢之化境。

〔註159〕高攀龍：《高子遺書‧語》，（台北，臺灣商務印書館文淵閣四庫全書，民國72年），卷一，頁334。

〔註160〕高攀龍：〈重鋟近司錄序〉，《高子遺書‧序》，（台北，臺灣商務印書館文淵閣四庫全書，民國72年），卷九上，頁542。

第八章　結　論

第一節　高攀龍之思想特色

　　高攀龍先以「天地之先，惟斯一氣」之大肯定，來說明其「以氣爲本」之思想，高攀龍認爲孟子言「浩然之氣」即是張載所謂「太虛即氣」，因此其將孟子所言「浩然之氣」視爲「以氣爲本」思想之始祖，使「氣本論」在中國思想史上之論題向前推進一大步。

高攀龍認爲「人至受形以後，天地之性已爲氣質之性矣，非天地之性外復有氣質之性也。」形氣之人其「氣質之性」中以仁、義、禮、智之「天地之性」內涵爲其本質，而「天地之性」即是「浩然之氣」之道德內涵。因「浩然之氣」具有「易」之生生作用，而可以生物不測地創生萬物，而萬物再由無形之「浩然之氣」凝結爲具體有形之身時，「浩然之氣」之「至善」其生生之「仁」，即同時凝爲人身之「善」性，此即高攀龍所言之「以善爲性」。

　　高攀龍將「浩然之氣」生生之易內涵中之元、亨、利、貞與人身內涵中之仁、義、禮、智相提並論。高攀龍認爲「浩然之氣」之「天」以「一氣」化生成萬種形氣，此時其生生作用「乾元」之至善之道德價值，同時凝結轉化爲形氣內涵中生生動力之「善」之道德價值，如此一來，形氣之人身即以「浩然之氣」其「乾元」之至善，爲其形氣之身內在之至善本質，因此形氣之人與「浩然之氣」可以「一氣」之同質同層中相貫通。因此形氣之人身可以自己貞定道德方向，自律而生生不變地完成道德之志業。

　　再者，高攀龍認爲「氣之精靈」者爲人之「心」，而「心」之充塞者爲「氣」。

其又言「氣」之形氣世界之總稱者則稱作「天」。「天」在人者爲「心」。故「心」爲形氣之心。「天」即是總和全人類群體之「心」的氣之精靈所充塞者。高攀龍又言「觀天地則知身心」，其認爲「天」其「乾知大始」即「心」，而「地」之「坤作成物」即是「身」。高攀龍認爲「心在腔子裡」是人之「心」最恰當之狀態，進而言「渾身是心」是人最高之道德境界。因此高攀龍之思想即由「以善爲性」與「渾身是心」兩基本論點而展開。

氣既然有「精靈」者。亦有「非精靈」者。「氣」之非精靈部分，即是人之「軀殼」。人「心」發於「性」之「至善」者爲「覺」之「道心」；而人「心」發於「軀殼」之「識」爲「人心」，高攀龍認爲其實只是「一心」之兩種不同作用。但是「道心」實爲「軀殼」之身之主宰，即是由「心」之本質之「善」性所發者。而高攀龍認爲《中庸》所言之「中」之「天下大本」之「本」所指爲「吾人之身心」。「中」即「道心」主宰吾身之「識」，而「人心」皆「道心」之狀態。

高攀龍雖然贊成朱子「心統性情」之說，但是高攀龍又以「氣」爲本體，來詮釋朱子「中和新說」之「心統性情」觀念。高攀龍說明形氣之身所表現之「情」，才有所謂「未發」、「已發」之分。此外，高攀龍認爲「無聲無臭」之「不睹不聞」之人「性」是「天命之性」，則是「不發」不可言「未發」；而「心」則是「天命本體」則是天命不已，因此爲「常發」，不可言「不發」。因此高攀龍言「見性」須在「情」之未發中「見」，因「性」不可見，可見者「仁、義、禮、智」，而「仁、義、禮、智」即心之四個發端，此「四端」爲即是「情」之未發者。而情之未發之時，是形氣之身發於軀殼的「識」之作用未受外界干擾，最接近人生之初最自然而未受知識造作，同於純善之「赤子」狀態，無知識之造作與物蔽之影響，因此無聲無臭「至善」之「性」最顯，所以此爲「見性」之最佳時機，故高攀龍主張「靜坐」以見性。再者，「情」之已發，形氣之心其「識」之作用，最易受氣拘與外界物慾陷溺影響，若「情」之已發能以「道心」之「覺」爲主宰，再透過「人心」之「識」合理地表現「中和」之「情」，則此時「性」最眞，因爲此乃「無聲無臭」之「性」，將其「不睹不聞」之至善本質眞實具體地表現出來，成爲具體之「情」之形氣表現。因此高攀龍認爲「性」之「至善」本質即在人之身表現程具體言行之「情」。因此高攀龍言人之「七情」在人生最初之狀態是「好善惡惡」。

此外，高攀龍非常重視形氣之「身」，因爲「身」與氣化流行是「一氣呼

吸」者，因此「天」與「人」之差，在於「天」是萬古之物，而「人」是百年之物，因此「身」中具有「元氣之善」為其本質，所以「身」具有過化存神與天同流之本質。但是人也因有此「身」，會受到氣質清濁美惡之氣稟拘局與知識造作影響，而使「情」之表現過與不及，故有惡之產生。因此「身」是高攀龍思想中是很值得探究之論題，「身」既是成聖之體，也是為惡之首。因此高攀龍言「天地之性非學不復」，所以「修身」之「復性」而「變化氣質」則成為人生不可或缺之課題。但是如何修養自己，達到克己復禮，天下歸仁之境地？高攀龍認為須透過《大學》讀書之格物窮理工夫，從格萬物而反身求其放心，再配合《中庸》居敬之靜坐工夫，使心澄而理明，進而達到「誠」而「悟」之境地，此即高攀龍千古流傳之「半日讀書，半日靜坐」修養工夫。

高攀龍認為《大學》之格物窮理，主在使人多讀書使見聞與義理浹洽，而去其「私慾」產生人心同然之「悅心」，達到廓然大公與物無對之境。因為天下無心外之物與心外之理，所以身之我渾然與物同體，故「萬物皆被於我」。因此格「物」即是在反求吾身「心知理」之「至善」之本質，因此須要透過真切之格物工夫，所得之義理才是最真實無妄之「誠」，進而可以在日用之間「物還其則」順物無情，如此一來人形氣之身不再為物蔽與氣稟所拘局，「悅心」自然天機流暢。除了，「讀書」之「修身」外，高攀龍主張「居敬」主一之「靜坐」之法，使「心」與「念」離。而「敬」之主一即「持志」之「集義」養浩然之氣，是透過「敬」之主一使心無出入，而使「心在腔子裡」，則形氣之心為仁義良心，而仁義良心即是「浩然之氣」。

高攀龍提出《大學》與《中庸》為一本，因為《大學》本於修身，而《中庸》在於求《中》，「中」即吾人之身心，因此《大學》修身之本即《中庸》天下大本之本。高攀龍又言「修」之法有萬殊，而「悟」只一本。聖人「全知」者，不偏廢《大學》與《中庸》之修法，但常人以為是兩種進路，因而使「修身」產生弊端，所以高攀龍欲回歸其所言「本合而不容言合」之聖人之「一以貫之」之法。高攀龍言「慎獨」即是《大學》與《中庸》為一本，是因《大學》與《中庸》所不同者在於「修」之工夫，而「悟」之一本的「誠」之「獨」體，兩者皆同為「以氣為本」之「至善」本性之「誠」。而此「至善」之「天地之性」之「誠」是吾身之本質，故《大學》與《中庸》之一本則在吾人形氣之「身」中。而《大學》與《中庸》皆言「慎獨」，而「慎獨」是「誠意」之「覺」而「悟」之基礎。故藉由「慎獨」之即本體即工夫之「體用是

一」，可得知《大學》與《中庸》皆具「道問學」之他律修養之「修」的工夫與「尊德性」自律自覺之「悟」。

　　高攀龍反對王學太重視形上虛玄「良知」之善，而不重視現實修養。因此高攀龍不言「性善」，因為「性」之「善」是人人本具天生本質，而高攀龍言「以善為性」，而言性善必稱堯舜，因為堯舜都是具體完成善性之人，只有具體比表現之善行，才是真「善」。因此高攀龍是「氣本論」學派中，具有儒家傳統心性道德思想，又兼具氣學家重視形氣世界變化之思想家，故其所重視以心、性、氣是一之角度說明「至善」在「身」、「情」中之看法，在於氣本論發展中極具調和與轉化之特色，卻又不失思想體系之一貫性與完整性，因此對明清之際「以氣為本」之學者，有很深之啟迪與影響。

第二節　高攀龍之學術價值

　　過往所言之宋明理學，為人所熟悉的是「心本論」與「理本論」兩大派，雖然，張載言「太虛即氣」在宋明理學中是極特出者，但因其後學卻以理與心之範疇來探討、論辯，故人們一直以為宋明理學之主流只此二派。況且「氣」此哲學範疇，受朱子「理氣不離不雜」之說影響，「氣」由張載形上「太虛」本體，下降為形下所謂器物層，氣之地位一直被潛藏，連宋明理學之宗師牟宗三先生，在處理此問題時，亦未正面肯定「氣本」之存在。〔註1〕

儒學在中國學術史上一直占有重要地位，從儒學宗師孔子重仁道圓融之實踐，孟子直承孔子純粹道德之自創性，將心、性天分解並建立儒學「天人合一」之理論架構，儒學之規模由此奠立。《中庸》繼承之而提出「天命之謂性」之天人合一模式之本體論，且《易傳》又云「一陰陽之謂道」之宇宙生化方式，皆根據孟子而來。而宋明理學家乃承此奠基，在當代佛老盛行，為鞏固儒學道統，須重新建立一套對抗當代佛學「心生萬法」之本體論與道家「道法自然」之宇宙論，故須提出一套屬於儒家之宇宙論與本體論之新儒學。希

〔註1〕　牟宗三：《心體與性體》，（台北，正中書局，民國85年2月），第一冊，頁397。
　　　　牟宗三先生云：橫渠依「虛即氣」反對「虛生氣」，此亦是誤解。不知「虛即氣」與「虛生氣」兩義同可說也。「有而未始有」，「無而未始無」，「非有非無之間而即有即無」，此等語句如不只是撥弄字眼而有實義，則不能只是「一氣而已」甚顯。如不能正視一分別說之虛與氣之差別，則此等語句未必可能。

冀改正時弊、提振儒家風氣，才能使儒學之精神得以延續。

　　而理學之新儒學自宋初以來，皆以道德之天理、心、性爲論學主旨。進路主由朱熹「道問學」之理本論，與陸九淵「尊德性」之心本論二路開出。直至明朝，因政治動盪不安，因此袖手談心性之理學，不再符合時代之需求，重視形氣世界現實之「以氣爲本」思想逐漸萌芽。梁啓超先生云：

> 凡時代思潮，無不由「繼續的群眾運動」而成。所謂運動者，非必有意識、有計劃、有組織，不能分爲誰主動、誰被動。其參加運動之人員，每各不相謀，各不相知。其從事運動時所任之職役，各各不同，所採之手段亦互異，於同一運動之下，往往分無數小支派……其中必有一種或數種相同知共通觀念焉，同根據之爲思想之出發點。此種觀念之勢力，初時本甚微弱，欲運動則欲廣大。〔註2〕

因此「氣本論」之思想，從張載開始，以至羅欽順、王廷相、吳廷翰純粹以氣爲本體之「氣本論」一路開始展開。乃至於明代高攀龍、劉宗周爲了加強純氣本論之道德價值義，避免流入自然主義，而喪失儒家言道德心性之宗旨，而改走以心、性、氣是一之形氣與道德路線，以「氣」融攝心、性，形氣之身即具有道德主體之心、性，而其後乃至黃宗羲、王夫之、戴震等延續發展「以氣爲本」之思想。至於清代，學者若以「性即理」與「心即理」之進路來檢視，多認爲理學趨於沒落，繼之而起的是經世致用之學與考據之學等學說之興起。張麗珠先生云：

> 康熙帝爲重整綱紀，甚至提倡程朱理學……只不過清廷之推崇程朱，有其藉思想統一以遂箝制思想之政治目的。因此清廷之推崇程朱，著重在道德約束，主於藉倫常之教以鞏固封建秩序；至於理學中的思辨色彩，則是被摒棄在外的。但是這樣「實用化」與道德教條僵化的狹隘走向，使得理學思想的學術生命被扼殺，而步上理論貧乏的難以賡續發展之路。另一方面則王學也在清廷的獨尊程朱之下，發展空間遭受嚴重阻滯；復在「空談誤國」的各方集矢下，修正其學風爲轉趨經是徵實，如孫奇逢、黃宗羲、李顒等。再者，喋喋不休的朱、王之爭，在清初也各自轉向尋求經典的支持，如此一來，更加直接推動了有清一代的經典考證之學。至此，理學益發退

〔註2〕　梁啓超：《中國近代三百年學術史：清代學術概論合刊》，（台北，里仁出版社，民國84年2月），頁15。

居伏流，而方興未艾的考據之學，則取代其主流地位且蔚爲風潮了。
〔註3〕

吾人以「氣本論」之角度爲研究進路，可以發現「理學」並未消失與沒落，而是轉換其表現之型態，展現其活絡之新生命。因爲「理學」之思想與精神，已經蘊含在現實形氣事物之中，而不是單純由政治或社會因素即可使其憑空消失，因爲新思潮之產生須經過一段時間之凝聚醞釀與發展，因此從明朝末年至清朝，所距離之時間並不足以使「理學」完全銷聲匿跡，而「氣本論」即是「理學」轉換成清朝經世徵實與經典考證之學的關鍵角色。因此針對高攀龍對經世致用之學的影響，可由高攀龍所云：「吾儒學問，主於經世。」〔註4〕之思想中，可以略知一二。再者，論及其對考據之學影響而言，高攀龍有云：「六經皆聖人傳心，明經乃所以明心，明心乃所以明經。明經不明心者，俗儒也。明心不明經者，異端也。」〔註5〕高攀龍強調具體的《六經》者是聖人藉此傳「心」之理義。高攀龍認爲現實形氣之物的「經」之義理與無聲無臭而不睹不聞的「心」之道德義理是同樣重要，因爲兩者皆爲「太虛元氣」之「生德」的內涵，故只明「經」之義理而不明「心」之義理者，是注重認知層面而讀經考據之「俗儒」；若只明「心」之義理而不重視具體之經典內容者，則是只知袖手談心性而不重視實修實悟之「異端」。而〈吳覲華先生傳〉云：

> 甲辰，東林書院成，吳越士友會集其中，先生以朋友講習，不可不謹，約爲朔會，折衷於景逸高先生；五經不可不講，約爲經會，參酌於明經諸友。〔註6〕

因此根據此段記載可知，東林學派除了書院講學之外，更有專門講習五經爲主之「經會」，反映出東林學派「尊經」之基本態度。其中又提及高攀龍，可知其佔有提倡者之重要地位。如蕭敏如云：

> 晚明東林學派的朱子學復興運動，企圖扭轉明中葉以來的學術思想型態，向宋代理學傳統追溯，並重新喚醒在陸王心學興起後逐漸被

〔註3〕 張麗珠：〈理學在清初的沒落過程〉，(《國文學誌・明代文化專號》，民國 89 年 12 月)，第四期，頁 99。

〔註4〕 高攀龍：《高子遺書・家訓》，(台北，臺灣商務印書館文淵閣四庫全書，民國 72 年)，卷十，頁 644。

〔註5〕 高攀龍：《高子遺書・語》，(台北，臺灣商務印書館文淵閣四庫全書，民國 72 年)，卷一，頁 335。

〔註6〕 高樨輯：〈列傳三・吳覲華先生傳〉，《續修四庫全書・東林書院志》，(上海，上海古籍出版社，1995 年)，第七四一冊，卷九，頁 135。

遺忘的經典文本的價值。〔註7〕

所以當處於明朝末年兵馬倥傯時，高攀龍已經提出「心」之理學與「經」之經學應同樣重視，而且藉由重視此二者，可以達到「經心互明」之狀態。因此「理學」之言心性道德與「經學」之義理內容是相輔相成，此即高攀龍所言：「多讀書，使外來之聞見，與性靈之趣味相浹……心即理，理即心，理散見於六經，聞見狹而心亦狹。」〔註8〕「氣本論」學者言「萬物各具主體」之「理在氣中」，由此觀點可見「氣本論」對清際重視經學之思潮有所影響與啓發。

而明朝盛行王學，而王陽明言「良知」爲人之道德主體，但王陽明將「良知」視爲超越形下善惡之形上本體，故言「良知」爲「無善無惡」者。而人是形下有限之形氣，人身之道德價值是由天命下貫賦予而來，所以形氣之身不具道德主體義，所以「道德」之於「身」，就如同高攀龍所言「義襲」之偶然，並非孟子所言「仁義內在」之必然，因此太過虛玄之「良知」，其道德與人形氣之「軀殼」是割裂爲二，形氣之人並無法輕易並具體感受到道德價值。故形上之生生之易之道德內涵爲指導形下人一言一行，而形氣之「身」只是被動地接受形上道德之指引，往道德之方向前進，因此形氣之「身」是以一有限生命來承載無限道德，故此形氣之人對現實生命之看法是短暫而痛苦。王陽明本來是言即本體即工夫，但是王學末流爲解決形氣之身與形上道德「良知」割裂之問題，而尋找另一出口故，鼓吹專論本體而否定工夫的「空悟」之「當下現成」良知說。但因「身」之主體之根本問題並未解決，所以有「狂禪」之弊端。

「氣本論」之高攀龍是以心、性、氣是一之學術角度出發，欲解決王學不重「身」之主體，而空言形上「良知」之流弊。其強調「形而後天地之性已爲氣質之性」，因此「至善」之「天地之性」就在形氣之「身」中，別無一形氣之「身」外之形上至善主體，因此其多言具體萬物之總稱之「天」，而不言形上「太虛」之元氣本體。更加反對王學所言「無善無惡」之論點，因爲「善」是最眞實具體之「有」之形氣之身的道德言行。故高攀龍不言「性善」，因是人人本具；但其強調「以善爲性」之「必稱堯舜」，因爲堯舜之「性善實證」才是「性」善之眞實保證。其次，其所著重在以「氣」融攝心、性，因

〔註7〕　蕭敏如：《東林學派與晚明經世思潮》，（台北，臺灣大學中國文學研究所碩士論文，民國91年6月），頁78。

〔註8〕　高攀龍：〈與吳子往二〉，《高子遺書・書》，（台北，臺灣商務印書館文淵閣四庫全書，民國72年），卷八上，頁492。

此形氣之「我」即是一個具體道德之善，形氣之「身」其一言一行與「七情」皆是好善惡惡之「天理」展現，只有如此，人之「身」具有主體義，其形氣之「身」之價值才會被重視。因此人不會看輕其真實擁有的形氣之「身」，故不會輕易放棄自己成聖之契機。因為只有形氣之「身」具有「主體義」之「善」才能自主自覺地涵養具體道德「浩然之氣」，進而展現每一個體其形氣之「特殊性」，因此具有之獨一無二之道德價值。高攀龍重視「情」與「身」之思想，對「氣本論」之學術後進具有很深之影響。如王船山云：「性自行於情之中，而非性之生情，亦非性之感物而動則化而情也。」〔註9〕王船山認為「性」不能表現自身，須透過「情」來實現。因此言「性」運行於「情」中，以「情」載「性」與表現「性」。若由發生學之角度言之，王船山不贊同儒家傳統學說之感物而動化為情之思想。其以為「情」之發生是從人之食色之自然生理，至於喜、怒、哀、樂之自然情緒，再到「七情」之道德情感。故「情」並非「性」之變化，而是「性」之自然流露，此自然流露有性自行於情中之意味。再者，戴震云：「陰陽五行，道之實體；血氣心知，性之實體。有實體，故可分；惟分也，故不齊。古人言性惟本於天道如是。」〔註10〕其又言：「性者，分於陰陽五行以為血氣、心知，品物區以別焉。舉凡既生以後所有事所具之能所全之德，咸以是為其本。」〔註11〕戴震所強調「身」之「血氣心知」，即是由元氣本體之陰陽五行而來的「性之實體」，此與高攀龍認為「天在人身」者為其「心」、「性」主體之看法一致。

就高攀龍工夫論而言，其學說特色在於「篤實踐履」，特重「真修實悟」本體工夫是一。因此高攀龍有言《大學》與《中庸》之法皆不能偏廢。高攀龍云：

> 除卻聖人全知，便分兩路去了，一者在人倫庶物實知實踐去；一者在靈明覺知默識默成去，此兩者之分。……宇內之學百年前是前一路，百年後是後一路，兩者遞傳之後，各有所弊。畢竟實病易消，虛病難補，今日虛症見矣。吾輩當相與積弊，而反之於實知及仁，

〔註9〕 王船山：〈孟子·告子上〉，《船山全書·讀四書大全說》，（長沙，嶽麓書社，1988年至1996年），第六冊，卷十，頁1066。

〔註10〕 戴震：〈天道1〉，《戴震集·孟子字義疏證》，（台北，里仁書局，民國69年），頁287。

〔註11〕 戴震：〈性1〉，《戴震集·孟子字義疏證》，（台北，里仁書局，民國69年），頁291。

守洞之以莊，動之以禮，一一著實做去，方有所就。〔註12〕

高攀龍認為「修」法有萬殊，而「悟」一本，因此「修」之工夫須切切實實去做，才可以達到「悟」的「誠」之本體，而「悟」本體時，只是虛靈之偶徹，若就此以為了悟，其實只是妄見之「光景」，因此須透過身體力行之實踐，久之而熟，進而達到「實真悟」之「一以貫之」之境。因此其不偏廢《大學》之格物窮理與《中庸》之靜坐體認天理之工夫，而提出「半日靜坐，半日讀書」之法。鄭宗義先生云：

> 宗觀《明儒學案》的〈東林學案〉，我們大約可以將他們對王學流弊
> 的就正綜合為下列三點：第一，標舉性善說來反對無善無惡之說。
> 第二，反對宋明儒義理之性與氣質之性的區分，第三，倡言本體不
> 離工夫。〔註13〕

以上三點是針對王學末流之弊端而言，由王陽明學說內容可以略知其流弊形成之因與東林學派主張的解決之道。由吾人所撰寫之論文內容對照之，鄭先生所論述之三點，高攀龍皆有具體地回應之道。由於高攀龍為東林學派之重要人物，故其學術思想之論點亦可代表東林學派部分學術思想，由此可確定東林學派之學術一致性與其學派論學應是蔚為當代風潮。

　　綜觀高攀龍之學術思想，其所主張之「心、性、氣是一」之以氣含攝道德心性主體，於「氣本論」學術思潮中可視為承先啟後之大家。因高攀龍將「氣」提升至與道德並重之本體位階，並改變傳統以來對「氣」之看法。其除了加強純氣本論之道德義之外，更重新肯定現實世界為道德之氣化流行。其雖反對王學，但其「以氣為本」之學術思想仍是以「即存有即活動」之「本體工夫是一」的儒家傳統。所以高攀龍在重視道德自律自主之「尊德性」之外，又重拾荀子、朱子重教化與學習之「道問學」之路。李澤厚先生云：

> 與王陽明同時的羅欽順、稍後的王廷相以及更後的方以智、王夫之、
> 顧炎武甚至陸世儀、李二曲等人，他們儘管或真心崇奉程朱，或正
> 面批判陸王，在思想解放趨向近代的啟蒙方面，遠不及王學各派，
> 但他們又都以另一種方式，即由「理」向「氣」的回歸，走向客觀

〔註12〕高攀龍：〈知及之章〉，《高子遺書·講義》，（台北，台灣商務印書館文淵閣四庫全書，民國72年），卷四，頁396

〔註13〕鄭宗義：《明清儒學轉型探析：從劉蕺山到戴東原》，（香港，中文大學出版社，2000年），頁21。

的物質世界。他們大都或主張、或傾向於氣一元論，或明白或不自覺地再次提出張載作為榜樣。羅欽順是主氣的，王廷相也如此，王夫之更明確地追溯到「張橫渠之正學」，方以智也是主氣主火的著名的自然哲學家……。他們實際上與程朱的方向已經拉開了距離，他們開始真正重視對外界客觀事物的規律法則的探討研究，而不只是為建立倫理主體服務。認識論開始再度成為認識論，不再只是倫理學的僕從、附庸或工具。因之，他們在理論構造的豐富性、嚴謹性、科學性等方面，又超過了王學各派。〔註14〕

由李澤厚先生對「氣本論」之學術評價可知，吾人可藉由研究「氣本論」之學術思想，進而能重新建構明清之際學術，知其如何由理學演變至乾嘉樸學與經世致用之學之重要環節，使學術史之發展理路更加鮮明。

〔註14〕李澤厚：《中國古代思想史論・宋明理學片論》，（台北，三民書局，民國 85年），頁 264～265。

參考文獻

一、古籍原典

1. 〔明〕高攀龍，《高子遺書》，《景印文淵閣四庫全書》，第一二九二冊，
   台北，臺灣商務印書館，民國 72 年。
2. 〔明〕高攀龍，《高子遺書》，清康熙二十八年（西元 1689 年）張夏翻刊
   明崇禎五年（西元 1632 年）嘉善錢士升等刊本，台北，國家圖書館善
   本書室。
3. 〔明〕高攀龍，《高子未刻稿》六卷，鈔本，台北，國家圖書館善本書室。
4. 〔明〕高攀龍，《周易易簡說》，《景印文淵閣四庫全書》，第三四冊，台
   北，臺灣商務印書館，民國 72 年。
5. 〔明〕高攀龍，《春秋孔義》，《景印文淵閣四庫全書》，第一七○冊，台
   北，臺灣商務印書館，民國 72 年。
6. 〔明〕高攀龍，《二程節錄》，收錄於劉錦藻撰，《十通·清朝續文獻通考·
   經籍考》，台北，臺灣商務印書館，民國 76 年。
7. 〔明〕高攀龍，《朱子節要》，收錄於楊家駱主編，《明史藝文志廣編·國
   史經籍志補》，台北，世界書局，民國 52 年。
8. 〔明〕華允誠，《高忠憲公年譜》，《北京圖書館藏珍本年譜叢刊》，北京，
   北京圖書館出版，出版年不詳。
9. 《十三經注疏》，台北，藝文印書館，民國 82 年 9 月。
10. 〔明〕王廷相，《王廷相集》，北京，中華書局，1989 年 9 月。
11. 〔明〕王廷相，《王廷相哲學選集》，台北，河洛圖書出版社，民國 63 年
    12 月。
12. 〔明〕王陽〔明〕《王陽明全集》，香港，廣智書局，民國 48 年 3 月。

13. 〔明〕王陽〔明〕《王陽明全書》,《四部叢刊正編》,台北,臺灣商務印書館,民國 68 年 11 月。

14. 〔明〕王陽〔明〕《王陽明傳習錄》,台北,正中書局,民國 43 年 7 月。

15. 〔明〕王畿,《王龍溪全集》,清道光二年影本,華文書局,民國 59 年。

16. 〔明〕王艮,《王心齋全集》,日本嘉永元年刊本,台北,廣文書局,民國 76 年 3 月。

17. 〔清〕王船山,《船山全書》,長沙,嶽麓書社,1988 年至 1996 年。

18. 〔宋〕朱熹,《四書集注》,台北,世界書局,民國 86 年 3 月。

19. 〔宋〕朱熹著,黎靖德主編,《朱子語類》,台北,文津出版社,民國 75 年 12 月。

20. 〔宋〕朱熹,《朱文公集》,《四部叢刊正編》,台北,臺灣商務印書館,民國 68 年 11 月。

21. 〔宋〕朱熹,《周易本義》,台北,大安出版社,民國 88 年 7 月。

22. 〔清〕永瑢,《四庫全書總目提要》,北京,中華書局,1993 年。

23. 〔明〕李贄,《焚書》,台北,河洛圖書出版社,民國 63 年 5 月。

24. 〔明〕呂坤,《呂新吾全書》,彙集明萬曆至清康熙刊本,台北,國家圖書館善本書室。

25. 〔明〕呂坤,《呻吟語》,台北,志一出版社,民國 83 年 7 月。

26. 〔明〕呂坤,《呂公實政錄》,台北,文史哲出版社,民國 60 年 8 月。

27. 〔清〕呂緝熙〈健菴性命理氣說〉收錄於陳立夫等編,《中國子學名著集成》,第四十五輯,中國子學名著集成編印基金會,民國 69 年 5 月。

28. 〔清〕呂緝熙〈先儒性命理氣說〉收錄於陳立夫等編,《中國子學名著集成》,第四十五輯,中國子學名著集成編印基金會,民國 69 年 5 月。

29. 〔明〕吳廷翰,《吳廷翰集》,北京,中華書局,1982 年 2 月。

30. 〔明〕吳廷翰著,日本松臺先生訂考《和刻和本漢籍隨筆集·續記》,第八集,東京,古典研究會,1979 年。

31. 〔明〕吳廷翰著,日本松臺先生訂考《和刻和本漢籍隨筆集·甕記》,第八集,東京,古典研究會,1979 年。

32. 〔明〕吳廷翰,《蘇原全集》,明萬曆二十八年吳國寶編次,吳國寅刊本,東京,高橋情報,1993 年。

33. 〔明〕吳應箕,《東林事略》,《續修四庫全書》,第七四一冊,上海,古籍出版社,1995 年。

34. 〔宋〕周敦頤,《周子遺書》,台北,臺灣商務印書館,人人文庫,民國 67 年 9 月。

35. 〔宋〕邵雍,《皇極經世書》,此書有道藏本和通行本兩種,道藏本有北

京白雲觀藏本，上海，涵芬樓商務印書館影印，民國十四年 2 月。

36. 〔明〕高拱，《高拱論著四種》，北京，中華書局，1993 年 7 月。

37. 〔明〕高拱，《程士集》，明嘉靖年間吉水廖如春校刊本，台北，國家圖書館善本書室。

38. 〔明〕高拱著，王雲五編，《本語》，台北，臺灣商務印書館，民國 54 年。

39. 〔明〕高拱著，王雲五編，《問辨錄》，台北，臺灣商務印書館，民國 61 年。

40. 〔明〕高拱，王雲五編，《春秋正傳春秋正旨》，台北，臺灣商務印書館，民國 62 年。

41. 〔明〕高拱著，高有聞編，《高文襄公集》收錄於《四庫全書存目叢書‧集部‧別集類》，第一〇八冊，台南，莊嚴文化事業有限公司，民國 84 年 9 月。

42. 〔清〕高桂輯，《東林書院志》，《續修四庫全書》，第七四一冊，上海，上海古籍出版社，1995 年。

43. 〔明〕孫應鰲，《陽明學研究叢書‧孫應鰲文集》，貴州，教育出版社，1990 年。

44. 〔清〕孫奇逢，《理學宗傳》，《孔子文化大全叢書》，濟南，山東友誼書社，1989 年。

45. 〔清〕孫奇逢，《中洲人物考》，台北，明文書局，民國 80 年元月。

46. 〔宋〕陸九淵，《陸九淵集》，北京，中華書局，1980 年。

47. 〔清〕郭慶藩，《新編諸子集成‧莊子集釋（一）（二）（三）（四）》，北京，中華書局，1984 年 11 月。

48. 〔明〕許衡，《叢書集成‧許魯齋集》，台北，新文豐出版，民國 74 年。

49. 〔宋〕程顥，程頤，《二程集》，台北，漢京文化事業有限公司，民國 72 年 9 月。

50. 〔清〕焦循，《新編諸子集成‧孟子正義》，台北，世界書局，民國 67 年 7 月。

51. 〔明〕黃宗羲，《黃宗羲全集》，浙江，古籍出版社，1985 年。

52. 〔明〕黃宗羲，《明儒學案》，北京，中華書局，1985 年。

53. 〔明〕黃宗羲，《宋元學案》，台北，世界書局，民國 80 年 9 月。

54. 〔明〕薛瑄，《薛瑄全集》，山西，人民出版社，1990 年 8 月。

55. 〔明〕薛瑄，《敬軒文集》，《景印文淵閣四庫全書》，台北，臺灣商務印書館，民國 72 年。

56. 〔明〕韓邦奇，《性理三解》，七卷，明正嘉間原刊本，台北，國家圖書館善本書室。

57. 〔明〕韓邦奇,《苑洛集》,明嘉靖刊本,台北,國家圖書館善本書室。

58. 〔明〕羅欽順,《困知記》,明嘉靖十六年吳郡陸粲刊本,台北,國家圖書館善本書室。

59. 〔明〕羅近溪,《盱江羅近溪先生全集》,明萬曆十四年戊午劉一焜浙江刊本,台北,國家圖書館善本書室。

60. 〔明〕羅近溪,《明道錄》,明萬曆十三年乙酉刊本,台北,廣文書局,民國76年。

61. 〔明〕羅近溪,《近溪子文集》,明萬曆十五年丁亥建昌知府季膺刊本,台北,國家圖書館善本書室。

62. 〔明〕羅近溪,《盱壇直詮》,明萬曆三十七年己酉曹胤儒刊本,台北,廣文書局,民國66年。

63. 〔明〕顧憲成,《顧端文公遺書三十七卷(付年譜四卷)》,中國科學院圖書館藏清光緒三年版,《四庫全書存目叢書·子部·儒家類》,第十四冊,台南,莊嚴文化事業有限公司,民國84年9月。

64. 〔明〕顧憲成,《涇皋藏稿》,《景印文淵閣四庫全書》,第一二九二冊,台北,臺灣商務印書館,民國72年。

65. 〔明〕顧憲成,《小心齋箚記》,《中國哲學思想要籍叢編》,台北,廣文書局,民國64年。

66. 〔清〕顧炎武,《原抄本顧亭林日知錄》,台北,文史哲出版社,民國68年。

67. 〔明〕陳獻章,《白沙子全集》,台北,河洛圖書出版社,民國63年。

68. 〔清〕陳鼎,《東林列傳》,台北,新文豐出版公司,民國64年。

69. 〔明〕湛甘泉,《甘泉全集》三種,《聖學格物通》《春秋正傳》《湛甘泉先生文集》,清同治五年資政堂本,台北,臺灣大學圖書館善本書室。

70. 〔明〕湛甘泉,《甘泉先生續編大全》,明嘉靖三十四年刊萬曆二十一年修補本,台北,國家圖書館善本書室。

71. 〔宋〕張載,《張載集》,台北,漢京文化事業有限公司,民國72年9月。

72. 〔清〕張廷玉等人,《明史》,北京,中華書局,武英殿本明史,1990年。

73. 張鉉,《至大金陵新志》,《景印文淵閣四庫全書》,第四九四冊,民國72年。

74. 〔明〕楊慎,《升庵全集》,台北,臺灣商務印書館,民國57年。

75. 〔明〕錢一本,《黽記》,中國科學院圖書館藏清光緒三年版,《四庫全書存目叢書·子部·儒家類》,第十四冊,台南,莊嚴文化事業有限公司,民國84年9月。

76. 〔清〕戴震,《戴震集》,台北,里仁書局,民國69年。

77. 〔明〕劉宗周,《劉宗周全集》,台北,中央研究院中國文哲研究所籌備處,民國 86 年 6 月。

78. 〔明〕劉宗周,《劉子全書》,清嘉慶十七年陳默齋校刊本,台北中央研究院館藏。

二、近人研究專著

1. 丁爲祥,《虛氣相即:張載哲學體系及其定位》,北京,人民出版社,2000 年 12 月。

2. 于化民,《明中晚期理學兩大宗派的對峙與合流》,台北,文津出版社,民國 82 年 2 月。

3. 王雲五、傅緯平主編,《中國理學史》,台北,臺灣商務印書館,民國 76 年 6 月。

4. 王天有,《晚明東林黨爭》,上海,古籍出版社,1991 年 4 月。

5. 王雷泉釋譯,《摩訶止觀》,佛光文化事業有限公司,民國 86 年。

6. 王煜,《明清思想家論集》,台北,聯經出版公司,民國 70 年。

7. 北大哲學系注釋,《荀子新注》,台北,里仁出版社,民國 72 年 11 月。

8. 何兆武,步近智,唐宇元,孫開太合著,《中國思想發展史》,台北,明文書局,民國 82 年 1 月。

9. 何俊,《西學與晚明思想的烈變》,上海,人民出版社,1998 年 8 月。

10. 朱建民,《張載思想研究》,台北,文津出版社,民國 78 年 9 月。

11. 朱謙之,《新編諸子集成·老子校釋》,北京,中華書局,1984 年 11 月。

12. 孟森,《明代史》,台北,中華叢書委員會,民國 46 年 12 月。

13. 洪煥椿,《明清史偶存》,南京,南京大學出版社,1992 年 5 月。

14. 徐開任,《明名臣言行錄》,台北,明文書局,民國 80 年元月。

15. 徐志銳,《周易陰陽八卦說解》,台北,里仁書局,民國 90 年 7 月。

16. 崔瑞德,牟復禮,謝亮生,《劍橋中國明代史》,北京,中國社會科學出版社,1992 年。

17. 黃秀璣著,《張載》,台北,東大圖書公司,七十六年 9 月。

18. 黃沛榮,《易學乾坤》,台北,大安出版社,民國 87 年 8 月。

19. 黃公偉,《宋明清理學體系論史》,台北,幼獅書局,民國 67 年 9 月。

20. 黃仁宇,《萬曆十五年》,台北縣,食貨出版社,民國 90 年 5 月。

21. 趙園,《明清之際士大夫研究》,北京,北京大學出版社,1999 年 1 月。

22. 趙北耀,《薛瑄學術思想研究論文集》,山西,古籍出版社,1997 年 11 月。

23. 談遷,《國榷》,台北,鼎文書局,民國 68 年 4 月。

24. 古清美,《明代理學論文集》,台北,大安出版社,民國 79 年 5 月。

25. 牟宗三,《智的直覺與中國哲學》,台北,臺灣商務印書館,民國 63 年 10 月。

26. 牟宗三,《中國哲學十九講》台北,臺灣學生書局,民國 86 年 1 月。

27. 牟宗三,《現象與物自身》,台北,臺灣學生書局,民國 85 年 4 月。

28. 牟宗三,《圓善論》,台北,臺灣學生書局,民國 74 年 7 月。

29. 牟宗三,《康德純粹理性批判》,台北,臺灣學生書局,民國 86 年 8 月。

30. 牟宗三,《才性與玄理》,台北,臺灣學生書局,民國 86 年 8 月。

31. 牟宗三,《心體與性體(一)(二)(三)》,台北,正中書局,民國 85 年 2 月。

32. 牟宗三、《從陸象山到劉蕺山》、台北、臺灣學生書局,民國 89 年 5 月。

33. 任繼愈,《中國哲學史》,北京,人民出版社,1979 年 3 月。

34. 谷應泰,《明史記事本末》,台北,三民書局,民國 58 年 4 月。

35. 余書麟,《中國儒家心理思想史(上)(下)》,台北,文津出版社,民國 78 年 9 月。

36. 余英時,《猶記風吹水上麟》,台北,三民書局,民國 70 年。

37. 余英時,《中國歷史轉型時期的知識份子》,台北,聯經出版事業公司,民國 87 年 11 月。

38. 吳康,《宋明理學》,華國出版社,民國 66 年 10 月。

39. 吳怡,《中庸誠字的研究》,台北,華岡出版部,民國 63 年 3 月。

40. 李日章,《宋明理學研究》,高雄,復文圖書出版社,民國 74 年 1 月。

41. 李紀祥,《明末清初儒學之發展》,台北,文津出版社,民國 81 年。

42. 李澤厚,《中國古代思想史論‧宋明理學片論》,台北,三民書局,民國 85 年。

43. 李明輝,《當代儒學之自我轉化》,台北,中央研究院中國文史哲研究所,民國 83 年。

44. 李慶譯、小野澤精一、福永光司、山井涌編,《氣的思想:中國自然觀和人的觀念的發展》、上海、人民出版社,1999 年 4 月。

45. 步近智,張安奇,《顧憲成,高攀龍評傳》,南京,南京大學出版社,1998 年 12 月。

46. 屈萬里,《尚書釋義》,台北,中國文化大學出版部,民國 84 年 7 月。

47. 林慶彰,賈順先,《楊慎研究資料彙編(上)(下)》,台北,中央研究院中國文哲研究所籌備處印行,民國 81 年 10 月。

48. 林聰舜,《明清之際儒家思想的變遷與發展》,台北,臺灣學生書局,民國 79 年 10 月。

49. 林繼平,《明學探微》,台北,臺灣商務印書館,民國 73 年 12 月。

50. 林繼平,《李二曲研究》,台北,臺灣商務印書館,民國 88 年 9 月。

51. 周志文,《晚明學術與知識分子論叢》,台北,大安出版社,民國 88 年 3 月。

52. 袁爾鉅,《吳廷翰哲學思想》,北京,人民出版社,1988 年。

53. 梁啓超,《中國近三百年學術史:清代學術概論合刊》,台北,里仁出版社,民國 84 年 2 月。

54. 胡適,《戴東原的哲學》,台北,臺灣商務印書館,民國 85 年 2 月。

55. 胡秋原,《復社及其人物(上)》,台北,學術出版社,民國 57 年 8 月。

56. 范立舟,《理學的產生及其歷史命運》,陝西,人民出版社,2001 年 2 月。

57. 姜國柱,《中國歷史思想史宋元卷》,台北,文津出版社,民國 82 年 12 月。

58. 侯外盧,邱漢生,張豈之,《宋明理學史(上)(下)》,北京,人民出版社,1984 年 4 月。

59. 侯外盧,《中國思想史》,北京,人民出版社,1995 年 10 月。

60. 侯外盧,《中國思想通史》,北京,人民出版社,1992 年 10 月。

61. 侯外盧主編《中國思想史綱》,台北,五南圖書出版公司,民國 82 年 9 月。

62. 東方朔,《劉蕺山哲學研究》,上海,人民出版社,1997 年。

63. 周志文,《晚明學術與知識份子論叢》,台北,大安出版社,民國 88 年 3 月。

64. 袁爾鉅,《吳廷翰哲學思想》,北京,人民出版社,1988 年。

65. 韋政通,《中國思想史》,台北,水牛出版社,民國 81 年 9 月。

66. 唐君毅,《中國哲學原論‧導論篇》,台北,臺灣學生書局,民國 68 年 2 月。

67. 唐君毅,《中國哲學原論‧原教篇》,台北,臺灣學生書局,民國 68 年 2 月。

68. 唐君毅,《中國哲學原論‧原性篇》,台北,臺灣學生書局,民國 68 年 2 月。

69. 唐君毅,《哲學論集》,台北,臺灣學生書局,民國 72 年 2 月。

70. 麥仲貴,《王門諸子致良知之發展》,香港,中文大學出版社,1973 年。

71. 徐遠和等編譯,《日本學者論中國哲學史》,台北,駱駝出版社,民國 76

年 8 月。

72. 馬濤，《呂坤思想研究》，大陸當代中國出版社發行，1993 年 12 月。

73. 馬福辰譯，宇也哲人著，《中國近世儒學史》，台北，中國文化大學出版部，民國 71 年 10 月。

74. 夏甄陶，《中國認識論思想史稿》，中國人民大學出版社，1996 年 6 月。

75. 容肇祖，《中國歷代思想史明代卷》，台北，文津出版社，民國 82 年 12 月。

76. 容肇祖，《明代思想史》，台北，臺灣開明書局，民國 51 年 3 月。

77. 容肇祖，《容肇祖集》，山東，齊魯書社，1989 年 12 月。

78. 曾昭旭，《道德與道德實踐》，台北，漢光文化事業股份有限公司，民國 72 年 4 月。

79. 曾陽晴，《無善無惡的理想道德主義》，台北，臺灣大學出版委員會，民國 81 年 12 月。

80. 嵇文甫，《晚明思想史論》，北京，東方出版社，1996 年 3 月。

81. 嵇文甫，《左派王學》，台北，國文天地雜誌社，民國 79 年 4 月。

82. 陳來，《宋明理學》，台北，洪葉文化事業有限公司，民國 83 年 9 月。

83. 陳來，《朱熹哲學研究》，台北，社會科學出版社，民國 76 年。

84. 陳榮捷，《王陽明傳習錄詳註集評》，台北，臺灣學生書局，民國 87 年 2 月。

85. 陳榮捷，《近思錄詳註集評》，台北，臺灣學生書局，民國 81 年 8 月。

86. 陳榮捷，《宋明理學之概念與歷史》，台北，中央研究院中國文哲研究所籌備處印行，民國 89 年 10 月。

87. 陳鼓應等著，《明清實學思潮史（上）（中）（下）》，北京，齊魯書社，西元 1988 年。

88. 陳鼓應，辛冠浩，葛榮晉，《明清實學簡史》，社會科學文獻出版社，1994 年。

89. 陳郁夫，《周敦頤》，台北，東大圖書公司，民國 79 年 12 月。

90. 陳福濱，《晚明理學思想通論》，台北，環球書局，民國 72 年 9 月。

91. 陳俊民，《張載哲學與關學學派》台北，臺灣學生書局，民國 79 年 11 月。

92. 喬清舉，《湛若水哲學思想研究》，台北，文津出版社，民國 82 年 3 月。

93. 董玉整，《中國理學大辭典》，廣州，暨南大學出版社，1996 年 10 月。

94. 張岱年，《中國哲學大綱》，台北，藍燈文化事業股份有限公司，民國 81 年 4 月。

95. 張立文，《心》，台北，七略出版社，民國 85 年。

96. 張立文，《性》，台北，七略出版社，民國 85 年。

97. 張立文，《道》，台北，漢興書局有限公司，民國 83 年 5 月。

98. 張立文，《理》，台北，漢興書局有限公司，民國 83 年 5 月。

99. 張立文，《氣》，台北，漢興書局有限公司，民國 83 年 5 月。

100. 張立文，《宋明理學研究》，北京，中國人民大學出版社，1985 年 7 月。

101. 張立文，《朱熹思想研究》，台北，古風出版社，民國 75 年 10 月。

102. 張立文，《宋明理學邏輯結構的演化》，台北，萬卷樓圖書有限公司，民國 82 年 1 月。

103. 張立文，《中國哲學範疇發展史‧天道篇》，台北，五南圖書出版公司，民國 85 年 7 月。

104. 張立文，《中國哲學範疇發展史‧人道篇》，台北，五南圖書出版公司，民國 86 年 1 月。

105. 張立文，《船山哲學》，台北，七略出版社，民國 89 年 12 月。

106. 張豈之，《中國思想史》，台北，水牛出版社，民國 81 年 11 月。

107. 張壽安，《以禮代理：凌廷堪與清中葉儒學思想之轉變》，台北，中央研究院中國文哲研究所籌備處，民國 83 年。

108. 張學智，《明代哲學史》，北京，北京大學出版社，2000 年 11 月。

109. 張永鑴，《二程學管見》，台北，東大圖書館，民國 78 年。

110. 馮有蘭，《中國哲學史》，台北，臺灣商務印書館，民國 82 年。

111. 馮有蘭，《中國哲學史新編》，台北，藍燈文化事業股份有限公司，民國 80 年 12 月。

112. 馮達文，《宋明新儒學略論》，廣東，人民出版社，1997 年 7 月。

113. 勞思光，《中國哲學史》，台北，三民書局，民國 73 年增訂初版。

114. 傅偉勳，李日章主編，《程顥，程頤》，台北，東大圖書公司，七十五年 10 月。

115. 傅衣凌主編，陳國楨，陳支平著，《明史新編》，北京，人民出版社，1993 年。

116. 傅武光等著《高攀龍，劉宗周，黃道周，朱之瑜，黃宗羲，方以智》，台北，臺灣商務印書館，民國 88 年 6 月。

117. 楊祖漢，《中庸義理疏解》，台北，鵝湖出版社，民國 79 年 3 月。

118. 楊祖漢，《儒家的心學傳統》，台北，文津出版社，民國 81 年 6 月。

119. 楊儒賓，《中國古代思想中的氣論與身體觀》，台北，巨流圖書公司，民國 82 年。

120. 楊殿珣，《中國歷代年譜總錄》，北京，書目文獻出版社，1996 年 5 月。

121. 葛榮晉，《王廷相》，台北，東大圖書公司，民國 81 年。

122. 葛榮晉，《中國實學思想史》，北京，師範大學出版社，1994 年 9 月。

123. 葛榮晉，《王廷相和明代氣學》，北京，中華書局，1990 年 2 月。

124. 葛榮晉，《中國哲學範疇導論》，台北，萬卷樓圖書有限公司，民國 82 年 4 月。

125. 葛榮晉，《中國實學思想史（上）（中）（下）》，北京，師範大學出版社，1994 年 9 月。

126. 臺灣經濟研究室編印，《東林與復社》，台北，臺灣銀行發行，民國 57 年 12 月。

127. 蒙培元，《中國心性論》，台北，臺灣學生書局，民國 85 年 3 月。

128. 蒙培元，《理學範疇系統》，人民出版社，1987 年 7 月。

129. 蒙培元，《理學的演變：從朱熹到王夫之戴震》，福建，人民出版社，1998 年 4 月。

130. 蔡仁厚，《孔孟荀哲學》，台北，臺灣學生書局，民國 83 年 9 月。

131. 蔡仁厚，《宋明理學‧北宋篇》，台北，臺灣學生書局，民國 82 年 9 月。

132. 蔡仁厚，《宋明理學‧南宋篇》，台北，臺灣學生書局，民國 82 年 9 月。

133. 蔡仁厚，《王陽明哲學》，台北，三民書局，民國 89 年 8 月。

134. 蔡仁厚，《中國哲學史大綱》，台北，臺灣學生書局，民國 84 年 9 月。

135. 鄭宗義，《明清儒學轉型探析：從劉蕺山到戴東原》，香港，中文大學出版社，2000 年。

136. 鄭世根，《莊子氣化論》，台北，臺灣學生書局，民國 82 年 7 月。

137. 錢穆，《中國思想史》，台北，臺灣學生書局，民國 84 年 8 月。

138. 錢穆，《宋明理學概述》，台北，中國文化大學出版部，民國 69 年 12 月。

139. 錢穆，《中國近三百年學術史（上）（下）》，台北，臺灣商務印書館，民國 85 年 7 月。

140. 錢穆，《國史大綱（上）（下）》，台北，臺灣商務印書館，民國 85 年 11 月。

141. 錢穆等著，《中國哲學思想論集》，台北，水牛出版社，民國 80 年 6 月。

142. 劉又銘，《理在氣中：羅欽順，王廷相，顧炎武，戴震氣本論研究》，台北，五南圖書出版社，民國 89 年 3 月。

143. 劉公正編校，《無錫縣志》，台北，無錫同鄉會，民國 57 年。

144. 劉述先，《朱子哲學思想的發展與完成》，台北，臺灣學生書局，民國 73 年 8 月。

145. 劉述先，《黃宗羲心學的定位》，台北，允晨文化實業股份有限公司，民

國 75 年 8 月。

146. 劉甫琴,《明代思想史》,台北,臺灣開明書店,民國 51 年 3 月。

147. 盧雪崑,《儒家的心性學與道德形上學》,台北,文津出版社,民國 80 年。

148. 鍾彩鈞,《劉蕺山學術思想論集》,台北,中央研究院中國文史哲研究所籌備處,民國 87 年。

149. 龔鵬程,《晚明思潮》,台北,里仁書局,民國 83 年 11 月。

三、期刊論文

1. 王俊彥,〈論語孟子中的「命」與「權」〉,《中國文化大學中文學報》,創刊號,民國 82 年 2 月。

2. 王俊彥,〈吳廷翰「以氣即理,以性即氣」的思想〉,《華岡科學報》第二十一期,民國 86 年 3 月。

3. 王俊彥,〈王船山氣學思想述要〉,《第三屆傳統文化與現代社會學術研討會論文集》,民國 87 年 11 月。

4. 王俊彥,〈王廷相的元氣無息論〉,《章太炎與近代中國學術研討會論文集》,台北,里仁書局,民國 88 年 6 月。

5. 王俊彥,〈呂緝熙「氣生於氣」之思想〉,《中國文化大學中文學報》,第七期,民國 91 年 3 月。

6. 王冶,趙德志,〈論宋明理氣之辯〉,《哲學研究》,第四期,民國 72 年。

7. 王汎森,〈「心即理」說的動搖與明末清初學風之轉變〉《中央研究院歷史語言研究所集刊》,民國 83 年 6 月。

8. 王汎森,〈清初思想中形上玄遠之學的沒落〉《中央研究院歷史語言研究所集刊》,民國 87 年 9 月。

9. 王汎森,〈明末清初思想中之「宗旨」〉《大陸雜誌》,第九十四卷第四期,民國 86 年 4 月。

10. 王止浚,〈東林黨與明朝國運〉《醒獅》,第十四卷第七期,民國 65 年 7 月。

11. 毛文芳,〈晚明「狂禪」探論〉《漢學研究》,第十九卷第二期,民國 90 年 12 月。

12. 古清美,〈東林講學與節義之風〉《孔孟月刊》,第二十二卷第三期,民國 72 年 11 月。

13. 古清美,〈清初經世之學與東林學派的關係〉《孔孟月刊》,第二十四卷第三期,民國 74 年 11 月。

14. 古清美,〈高景逸的心性之學〉《國立編譯館館刊》,第十三卷第一期,民國 73 年 6 月。

15. 汪治平，〈孟子「養氣」說背景考〉《中國文化大學中文學報》，第八期，民國 92 年 3 月。

16. 林麗月，〈李三才與東林黨〉《師大歷史學報》，第九期，民國 70 年 5 月。

17. 林麗月，〈明末東林派的幾個政治觀念〉《師大歷史學報》，第十一期，民國 72 年 6 月。

18. 林麗月，〈晚明「崇奢」思想隅論〉《師大歷史學報》，第十九期，民國 80 年 6 月。

19. 林安梧，〈從「以心控身」到「身心如一」：王夫之哲學為核心兼及於程朱、陸王的討論〉《述說、記憶與歷史：以「情與文化」為核心的論述學術研討會》，台北，中央研究院民族學研究所，民國 88 年 6 月。

20. 周忠泉，〈李三才與東林黨之關係新論〉《史苑》，第五十一期，民國 79 年 12 月。

21. 周文傑，〈無錫「東林書院」巡禮〉《歷史月刊》，第五十三期，民國 81 年 6 月。

22. 袁爾鉅〈羅欽順開端明代氣學〉《哲學研究》，第八期，民國 77 年。

23. 陳俊良，〈宋明「三教合一」思潮中的「心性」旨趣論稿〉《鵝湖月刊》，第一七二期，民國 78 年 10 月。

24. 陳聖士，〈明末東林黨人的言論及愛國精神〉《新聞研究》，第四期，民國 58 年 12 月。

25. 陳來，〈朱熹理氣觀的形成和演變〉《哲學研究》，第六期，民國 74 年。

26. 陳劍鍠，〈高攀龍對「靜」的體認：兼及對朱熹未發、已發的修正〉，《鵝湖學誌》，第二十八期，民國 91 年 6 月。

27. 陳寶良，〈明代文人辨析〉，《漢學研究》，第十九卷第一期，民國 90 年 6 月。

28. 喻蓉蓉，〈雄廷弼在南直隸提學御史任內的整頓士風及其與東林之關係〉，《世新大學學報》，第八期，民國 87 年 10 月。

29. 趙承中，〈「風聲、雨聲、讀書聲，聲聲入耳；家事、國事、天下事，事事關心」：關於原存東林書院舊址的一副抱對的來歷、作者漢傳世年代問題〉《中國書目季刊》，第二十九卷第三期，民國 84 年 12 月。

30. 葛榮晉，〈東林學派和晚明朱學的復興〉《書目季刊》，第二十二卷第四期，民國 78 年 3 月。

31. 楊祖漢，〈王龍溪對王陽明良之說的繼承與發展〉《鵝湖學誌》第十一期，民國 82 年 12 月。

32. 楊祖漢，〈胡五峰之體用論與朱子中庸中和說的詮釋〉發表於「第七次東亞儒學中的經典詮釋傳統」研討會，民國 90 年 6 月。

33. 楊祖漢，〈朱子「盡心章注」與胡五峰思想之關係〉發表於「朱子與宋明儒學」學術研討會，民國 89 年 12 月。

34. 楊儒賓，〈死生與義理：劉宗周與高攀龍的承諾〉，《劉蕺山學術思想論集》，台北中央研究院中國文史哲研究所，民國 87 年 5 月。

35. 蔡仁厚，〈王門天泉四無宗旨之論辯（上）〉，《鵝湖》，第一卷第四期，民國 64 年 10 月。

36. 蔡仁厚，〈王門天泉四無宗旨之論辯（下）〉，《鵝湖》第一卷第五期，民國 64 年 11 月。

37. 蔡仁厚，〈王陽明的知行思想〉《中國文化月刊》，1997 年 9 月。

38. 張麗珠，〈理學在清初的沒落過程〉，《國文學誌・明代文化專號》，第四期，民國 89 年 12 月。

39. 廖俊裕，〈從本無生死到生生不息：論晚明理學如何解決生死問題〉發表於中央大學「花開花落—人文觀點的生與死」研討會，民國 90 年 12 月 8 日，收錄於《第八屆全國中文研究所研究生論文研討會論文集》。

40. 劉述先，〈對於當代新儒學的超越內省：理學、經學與史學的融通：由方法論的觀點論「錢穆與新儒家」〉《中國文哲研究通訊》第五卷第三期，民國 74 年 9 月。

41. 傅武光，〈東林顧高二子的為學宗趣及對王學的批評〉，《儒家思想在現代東亞：中國大陸與臺灣篇》，台北臺灣師範大學，民國 78 年 3 月。

42. 鄭宗義，〈大陸學者的宋明理學研究〉收錄於《陽明學學術討論會論文集》台北臺灣師範大學，民國 78 年 3 月，台北中央研究院中國文史哲研究所籌備處，民國 89 年 3 月。

43. 鍾彩鈞，〈羅整菴的理氣論〉，《中國文哲研究集刊》，第六期，民國 84 年 3 月。

44. 顧毓琇，〈高忠憲年譜〉《中國文哲研究通訊》，第五卷第三期，民國 84 年 9 月。

四、學位論文

（一）博士論文

1. 王俊彥，《理學家劉蕺山研究》，中國文化大學中國文學研究所博士論文，民國 74 年 6 月。

2. 古清美，《顧涇陽，高景逸思想之比較研究》，臺灣大學中國文學研究所博士論文，民國 68 年。

3. 朴龍基，《「性即理」和「心即理」比較：以朱子，王陽明為中心》，中國文化大學哲學研究所博士論文，民國 81 年 6 月。

4. 林麗月,《明末東林運動新探》,臺灣師範大學歷史研究所博士論文,民國 73 年 7 月。

5. 林日盛,《程明道思想研究》,中國文化大學哲學研究所博士論文,民國 83 年 6 月。

6. 徐紀芳,《邵雍研究》,中國文化大學中國文學研究所博士論文,民國 83 年 12 月。

7. 胡森永,《從理本論到氣本論:明清儒學理史觀的轉變》,臺灣大學中國文學研究所博士論文,民國 80 年 6 月。

8. 蘇子敬,《唐君毅先生詮釋孟子學之系統研究》,中國文化大學哲學研究所博士論文,民國 87 年 7 月。

(二)碩士論文

1. 方文彬,《呂坤「氣即是理」思想研究》,中國文化大學中國文學研究所碩士論文,民國 92 年 6 月。

2. 朱湘鈺,《高攀龍心性論研究》,暨南大學中國文學研究所碩士論文,民國 91 年 6 月。

3. 李善慶,《易經之善思想研究》,政治大學哲學研究所碩士論文,民國 87 年 1 月。

4. 林嘉怡,《明代中期「以氣論性」說的崛起:羅欽順與王廷相人性論之研究》,政治大學中文研究所碩士論文,民國 87 年 5 月。

5. 林怡伶,《高拱理學思想研究》,中國文化大學中文研究所碩士論文,民國 91 年 6 月。

6. 林秀鳳,《吳廷翰思想研究》,政治大學國文教學研究所碩士論文,民國 92 年 6 月。

7. 金根郁,《張載哲學中「氣」之地位與意義》,中國文化大學中文研究所碩士論文,民國 84 年 6 月。

8. 張藝曦,《講學與政治:明代中晚期講學性質的轉變及其意義》,臺灣大學歷史研究所碩士論文,民國 87 年 6 月。

9. 曹美秀,《回歸原始儒學:晚明清初儒學風氣之探討》,臺灣大學中國文學研究所碩士論文,民國 87 年 5 月。

10. 曾光正,《東林學派的性善論與工夫論》,清華大學歷史研究所碩士論文,民國 78 年。

11. 陳正宜,《羅欽順理學思想之研究》,中國文化大學中文研究所碩士論文,民國 88 年 6 月。

12. 黃明理,《「晚明文人」型態之研究》,國立師範大學國文研究所碩士論文,民國 77 年 6 月。

13. 潘富堅,《明末黨爭之研究》,政治大學中國文學研究所碩士論文,民國73 年 6 月。

14. 賴昇宏,《湛甘泉理學思想之研究》,中國文化大學中文研究所碩士論文,民國 88 年 6 月。

15. 劉莞莞,《復社與晚明學風》,政治大學中國文學研究所碩士論文,民國74 年 6 月。

16. 蕭敏如,《東林學派與晚明經世思潮》,臺灣大學中國文學研究所碩士論文,民國 91 年 6 月。